부의
사다리에
올라타라

부의
사다리에
올라타라

The Wealth Ladder

당신의 자산을
확실하게 늘리는
6가지 방법

닉 매가울리 지음
박슬라 옮김

LV6

LV5

LV4

LV3

LV2

LV1

RHK
알에이치코리아

"확실히 보이기 전까지는 움직이지 마라."
게임의 법칙을 가르쳐주신 아버지께 감사합니다.

인생의 단계마다 돈에 대한 사고방식이 다르다. 나는 시행착오를 통해 그 사실을 알게 되었다. 이제 당신에게 필요한 것은 이 훌륭한 책을 읽는 것뿐이다.

스콧 갤러웨이 뉴욕대 스턴 경영대학원 교수, 《부의 공식》 저자

닉 매기울리가 또 해냈다. 《부의 사다리에 올라타라》에서 그는 깊이 있는 데이터 분석과 명확하고 실천 가능한 통찰력을 결합하여 당신의 부를 늘리는 데 도움을 주고, 어떤 수준의 부가 당신을 가장 행복하게 할지 이해할 수 있도록 돕는다.

세스 스티븐스 다비도위츠 전 구글 데이터 과학자이자 하버드대학 경제학 박사

금융 이야기를 전하는 사람 중 닉 매기울리의 내러티브에 대한 안목을 따라잡을 수 있는 사람은 거의 없다. 이 책은 그의 이러한 재능을 활용해 점점 더 높은 수준의 부의 축적으로 가는 길을 제시할 뿐만 아니라 때로는 두려움을 일으키는 인간적 비용까지도 설명한다. 강력히 추천한다.

윌리엄 번스타인 투자이론가이자 경제사학자, 《투자의 네기둥》 저자

모든 사람에게 적용되는 일률적인 재정 조언은 잊어라. 이 책은 재무 우선순위를 설정하고 독자 개개인에게 꼭 맞는 재무 계획을 수립할 수 있는 훌륭한 프레임워크를 제공한다.

크리스틴 벤츠 모닝스타 개인 재무 및 은퇴설계 디렉터

지금 당장 당신이 돈을 벌기로, 아니 부자가 되기로 마음을 먹었다고 해보자. 무엇을 할 것인가. 주식, 부동산, 비트코인 등에 투자해야 할까. 일단 한 호흡을 내뱉자. 그리고 이 책의 저자 닉 매기울리가 두 손으로 빚어낸 데이터의 세계로 들어가보자.

인정하기 불편하지만 자산 규모에 따라 부(富)로 나아가는 전략은 다를 수밖에 없다. 전 재산이 1억 원인 사람과 100억 원인 경우, 접근법이 같을 수는 없는 노릇이다. 그런데 실제 대부분은 자산 규모는 고려하지 않고 모두 같은 방법으로 부의 길에 들어서고자 한다. 분명한 건 부에 이르는 사다리에는 각 칸이 있고, 그 칸을 모두 건너뛸 수는 없다는 사실이다.

닉 매기울리는 전작 『저스트. 킵. 바잉』을 통해 평범한 사람이 장기적으로 어떻게 투자를 해야 하는지를 놀라운 데이터의 마법으로 보여주었다. 이 책 『부의 사다리에 올라타라』는 한 걸음 더 나아가 자산 규모에 따른 삶과 투자 전략에 더해 돈의 진정한 가치에 대해 생각해보게 만든다. 저자는 금전적 부뿐만 아니라 사회적 부, 정신적 부, 신체적 부, 시간적 부라는 종합적 관점에서 인생을 바라볼 것을 권한다. 부에 대한 균형 잡힌 삶을 추구하라는 것이다.

만일 어떻게 부의 길로 들어서야 할지 막막하다면, 이 책이 그 출발점과 목적지를 친절하고 구체적으로 제시해줄 것이다. 이 책을 읽으면서 나도 내가 서 있는 곳에서 어느 길로 가야 할지를 다시 한 번 점검할 수 있었다. 여러분도 나와 같은 기회를 얻기를 바란다.

이상건 미래에셋 투자와연금센터장, 『부자들의 개인 도서관』 저자

소득, 지출, 투자 등 당장의 돈을 버는 방법에 대해 조언하는 책은 쉽게 만나볼 수 있다. 그러나 워낙 막연하고 복잡해 보이기 때문에 궁극적으로 무엇을 목표로 어떻게 나의 부를 형성해갈지에 대해 현실적 솔루션을 주는 책은 보기 드물다. 전작『저스트. 킵. 바잉』에서도 느꼈지만 저자는 복잡한 부의 세계를 매우 심플하게 해석하는 탁월한 능력을 지니고 있어 책을 읽는 내내 무릎을 탁 치는 즐거움을 느끼게 된다.

이 책에서 저자는 복잡해 보이는 부의 세계를 자산 기준으로 6단계로 나누고 이를 '부의 사다리'로 설명한다. 우리 각자의 현재 위치를 진단할 수 있을 뿐 아니라 보다 중요한 '다음 단계로 오르는 방법'에 대해서도 현실적 솔루션을 제시한다. 인생 전체를 관통하는 부의 방향성을 설계하고자 하는 이들에게 이 책을 권한다.

오건영 신한은행 단장,『환율의 대전환』저자

누군가 돈을 벌었다고 하면 그쪽으로 쫓아다니기 바쁘지 않았는가. 나에게 맞는 투자법을 찾기보다 남들이 하는 투자법을 따라다녔다. 그런데 뭔가 돈이 모이는 것 같지도 않고, 나만 뒤처진 것 같은 기분이 드는 건 왜일까. 당신이 부자가 되지 못하는 이유는 의지가 없어서가 아니라 단지 방법을 모르기 때문이다. 내가 어느 단계의 자산 수준이냐에 따라서 부의 축적 방법은 달라진다. 흔들리지 않고 나에게 맞는 부자 전략을 세우고 싶은 이들에게 이 책은 가장 실용적인 책이 될 것이다. 저자가 검증해낸 데이터를 기반으로 하고 있기 때문이다. 저자는 40여 년 동안의 통계를 기반으로 하여 부자가 되는 로드맵을 보여준다. 데이터 과학자이자 자산관리 전문가인 저자의 말을 믿어보시길!

이 책에 따르면, 1단계에서는 안정성, 2단계에서는 교육, 3단계에서는 투자에 집중하고, 4단계에서는 사업을 시작하고, 5단계에서는 규모를 확장해야 한다. 그리고 6단계에 도달하면 부를 지키는 데 초점을 맞춰야 한다. 부의 단계마다 저자가 안내하는 자세한 방법은 전략적으로 성장할 수 있는 유용한 방법이다.

백억남(김욱현) 『자본주의 시대 살아남기 위한 최소한의 경제 공부』저자

재정적인 미래를 정말로 개선하고 싶다면, 이 책『부의 사다리에 올라타라』는 반드시 읽을 가치가 있다. 닉은 성공한 사람들의 이야기를 현실적이고 실용적이며 적용하기 쉬운 실천법으로 결합해냈다. 단순한 이론이 아니라, 이 책은 복잡한 부의 축적 개념을 일상적인 독자들이 이해하고 활용할 수 있도록 명확한 단계로 나눠 제시한다.

즐겁게 읽었으며 나에게 신선한 충격을 준 책이다. 이 책을 통해 돈, 장기 계획, 지속 가능한 부를 쌓는 데 실제로 무엇이 필요한지에 대해 나의 사고방식을 새롭게 해줬다. 명확하고 신중한 체계를 통해 재정 관리와 부의 축적을 원한다면 이 책을 강력 추천한다.

지난 15년 동안 이러한 주제에 관한 책을 많이 읽었지만, 이 책은 정말 새롭다. 이 책처럼 금융 데이터 분석, 전략, 행동 지침이 독특하게 결합된 책은 드물다.『부의 사다리에 올라타라』는 당신이 부의 사다리의 어디에 위치해있는지, 위로 올라가기 위해서는 어떤 단계를 밟아야 하는지, 그리고 무엇보다도 아래로 떨어지지 않기 위해서 피해야 할 함정에 대해서도 알려준다.

일러두기

1. 본문의 각주는 지은이가 달았습니다. 옮긴이 주는 괄호로 묶어 따로 표기했으며 그 외의 괄호 안 설명은 모두 지은이의 것입니다.
2. 단행본은 「 」, 논문은 「 」, 신문이나 정기간행물은 《 》, 방송이나 영화, 그림 등은 〈 〉로 표시했습니다.
3. 외래어 표기는 국립국어원 외래어 표기법을 따랐으며, 일부 관례로 굳어진 것은 예외를 두었습니다.

한국의 독자 여러분께

『부의 사다리에 올라타라』 한국어판을 출간하게 되어 진심으로 영광입니다. 처음 이 책을 집필하기 시작했을 때, 나의 목표는 재정관리에 관한 천편일률적인 조언을 하는 것이 아니라 돈을 이해하는 보편적인 틀을 제시하는 것이었습니다. 그런데 이 책이 세계 여러 나라에 소개되면서, 나는 서로 다른 문화와 경제, 사회적 규범이 사다리를 오르는 데 얼마나 큰 영향을 미치는지 깨달았습니다.

한국어판의 출간을 준비하는 과정에서 나는 오늘날 여러분이 직면하고 있는 고유한 재정적 상황에 관해 한국 출판사 측과 심도 깊은 논의를 나눴습니다. 한국의 많은 젊은이들에게 부의 사다리를 오르는 일이 갈수록 더 어려워지고 있다는 것을 나 역시

11

알고 있습니다. 치열한 취업 경쟁과 치솟는 생활비를 마주하게 되면 밟고 올라가야 할 사다리의 가로대가 아예 없어진 것처럼 느껴질 수도 있습니다. 많은 젊은이들이 위험성 높은 주식 거래나 암호화폐로 눈을 돌리는 것 또한 이해가 됩니다. 부를 쌓는 전통적인 방법이 너무 느리거나 혹은 완전히 무너졌다는 느낌이 들면 짧은 지름길이 매력적으로 보이기 마련입니다.

그렇더라도 극단적인 투자를 통해 사다리를 단숨에 여러 칸씩 뛰어오르는 것은 매우 위험한 일입니다. 처음 성공을 거뒀을 때는 진전을 이루고 있다고 느낄 수 있어도, 단 몇 번의 실수만으로도 모든 게 무너질 수 있기 때문입니다. '부의 사다리'는 부를 축적하기 위해서 복권에 당첨되는 한 방을 노리는 게 아니라 적절한 시기에 올바른 전략을 적용해야 한다는 것을 보여줍니다.

두 번째로 중요한 주제인 교육에 대해서 이야기하면, 한국인의 배움에 대한 열의와 교육을 중시하는 문화는 매우 존경스럽습니다. 이 책의 2부에서 살펴보겠지만, 저 역시 교육의 중요성에 대해 확고한 믿음을 갖고 있습니다. 새로운 기술과 지식을 습득하면 평생 소득이 증가하고, 개인의 성장과 발전에도 중요한 영향을 미칩니다.

교육에 대해서는 신중히 접근할 필요가 있습니다. 한국에서는 대학을 반드시 졸업해야 한다는 강한 사회적 압박이 존재하

부의 사다리에 올라타라

며, 일부 학생들은 막대한 빚을 지고서라도 학위를 얻으려 하지만, 그렇다고 미래 소득이 반드시 보장되는 것은 아닙니다. 이 책에서도 경고했듯이 소득을 증진시키지 못하는 학자금 대출은 부의 사다리를 오르지 못하게 가로막는 전형적인 장애물입니다. 그러한 무거운 부채는 예기치 못한 불운과 경제적 어려움으로 삶을 취약하게 만들 뿐만 아니라 스트레스 또한 가중시킬 수 있습니다. 내가 전하고자 하는 메시지는 교육의 가치를 평가절하하는 것이 아니라 교육을 일종의 투자로 인식해야 한다는 것입니다. 다른 모든 투자 대상과 마찬가지로 교육 또한 그에 수반되는 위험과 보상을 고려할 필요가 있습니다.

이 책『부의 사다리에 올라타라』는 무엇보다 독자 여러분에게 명확한 방향을 제시합니다. 막 사회에 발을 디뎠든 혹은 대규모 포트폴리오를 운용하고 있든, 게임의 규칙은 각 단계마다 변하게 되어있습니다. 부디 이 책이 진정으로 중요한 것에 집중하고 여러분만의 방식으로 부의 사다리를 오를 수 있는 체계적인 방법론을 찾는 데 도움이 되길 바랍니다.

여러분의 재정적 여정에 조금이나마 보탬이 될 수 있어 감사하게 생각합니다.

닉 매기울리

다섯 살 때, 아버지는 내게 체스 두는 법을 가르쳐주셨다. 그리고 아버지 친구들을 초대해 재미로 나와 겨루게 했다. 내가 이길 때마다 어른들은 충격을 받았다. 상상해보라. 유치원생 꼬마가 "체크메이트Checkmate!"라는 한 단어로 스물일곱 살 먹은 성인의 자존심을 뭉개버리는 모습을. 뭐, 농담은 거기까지 하고, 난 체스 신동은 아니었다. 그냥 아버지 친구들이 체스를 무지막지 못했을 뿐이지.

몇 년 후 부모님이 이혼하면서 나는 체스를 그만뒀다. 다시 체스를 시작한 건 고등학교 2학년 때였다. 한 친구와 체스를 두다가 다시 흥미가 살아나서 친구와 함께 체스 동호회까지 만들었다. 나는 체스 실력을 키울 요량으로 판을 시작하는 오프닝 수와 그에 대한 맞대응 수를 연구하고 연습하는 데 매달렸다. 그래서 대국을 둘 때마다 처음 5~10수를 보통 미리 외워뒀던 공식대로 움직였다. 전략은 효과적이었고, 내 실력은 점점 향상되었다. 하지만 그것도 다 진짜 체스 시합에 출전하기 전까지의 일이다. 나는 거기서 평생 잊지 못할 교훈을 배웠다.

체스를 배우는 아마추어들은 대부분 나와 비슷한데, 암기해둔 오프닝 수를 둔 다음 상대방이 실수하기만을 바란다. 초반에 전략적으로 유리한 위치를 선점하고 단순하고 어리석은 실수를 피해 승리를 거둔다.

하지만 빅터는 달랐다. 빅터는 내가 처음으로 참가한 체스 시합에서 유망주로 꼽히던 선수 중 한 명이었다. 그는 아마추어처럼 체스를 두지 않았다. 때로는 전형적인 오프닝 수로 시작했지만 때로는 그렇지 않았다. 어떤 상대와 싸울 때는 갬빗gambetto(다리를 걸어 넘어뜨리는 것)을 수락했지만, 또 다른 상대와 겨룰 때는 완전히 무시했다.

나는 바로 그 부분이 혼란스러웠다. 시합을 아무리 지켜봐도 그가 어떻게 그럴 수 있는지 알 수 없었다. 결정을 내리는 기준이 뭔지도 파악할 수가 없었다. 누군가는 내가 계속 노력했다면 빅터와 대등한 실력을 갖추게 됐을 거라고 말할지 모른다. 하지만 틀렸다. 오프닝 수를 외우는 내 방식대로라면 수백 시간을 투자해도 빅터와 같은 수준에 도달할 수 없었다. 내 전략으로는 아무리 시간을 투자해도 빅터를 따라잡을 수 없었다.

진정으로 내게 필요했던 것은 체스 두는 방식을 완전히 뜯어고치는 일이었다. 빅터는 내게 때로는 아무리 노력해도 성과를 거둘 수 없는 것이 있다는 교훈을 가르쳐주었다. 정말로 중요한 것은 그 노력을 어떻게, 어디에 쏟느냐였다.

세월이 지나 나는 이 원칙이 부를 쌓는 데에도 적용된다는 사실을 깨달았다. 재정적으로 앞서 나가려 해도 기본적인 사고의 틀이 잘못돼 있다면 제자리에서 쳇바퀴만 돌게 될 뿐이다. 더 많이 열심히 일하고, 재정과 관련된 최신식 조언을 따르며 문제를 해결하려 해도 눈에 띄는 변화는 나타나지 않는다. 그러면 이제 사람들은 자신이 성공하지 못하는 이유에 대해 직업윤리나 직장 상사, 또는 자신의 불운한 인생을 향해 비난의 화살을 돌리기 시작한다. 하지만 진짜 문제는 바로 접근 방식에 있다. 당신이 열심히 오프닝을 암기하는 동안 세상의 다른 빅터들은 당신을 추월해 앞서 나간다. 인텔의 전 CEO 앤디 그로브Andy Grove는 이렇게 말했다. "아주 열심히 일하지만 성과를 내지 못하는 사람들이 많다."[1] 문제는 노력이 부족한 게 아니라 실행하는 전략에 있다.

만일 그보다 더 좋은 방법이 있다면 어떻겠는가? 부를 쌓는 방법을 더욱 쉽게 이해할 수 있는 참신하고 효과적인 사고 체계가 있다면? 큰돈을 한 방에 버는 계획이나 어떤 돈 문제에든 적용할 수 있는 만능해결책이 아니라 돈 그 자체에 대한 새로운 철학 말이다. 그리고 이 새로운 사고 체계가 당신의 재정적 삶을 개선하

부의 사다리에 올라타라

기 위해 '무엇을 할지' 말해주는 게 아니라 '어떻게 생각해야 할지' 알려준다면? 무엇을 해야 할지 알려주는 것은 같은 문제를 반복해서 마주칠 때 효과적이다. 하지만 그런 접근 방식은 돈과 부富라는 끊임없이 변화하는 영역에서는 통하지 않는다. 금리는 요동치고 경력은 바뀌며, 우리의 욕망은 변화한다. 그렇다면 부를 쌓을 때 왜 항상 똑같은 전략을 취한단 말인가? 그래서는 안 된다. 더 좋은 방법은 변화를 거듭하는 삶의 과정 내내 꾸준히 활용할 수 있는 확고한 기본 틀을 마련하는 것이다.

나는 이것을 '부의 사다리'라고 부른다.

目

내가 100달러를 주면 당신의 인생이 바뀔까? 10만 달러는 어떤가? 아니면 1억 달러는? 대답은 다양한 요인에 따라 달라지겠지만, 가장 중요한 것은 '지금' 당신이 얼마의 돈을 갖고 있느냐이다. 대부분의 사람에게 1억 달러는 삶의 방식을 완전히 바꿀 수 있는 거금이다. 하지만 제프 베조스Jeff Bezos 같은 사람에게는 1억 달러가 그렇게 크게 느껴지지 않을 것이다. 이 단순한 사실은 부란 무엇이며, 부를 쌓을수록 그것에 대한 관점이 어떻게 변화할 수 있는지를 알려준다.

참고로 내가 "부"라고 말할 때, 이는 순자산純資産, 즉 총자산에서 총부채를 뺀 금액을 가리킨다. 즉 당신이 소유한 모든 자산(부동산, 금융자산, 현금 등)에서 다른 사람에게 진 빚(즉 주택담보대출, 학자금 대출, 신용카드 대금 등)을 뺀 나머지를 말한다. 문제는 우리가 부를 잘못된 방식으로 인식하고 있다는 것이다. 우리는 부가 많으면 많을수록 좋은 것이며, 부가 늘어나면 갖고 있는 모든 문제가 해결될 것이라고 생각한다. 또한 부가 많으면 개인적인 소비도 늘어날 거라고 여긴다. 안타깝게도 이는 극단적인 경우에만 해당되는 이야기다.

10만 달러를 가진 사람은 1,000달러밖에 없는 사람과 꽤 다른 삶을 살 수 있다. 하지만 50만 달러를 가진 사람은 40만 달러를 가진 사람과 생활방식이 별반 다르지 않다. 자산 차이는 10만 달러나 되지만 이 둘은 비슷한 매장에 가고 비슷한 자동차를 몰고 비슷한 집에 거주한다. 그런 점에서 우리가 부를 누리는 방식은 1달러 또는 1,000달러씩 증가할 때마다 달라지는 게 아니라 계단식으로 변화한다.

그런 점에서 부는 직선이 아니라 사다리다. 사다리의 디딤대는 각각의 부의 단계를 의미하며, 이 부의 단계는 우리의 재정적 삶의 거의 모든 측면에 영향을 끼친다. 돈을 소비하는 방식에서부터 돈을 벌고 투자하는 방식에 이르기까지 사다리의 각 단계는 모두 다르고 독특하다. 그렇다면 이러한 부의 단계를 어떻게 구분할 수 있을까?

- 1단계 (1만 달러 이하)

- 2단계 (1만~10만 달러)

- 3단계 (10만~100만 달러)

- 4단계 (100만~1,000만 달러)

- 5단계 (1,000만~1억 달러)

- 6단계 (1억 달러 이상)

각 단계는 10배씩 증가하는데, 이는 삶의 방식이 크게 변화하려면 부가 그만큼은 증가해야 하기 때문이다. 아래 차트에서 순자산 범위에 따른 부의 단계를 확인할 수 있다.

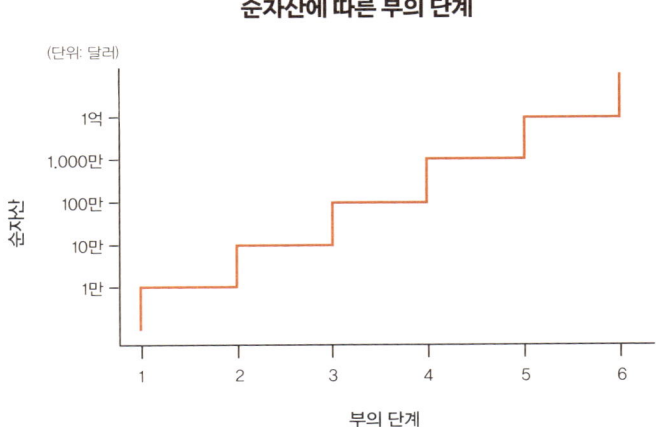

순자산에 따른 부의 단계

(단위: 달러)

출처: Survey of Consumer Finances(2022)
참고: 순자산 1,000달러 이하 가구는 제외

예를 들어 순자산이 1만 달러 이하인 사람들은 1단계, 순자산이 1만 달러에서 10만 달러 사이인 이들은 2단계에 해당한다. 그러므로 부의 사다리에서 다음 단계로 오르는 것이 전 단계에 비해 기하급수적으로 어려워진다는 사실을 추측할 수 있다. 부의 사다리를 높이 오를수록 다음 단계에 도달하는 사람이 전 세계적으로 점점 줄어드는 이유도 이 때문이다. 가령 다음 표는 2023년 전 세계[2] 및 미국[3] 내 각 부의 단계에 해당하는 사람들의 비율을 세분화해 나타낸 것이다.

부의 단계	성인비율 (세계)	성인 수 (세계)	가구 비율 (미국)	가구 수 (미국)
1단계 (1만 달러 이하)	39.5%	14.9억 명	18%	2,400만
2단계 (1만~10만 달러)	43%	16.1억 명	21%	2,800만
3단계 (10만~100만 달러)	16%	6.13억 명	43%	5,600만
4단계 (100만~1,000만 달러)	1.4%*	5,400만 명	16.3%	2,100만
5단계 (1,000만~1억 달러)	0.099625%*	400만 명*	1.6925%	200만
6단계 (1억 달러 이상)	0.000375%	3만 명	0.0075%	1만

* 미국 데이터를 바탕으로 추정한 값

부의 사다리에 올라타라

보다시피 전 세계 대다수의 사람들이 1~2단계에 속하며, 단계가 상승할수록 그 수가 줄어든다. 1단계에 해당하는 성인은 약 15억 명에 달하는 반면, 6단계에 해당하는 성인은 3만 명에 불과하다. 한편 미국에는 세계의 부가 꽤 집중되어 있기 때문에 부의 사다리 분포가 상당히 위쪽으로 치우쳐있다. 그래서 미국에서는 1~2단계보다 3단계에 가장 많은 가구가 포진돼 있다. 하지만 이 같은 상향 이동에도 불구하고, 부의 사다리에서 상위 계층보다는 하위 계층에 속하는 가구가 훨씬 많다. 가령 미국에서 3단계에 해당하는 가구가 5,600만 가구인 반면, 6단계에 해당하는 가구는 약 1만 가구에 불과하다.

부의 사다리와 미국의 경제 계층을 겹쳐보면 더욱 명확해진다.

- **1단계**: 저소득층(1만 달러 이하)
- **2단계**: 서민층(1만~10만 달러)
- **3단계**: 중산층(10만~100만 달러)
- **4단계**: 중상류층(100만~1,000만 달러)
- **5단계**: 부유층(1,000만~1억 달러)
- **6단계**: 초부유층(1억 달러 이상)

이런 관점에서 보면 왜 돈 많은 일부 사람들이 스스로를 부자로 여기지 않는지 이해할 수 있다. 왜냐하면 늘 자신보다 더 높은 곳에 있는 경제 계층이나 부의 단계만을 바라보고 있기 때문이다. 4단계에 있는 이들은 5~6단계를 올려다보며 "난 부자가 아니야. '저 사람들'이 부자지"라고 말한다. 하지만 4단계만 해도 이미 백만장자다. 그저 미디어나 대중문화에서 묘사하는 전형적인 부자들처럼 살고 있지 않을 뿐이다. 초부유층에 해당하는 5~6단계 사람들은 실제로도 개인 전용 비행기나 슈퍼카를 몰고 다닌다.

이처럼 자산 수준을 단계별로 그려보면 부의 사다리를 오를수록 그에 상응하는 재정 전략 또한 바뀌어야 한다는 사실을 쉽게 짐작할 수 있다. 예를 들어 1단계에서 2단계로 올라설 때 사용하는 전략은 5단계에서 6단계로 올라서기 위해 사용하는 전략과는 근본적으로 달라야 한다. 따라서 이 책에서는 각각의 단계에서 도움이 될 만한 전략들을 차근차근 설명할 것이다.

또한 이처럼 부를 단계별로 범주화해 놓고 보면 왜 여러 재정 전문가들이 서로 상반되는 듯 보이는 조언을 하는지 알 수 있다. 어떤 전문가는 예산관리야말로 재정적 성공의 열쇠라고 주장하고, 또 다른 전문가는 자기 사업을 하는 것이야말로 진정으로 중요하다고 말한다. 누가 옳을까? 부의 사다리는 이 두 가지 주장이 모두 옳다는 것을 알려준다. '그들은 그저 부의 사다리에서 서로 다른 단계에 있는 사람들에게 조언하고 있을 뿐이다.'

예산관리는 부의 사다리 1단계에 있는 사람들에게는 유용하지만, 6단계에 속한 이들에게는 아무런 변화도 주지 못한다. 즉

부의 사다리에 올라타라

예산관리는 1단계 전략이라고 할 수 있다. 마찬가지로 창업과 사업 확장은 6단계에 있는 이미 부유한 사람에게는 도움이 되겠지만 1단계에 있는 사람에게는 맞지 않는 전략이다. 따라서 사업 운영은 보다 높은 단계에 걸맞는 전략이다. 피트니스 전문가가 비만 고객과 이미 잘 훈련된 운동선수에게 식단과 운동에 대해 각각 다른 조언을 하는 것처럼 부의 사다리는 재정적 여정의 어느 단계에 있느냐에 따라 각기 다른 전략을 제공한다.

이처럼 부의 사다리는 부와 부를 쌓는 방식에 대한 당신의 사고방식을 근본적으로 바꾸어 놓을 하나의 거대한 통합적 체계다. 부의 사다리라는 개념을 이해하고 나면 다시는 자신의 재정 상황을 예전과 같은 방식으로 볼 수 없을 것이다. "한번 알고 나면 모르던 상태로 돌아갈 수 없다"는 말처럼 말이다. 사고방식이 바뀌면 경력을 선택하고 위험을 감수하는 방식에도 변화가 생기고, 궁극적으로는 삶을 살아가는 방식에도 영향을 미친다.

앞으로 당신은 부를 쌓는 사람과 그렇지 못한 사람의 차이가 노력의 유무에 있는 게 아니라는 사실을 알게 될 것이다. 정말로 중요한 것은 그들이 따르는 전략과 시간과 에너지를 집중하는 대상이다. 다행히도 당신은 무엇에 집중해야 할지 추측할 필요가 없다. 부의 사다리에 이미 해답이 있으니까.

'부의 사다리'를 오르기 전에 먼저 내 이야기를 짧게 들려주고 싶다. 나중에 더 자세히 다룰 테지만 제일 중요한 부분은 이거다.

나는 남부 캘리포니아의 서민층 집안에서 자랐다. 어머니는 대출서류 심사관이었고, 아버지는 리무진 운전사, 보험 판매원 등 여러 직업을 전전했다. 두 분은 내가 어릴 적 이혼했고, 내가 열여덟 살이 되기 전까지 파산 신청도 여러 번 했다.

이런 불우한 환경은 내게 재정적으로 롤모델이 없었음을 의미한다. 로드맵 같은 건 없었다. 나는 돈에 대해 혼자서 배우고 알아야 했다. 나는 우리 집안에서 처음으로 대학을 졸업한 사람이다. 그것도 그저 그런 대학이 아니라 사립 명문대인 스탠퍼드대학교에 입학했다. 나는 이곳에서 다양한 사람들을 만났고 그중 많은 수가 나와는 전혀 다른 삶을 살아온 이들이었다.

대학 졸업 후, 나는 소송 컨설팅 분야에 들어가 비즈니스계 전반에 걸쳐 영향력 있는 전문가들과 함께 일했다. 몇 년간은 심지어 몇몇 변호사들과 함께 음악 밴드를 결성해 활동하기도 했다. 나는 이제 수천 가구의 고객들을 위해 50억 달러 이상의 자산을 관리하는 리톨츠 웰스 매니지먼트Ritholtz Wealth Management에서 일한다. 뿐만 아니라 경제경영 전문 작가이자 베스트셀러 『저스트. 킵. 바잉*Just Keep Buying*』의 저자이기도 하다.

이러한 경험 덕분에 나는 부를 모든 각도에서 볼 수 있었고,

부의 사다리에 올라타라

'부의 사다리'의 모든 단계에 있는 사람들을 만나 보았다. 또한 연방준비제도이사회의 소비자금융조사^{SCF}부터 미시간대학교의 소득 역동성 패널 연구^{PSID}가 제공하는 수십 년에 걸친 부의 동향에 이르기까지 엄청난 양의 금융 데이터도 분석했다. 이러한 데이터에는 미국 내 수만 가구의 40년에 걸친 재정 정보가 포함되어 있다. '부의 사다리'는 이 같은 연구를 통해 얻은 깨달음과 돈에 대한 내 개인적인 여정을 종합해 뽑아낸 정수精髓다.

무엇보다 중요한 것은, 내가 부의 사다리를 통해 나 자신과 가족은 물론 수천 명의 팔로워들의 삶까지 변화시키며 부를 축적할 수 있었다는 점이다. '부의 사다리'는 당신도 그렇게 할 수 있도록 돕기 위해 개발한 이론 체계다. 나는 사다리의 가장 높은 단계에 도달하지는 못했으나 그곳에 있는 수많은 사람들을 안다. 그중에는 내 멘토도 있고 동료도 있다. 몇 명은 온라인에서 만나기도 했다. 나는 큰 부가 얼마나 큰 이점이 될 수 있는지 안다. 그리고 그 이면에 어떤 함정이 있는지도 안다.

이 책은 당신을 이끌어줄 가이드인 동시에 경고의 메시지를 담고 있다. 이 책은 부를 쌓는 방법은 물론 그만 멈춰야 할 때를 가르쳐줄 것이다. 내가 이 책을 쓴 목적이 뭐냐고? 당신의 삶이 실질적으로 더 나아질 수 있도록 '부의 사다리'를 오르는 과정을 돕기 위해서다. 이제 남은 질문은 하나다. 당신은 부의 사다리를 오를 준비가 되었는가?

PART
1

부의 사다리란 무엇인가

01

부의 사다리를
오르는 0.01%의 지출

이집트의 여왕 클레오파트라는 당시 세계에서 가장 부유한 여성이었다. 그는 귀빈의 여흥을 위해 자주 호화로운 파티를 열었다. 그러한 연회를 여러 번 경험한 로마의 장군 마르쿠스 안토니우스는 클레오파트라가 세계에서 가장 사치스러운 연회를 연다고 평했다. 안토니우스에게 더 깊은 감명을 주고 싶었던 클레오파트라는 정찬 한 번에 1,000만 세스테르티우스(오늘날의 가치로는 약 2,000만 달러)를 쓸 수도 있다고 주장했다. 그런 수준의 사치는 불가능하다고 생각한 안토니우스는 허세를 부리는 클레오파트라와 내기를 했고, 이집트 여왕은 다음 날 그가 틀렸음을 증명하겠다고 말했다.

클레오파트라는 어젯밤 안토니우스가 즐긴 것과 비슷한 연회를 준비하도록 명했다. 다만 이번에는 자신의 소유물 중 가장 값비싼 물건인 진주 귀고리 한 쌍을 착용했다. 그것은 평범한 진주 귀고리가 아니었다. 그 당시 세계에서 가장 큰 진주로 알려진 것이었다.

연회장에 도착한 안토니우스는 이 연회에 1,000만 세스테르티우스나 들었을 리가 없다고 장난스레 말했다. 클레오파트라는 그 말이 옳다고 말하며 자신이 몸소 1,000만 세스테르티우스를 탕진할 것이라고 대답했다. 그리곤 약속을 지키기 위해 하인에게 진주를 녹일 수 있을 만큼 진한 식초를 잔에 담아오라고 했다. 클레오파트라는 안토니우스가 지켜보는 앞에서 한쪽 귀에서 진주 귀고리를 떼어내 잔에 떨어뜨린 다음, 귀고리가 녹아내리자 잔째 마셔버렸다.[1] 클레오파트라가 남은 귀고리 한 짝을 마저 떼어내자 안토니우스는 내기에서 졌다고 인정할 수밖에 없었다.

클레오파트라와 진주 귀고리의 이야기는 사람들이 부를 과시하기 위해 어디까지 갈 수 있는지를 보여준다. 또한 이 이야기는 돈을 소비하는 것이 상대적인 개념임을 말해준다. 클레오파트라처럼 어마어마한 자원을 탕진하고도 가진 부에는 아무런 영향이 없는 사람이 있는가 하면, 돈 한 푼을 쓸 때마다 고심하며 아

부의 사다리에 올라타라

등바등 살아내야 하는 사람도 있다. 제이지Jay-Z(미《포브스》선정 힙합가수 최초로 억만장자 반열에 올랐다 – 옮긴이)의 노래 중에 이런 가사가 있다. "나 같은 놈한테 5만 달러가 뭔 대수? 제발 좀 알려줄래?" 제이지가 이 가사를 쓴 2011년에 그의 순자산 추정치는 약 4억 5,000만 달러였다. 즉 "5만 달러"면 당시 그가 가진 재산의 0.01%(1만 분의 1) 정도에 불과하다는 얘기다.

이 숫자가 다소 뜬금없어 보일지도 모르지만 순자산의 0.01%는 실제로 그게 얼마나 사소한 금액인지 알려줄 수 있는 훌륭한 지표다. 예를 들어 1만 달러의 순자산을 갖고 있다면 1달러(또는 0.01%)를 더 소비한다고 해도 재정 상태에는 장기적으로 아무 영향도 가지 않는다. 마찬가지로 순자산이 10만 달러라면 눈 하나 깜짝하지 않고 10달러짜리 물건을 구매할 수 있을 것이다. 나는 이것을 '0.01%의 법칙'이라고 부른다.

0.01%의 법칙을 활용하면 부의 사다리와 지출의 관계를 설명할 수 있다. 여기 부의 사다리의 각 단계마다 다양한 지출 범주와 어떻게 연결되어 있는지 정리해보았다.

- **1단계 하루 벌어 하루 살기**(1만 달러 이하): 돈을 쓸 때마다 아주 적은 액수에도 예민하게 반응한다. 감당하기 힘든 수준의 극심한 부채를 가진 이들도 여기에 해당한다.
- **2단계 식료품 구매의 자유**(1만~10만 달러): 재정 상황에 대한 걱정

없이 원하는 식료품을 살 수 있다.

- **3단계 외식의 자유**(10만~100만 달러): 원하는 만큼 외식을 자유롭게 즐길 수 있다.
- **4단계 여행의 자유**(100만~1,000만 달러): 원하기만 하면 언제 어디로든 여행을 떠날 수 있다.
- **5단계 주거의 자유**(1,000만~1억 달러): 꿈에 그리는 이상적인 집을 구입해도 전체적인 재정 상황에는 영향이 거의 없다.
- **6단계 영향력의 자유**(1억 달러 이상): 돈을 활용해 다른 사람의 삶에 지대한 영향을 끼칠 수 있다. 예컨대 사업체 매수, 대규모 자선활동 등이 해당된다.

부의 사다리와 지출이 만나는 이 교차점에서 흥미로운 사실은, 특정 금액으로는 삶의 질이 눈부시게 향상되지 않는다는 점이다. 가령 부의 사다리의 3단계에 있는 사람에게 1만 달러가 추가로 생겨봤자 4단계에 도달하지는 못한다. 남은 평생 동안 주거와 이동(즉 여행의 자유) 비용에 대한 걱정에서 벗어나기에 그 정도로는 충분하지 않기 때문이다.

하지만 1단계에 있는 사람은 바로 그 1만 달러만 있으면 2단계로 올라설 수 있다. 아주 심각한 부채를 지고 있지만 않다면 말이다. 같은 금액의 돈이라도 부의 사다리의 어느 단계에 있느냐에 따라 매우 다른 영향을 끼칠 수 있다.

부의 사다리에 올라타라

부의 사다리가 앞에서 제시한 각각의 지출 범주와 알맞게 짝 지어지는 이유는 0.01%의 법칙 때문이다. 각 단계에서 한 번의 지출 결정은 해당 단계 순자산의 약 0.01%를 차지한다. 예를 들어 식료품점에서 3.99달러짜리 달걀 꾸러미를 살지, 아니면 4.99 달러짜리 자유방목 달걀 꾸러미를 살지 고민 중이라고 하자. 순자산이 100달러에 불과할 때는 이런 결정 하나(1달러 더 비싼 자유방목 달걀을 사는 것)가 재정 상황에 큰 영향을 끼칠 수 있다. 전 재산의 1%가 걸린 문제이기 때문이다. 1만 달러 이상의 순자산을 갖고 있다면 1달러 더 비싼 달걀을 사더라도 삶에 큰 지장이 없을 테지만 전 재산이 100달러인 경우에는 다르다.

이런 경우 1만 달러 이상을 보유하게 되면 부의 사다리의 2단계(식료품 구매의 자유)에 올라서게 된다. 이제 당신은 식료품점에서 원하는 것을 구매할 수 있다. 자산이 늘수록 식료품 구매의 자유를 더욱 크게 누리게 되고, 순자산이 10만 달러 즈음에 도달하면(3단계의 시작) 원하는 식료품은 무엇이든 구매할 수 있는 완전한 자유를 누릴 수 있다.

부의 사다리를 높이 올라갈수록 그러한 자유는 점점 더 값비싼 소비 영역으로 확대된다. 가령 레스토랑에서 20달러짜리 햄버거를 먹을지 30달러짜리 연어 요리를 먹을지 고민이라고 하자. 순자산이 10만 달러 이상일 때는 10달러 정도의 가격 차이는 그다지 크게 느껴지지 않는다(순자산의 0.01% 미만). 이는 당신이 부의 사다리에서 3단계, 즉 '외식의 자유'에 도달했음을 의미한다. 이렇게 계속해서 0.01%의 법칙을 적용해보면 각각의 부의 단계에서 하나의 지출 결정이 얼마나 큰 영향력을 지니는지 알 수 있다.

- **1단계 하루 벌어 하루 살기**(1만 달러 이하)

  지출 결정당 0.01~0.99달러
- **2단계 식료품 구매의 자유**(1만~10만 달러)

  지출 결정당 1~9달러
- **3단계 외식의 자유**(10만~100만 달러)

  지출 결정당 10~99달러
- **4단계 여행의 자유**(100만~1,000만 달러)

  지출 결정당 100~999달러
- **5단계 주거의 자유**(1,000만~1억 달러)

  지출 결정당 1,000~1만 달러
- **6단계 영향력의 자유**(1억 달러 이상)

  지출 결정당 1만 달러 이상

다음 표에서 부의 단계에 따라 개인의 재정에 영향을 주지 않으면서 추가로 지출할 수 있는 금액을 볼 수 있다.

이러한 맥락에서 보면, 동일한 부의 단계에 있는 사람들이 대개 유사한 소비 패턴을 지니고 있음을 쉽게 짐작할 수 있다. 심지

부의 사다리에 올라타라

부의 단계에 따른 추가 지출

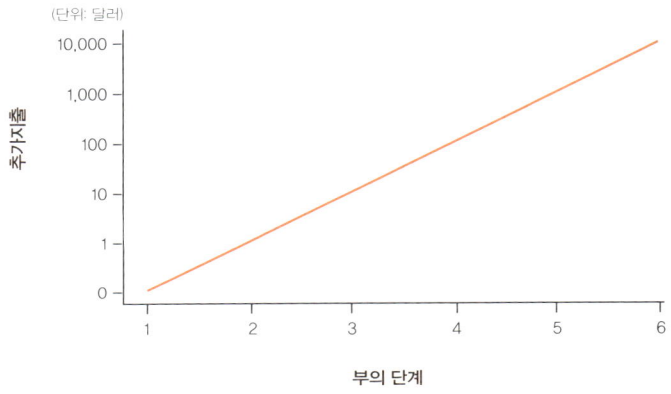

어 인접한 단계에 있는 이들마저도 대체로 유사한 소비방식을 공유한다. 이를테면 4단계에 있는 사람들은 3단계에 속한 이들과 생활방식이 비슷하다. 물론 4단계에 있는 이들이 더 비싼 차와 더 큰 집을 소유할 수는 있지만, 양쪽 모두 개인 운전기사를 고용하고 있지는 않을 것이다. 먹는 음식이 조금 더 고급스럽고 비행기를 탈 때도 비즈니스석을 더 자주 이용할 수는 있겠지만, 적어도 개인용 비행기는 갖고 있지 않을 것이다. 부의 사다리의 4단계에 있는 사람들은 10배나 더 많은 자산을 보유하고 있어도 3단계의 사람들과 유사한 방식으로 살아간다. 사다리의 3단계를 중산층middle class, 4단계를 중상류층upper middle class으로 구분하는 것도 이 때문이다. 한 집단이 조금 더 고급스럽긴 해도 두 집단이 비슷한 생활방식을 공유하고 있다.

물론 이런 일반적인 패턴에도 예외는 있다. 모든 사람이 자신이 속한 부의 단계에 맞는 소비를 하는 것은 아니기 때문이다. 부의 사다리 6단계에 있는 사람이 이코노미석을 애용하고 값싼 물건을 찾아 돌아다닐 수도 있다. 1단계에 해당하는 사람이 그렇게 해서는 안 되겠지만, 여행과 외식에 돈을 물 쓰듯 할 수도 있다.

가장 큰 이유는 많은 이들이 부가 아닌 소득을 기반으로 지출하기 때문이다. 얼핏 보면 합리적으로 보일지도 모른다. 결국 들어오는 돈이 많을수록 나가는 돈도 많아지게 되어 있으니까. 그러나 소득에 기반한 지출은 부의 사다리를 올라가게 도울 수 없다. 예를 들어 1년에 100만 달러를 버는 사람이라면 자유방목 달걀을 사고, 고급 와인을 주문하고, 여행할 때도 일등석을 자주 이용할 수 있을 것이다. 하지만 당신 이름으로 등록된 자산이 한 푼도 없다면(1단계) 그렇게 살아서는 안 된다. 저축이 가능하다는 것을 입증할 수 있을 때까지 그런 사치스러운 삶은 금물이다. 반면 1년에 100만 달러를 벌지만 그 중 20만 달러를 저축한다면 당신은 재정적으로 책임감 있는 모습을 보여주고 있는 것이다. 그 20만 달러는 당신을 부의 사다리의 3단계에 이르게 해줄 것이며, 그 결과 당신은 저녁 외식이라는 작은 사치를 즐길 수 있게 된다 (외식의 자유).

이것이 바로 소득이 아니라 쌓아둔 부를 기반으로 지출해야 하는 이유다. 물려받은 유산이나 신탁, 복권 당첨금 같은 돈을 제외하고 부를 소유하고 있다는 것은 재정을 절제 있게 관리할 능력이 있음을 의미한다. 즉 지출을 조절하고 돈을 저축하는 방법을 알고 있다는 얘기다. 이러한 통제력이 없다면 재정적으로 어려움을 겪을 수 있다. 이를테면 오로지 소득만을 기반으로 지출하고 있다면, 소득에 문제가 생길 경우 재정 상태가 곤두박질칠 수 있다.

안타깝게도 대부분의 사람들은 이 진리를 너무 늦게 깨닫는다. 소득은 변동이 심하다. 하루는 주머니가 두둑했다가 다음날에는 새 일자리를 찾아 나서야 할 수도 있다. 누구에게나 일어날 수 있는 일이지만, 특히 고소득자에게서는 더 자주 볼 수 있는 현상이다. 전미경제연구소NBER 연구진에 따르면, "고소득자에게 긍정적 충격은 상당히 일시적인 반면, 부정적 충격은 매우 지속적이다."[2] 다시 말해 소득이 급격히 감소할 경우 고소득자는 그러한 현상이 영구적으로 지속될 가능성이 더 높다. 안타깝게도 이러한 급격한 소득 감소는 시간이 지날수록 더욱 보편화되고 있다. 한 연구 결과를 소개한다.

2년 사이 소득이 50% 급감한 가구의 비율은 1970년대 초반 약 7%에서 2000년대 초반에는 12% 이상까지 증가했다가 대침체Great Recession 직전 10%로 감소했다.[3]

소득만으로 생활을 유지하다가 갑자기 소득이 급격히 감소하면 엄청난 타격이 될 수 있다. 가끔 수백만 달러씩 벌던 스포츠 선수들이 현역에서 은퇴한 후 갑자기 파산하는 것도 이 때문이다. 그들의 문제는 부가 아닌 소득에 따라 돈을 지출했다는 데 있다. 그래서 소득이 사라지면 재정 문제가 고개를 쳐들게 된다. 미국 4대 스포츠 리그의 평균 연봉은 2020년에 450만 달러 이상이었지만, 그런데도 일부 선수들은 평소에 돈을 쓰는 방식 때문에 재정적 문제로 어려움을 겪었다.[4]

부의 사다리는 갖고 있는 자산 수준에 따라 돈을 지출하라고 말한다. 2단계(식료품 구매의 자유)에 있는 사람은 3단계나 갈 법한 고급 레스토랑에서 돈을 펑펑 써대서는 안 된다. 3단계(외식의 자유)에 있는 사람은 일등석이나 비즈니스석을 이용해서는 안 된다. 물론 내 말에 동의하지 않는 사람도 있을 것이다. 자고로 인생에 몇 가지 정도는 좋은 것을 누려야 '한다고' 말이다. 사실 어떤 이들의 경우, 가장 비싼 비용을 잡아먹는 것이 바로 그들의 자존심이다.

나도 사람들에게 절약하면서 살라고 충고하고 싶지는 않다. 정말이다. 데이터에 따르면 근검절약은 장기적으로 부를 쌓을 수 있는 최선의 방법도 아니다. 소득을 늘리는 것이 그보다 훨씬 더 중요하다. 이에 대해서는 다른 장에서 더 자세히 살펴볼 것이다.

그렇다고 과소비를 해서도 안 된다. 자산 수준에 맞춰 지출한다고 해서 반드시 부의 사다리를 오를 수 있는 건 아니지만, 적어도 아래 단계로 추락할 확률은 줄어든다. 부의 사다리는 이처럼 작은 사치와 과소비 사이의 완벽한 균형을 제공해줄 수 있다.

여기서 핵심은 '필수품' 외의 지출을 신중히 고려하는 것이다. 먹고 자고 입는 등 기본적인 생활을 하려면 당연히 돈을 써야 한다. 그건 어쩔 수가 없다. 하지만 그러한 기본적인 필요 외에는 돈을 어느 정도나 더 써도 되는 걸까? 여기서 다시 부의 사다리가 등장한다. 생존을 위해 먹는 것과 먹고 싶은 음식을 사는 것은 다르다. 이코노미석을 이용하는 것과 몸도 마음도 편하게 여행하는 것에도 차이가 있다. 필요를 충족할 수 있는 소득을 벌고 있다면, 부는 이러한 것들을 업그레이드할 수 있게 도와줄 수 있다.

그것을 가능하게 해주는 것이 바로 0.01%의 법칙이다. 가진 부를 투자하고 있고, 그 돈이 '매일' 인플레이션보다 0.01% 이상 증가하고 있다고 가정해보자. 연 약 3.7% 정도의 수익률인데, 이 정도면 꽤 보수적인 계산이다. 인플레이션을 적용해도 그렇다. 어쨌든 당신의 부가 매년 3.7%씩 증가한다고 가정하면 매일 부의 0.01%를 지출해도 순자산은 똑같은 수준으로 유지할 수 있다. 예를 들어, 10만 달러를 투자하고 있고 그 돈이 매일 0.01%씩 증가하고 있다면, 소득 '외에도' 매일 10달러를 더 쓸 수 있다. 이는 장기적으로 자산을 줄이지 '않고' 쓸 수 있는 여윳돈이다. 다만 다른 소득원이 없다면 이것으로 생활비를 충당하기는 턱없이 부족할 것이다.

그렇기에 부의 단계에 맞춰 지출을 하려면 일반적으로 생활비를 충당할 수 있는 소득이 필요하다. 예를 들어 2만 달러의 저축이 있는데 갑자기 직장을 잃게 되었다고 하자. 이때 엄밀히 따지면 당신은 2단계에 해당한다(식료품 구매의 자유). 하지만 막상 식료품을 사러 가면 그런 자유를 누리지 못할 것이다. 새로운 일자리를 찾거나 다른 소득원을 구하지 못할 경우, 부의 단계를 유지하려면 지금 가진 2만 달러로는 하루에 2달러밖에(주당 14달러) 쓰지 못하기 때문이다. 그게 0.01%의 법칙이 허용하는 최대치다. 하지만 그 정도 돈으로는 미국은 물론 대부분의 경제 선진국에서 도저히 살 수가 없다. 따라서 새로운 소득원을 찾거나 모아놓은 자산을 소비해야 한다.

부의 사다리를 돈의 지출에 대한 가이드로 활용할 수도 있지만, 이처럼 소득도 반드시 함께 고려해야 한다. 은행에 3만 달러의 저축이 있어도 직업이 없다면, 은행에 1만 달러밖에 없어도 연 소득이 2만 달러인 사람보다 지출에 더욱 신중해야 한다. 더 이상 일하지 않는 은퇴자들도 마찬가지다. 100만 달러의 노후자금을 가진 65세의 은퇴자는 1만 달러를 금융 투자하고 있는 35세의 직장인처럼 돈을 쓸 수 없다. 두 사람 모두 4단계(여행의 자유)의 아래쪽에 있지만 65세의 은퇴자는 실질적으로 여행의 자유를 누릴 수 없다.

부의 사다리에 올라타라

다만 돈을 지출하는 방식에 영향을 끼칠 수 있는 또 다른 층위가 존재하는데, 이는 전적으로 당신의 부가 어떻게 구성되어 있느냐와 직결되어 있다.

지금껏 부의 사다리를 오르는 지출에 관해 논의할 때, 우리는 전체적인 순자산을 기준으로 부의 단계를 결정했다. 이 책에서는 앞으로도 계속 이 방식을 고수할 것이다. 그러나 지출과 관련해 반드시 고려해야 할 특별한 부분이 있다. 불행히도 지출이라는 측면에서 모든 부를 다 똑같이 사용할 수 있는 것은 아니기 때문이다. 이를테면 누군가 110만 달러의 순자산을 갖고 있는데 그자산이 다음과 같이 구성되어 있다고 가정해보자.

- 증권 계좌: 25만 달러
- 연금 계좌: 25만 달러
- 주택 지분: 60만 달러

순자산이 110만 달러니 이 사람은 부의 사다리의 4단계에 있다(100만~1,000만 달러). 그러나 이 사람이 가진 순자산 중 유동자산, 즉 즉시 접근할 수 있는 자산은 매우 적다. 정확히 말하면 증권 계좌에 있는 25만 달러가 전부다. 주택 지분인 60만 달러와 연금 계좌에 있는 25만 달러는 쉽게 접근할 수 없기 때문에 '유동' 순자산에 해당하지 않는다. 따라서 25만 달러짜리 증권 계좌를 기반으로 구분하면 그는 부의 사다리의 3단계에 해당한다(10만~100만 달러).

그렇다면 어느 쪽으로 보는 것이 더 합당할까? '유동' 순자산에 기반하여 3단계로 분류할 것인가, 아니면 총 순자산을 기준으로 4단계로 분류할 것인가? 엄밀히 따지면 이 사람은 4단계에 해당하지만 자산의 구성 상황을 고려할 때, 나는 그에게 3단계처럼 지출하라고 권하고 싶다. 왜냐하면 거주 중인 집을 팔아 주택 지분을 현금화하지 않는 한 지출에 있어 그의 집은 존재하지 않는 것이나 다름없기 때문이다. 설사 집을 팔더라도 모든 돈을 쓸 수 있는 것도 아니다. 거처를 마련하려면 또 누군가에게 돈을 지불해야 하기 때문이다. 집을 매각하여 얻은 자산의 일부는 결국 새로운 임대비용으로 상쇄될 것이다.

연금 계좌도 마찬가지다. 연금 계좌란 엄밀히 말하면 '미래'의 지출을 위해 따로 남겨둔 자금이다. 이를 현금화하면(수수료를 지불하면서까지) 지금 당장은 쓸 수 있는 돈이 늘어날지 몰라도 대신 미래에 쓸 돈이 줄어든다. 따라서 부의 사다리를 오르고 싶다면 총 순자산(110만 달러)이 아니라 유동 순자산(25만 달러)을 중심으로 지출해야 한다. 부의 사다리에서 유동 순자산에 따라 지출 양

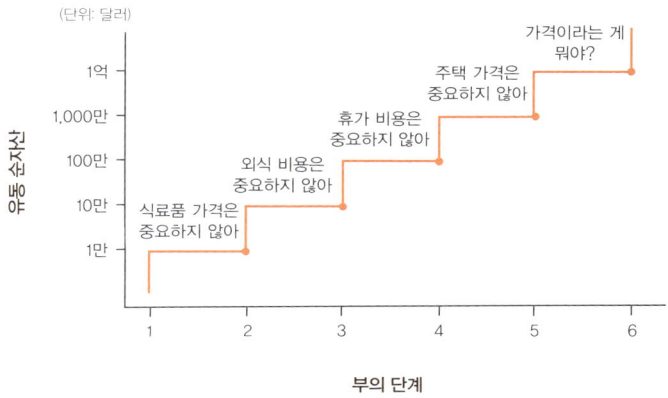

부의 단계별 지출

(단위: 달러)

유동 순자산

1억
1,000만
100만
10만
1만

가격이라는 게 뭐야?

주택 가격은 중요하지 않아

휴가 비용은 중요하지 않아

외식 비용은 중요하지 않아

식료품 가격은 중요하지 않아

1   2   3   4   5   6

부의 단계

상이 어떻게 달라지는지는 위의 그래프에서 볼 수 있다.

위의 예시는 자산의 구성 형태가 지출에 어떤 영향을 줄 수 있는지를 보여준다. 가령 '하우스 푸어'는 서류상으로는 재산이 있어 보여도 일상생활에서의 소비와 지출에는 도움이 되지 않는 대표적인 경우다. 이는 어떤 자산은 소득을 창출하는 반면, 어떤 자산은 지출을 줄여주기 때문이다. 예를 들어 주식이 일반적으로 소득을 창출한다면 자동차는 향후의 교통비 지출을 감소시킨다. 자동차가 있으면 택시나 우버 같은 공유 자동차 서비스를 이용할 필요가 없으니 말이다. 주택도 이런 경우다. 주 거주지는 소득을 창출하지는 않지만 대신 시세보다 높은 임대료를 지불할 필요가 없게 해준다.

결론적으로 부의 사다리는 개개인의 재정 상황에 맞게 조정될 수 있고 또 그래야 한다. 부의 사다리는 엄밀한 과학이라기보다 대략적인 예술에 가깝다. 이렇게 말하는 이유는 부의 사다리의 각 단계를 정의하는 금액이 딱히 정확히 정해져 있는 게 아니기 때문이다. 그것은 시간이 지날수록 기준이 되는 통화에 따라, 그리고 국가마다 달라진다. 구체적인 숫자는 중요한 게 아니다. 중요한 것은 기본 틀을 이루는 구조다.

가령 하룻밤 사이에 모든 물건의 가격이 두 배로 오른다면 부의 사다리는 어떻게 될까? 만약에 우유 가격이 1갤런에 5달러에서 10달러로 껑충 뛰어오른다면? 얼마 전까지 2만 달러였던 자동차가 4만 달러가 된다면 어떨까? 그렇게 되면 부의 사다리의 1단계는 2만 달러 이하가 되고, 2단계는 2만 달러에서 20만 달러 사이가 될 것이다. 사다리의 절댓값은 두 배로 오를망정 상대값은 변하지 않는다.

어떤 지출 범주의 가격이 급격히 변하는 경우도 마찬가지다. 예를 들어, 신기술이 발명되어 해외여행 비용이 크게 줄면 더 이상 4단계가 '여행의 자유'가 아니라 완전히 새로운 범주가 될 수도 있다. 그러므로 구체적인 숫자에 얽매이지 말고 큰 그림에 집중해라. 중요한 것은 '부의 사다리'라는 개념과 사다리를 올라갈수록 지출이 점진적으로 증가할 수 있다는 점이다.

비록 클레오파트라와 같은 소비 역량을 갖출 수는 없더라도

부의 사다리에 올라타라

부의 사다리를 활용하면 눈앞에서 부가 녹아 사라지지 않게 할 수 있다.

지출을 효율적으로 관리하는 것은 부의 사다리를 이용해 재정과 관련된 결정을 개선하는 여러 방법 중 하나일 뿐이다. 부의 사다리는 경력을 쌓는 데에도 적용할 수 있다. 다음 장인 '부의 사다리를 오르는 소득'에서 알아보도록 하자.

Summary

- 소득은 쉽게 변동하지만 부는 그렇지 않다. 소득이 아니라 부를 기준으로 지출하라.
- 0.01%의 법칙: 부를 유지하면서 소득 외에 매일 지출할 수 있는 금액은 순자산의 0.01%(1만 분의 1)이다.
- 부를 쌓기 위해 검소해질 필요는 없지만 과소비를 하지는 마라.
- 부의 단계에 맞게 지출하는 데 어려움을 느낀다면, 당신이 가진 것 중에 가장 값비싼 것은 바로 자존심이다.
- 보수적으로 접근한다면 순자산보다 '유동 자산'을 기준으로 지출하라.
- 부의 사다리는 엄격한 규칙이 아니라 지출에 대한 유연한 기준이다.

02

부의 사다리를
오르는 소득의 법칙

마쓰시타 고노스케松下幸之助라는 이름을 아는 사람은 많지 않을 것이다. 하지만 그는 역사상 가장 위대한 사업가 중 한 명이었다. 마쓰시타는 1894년 일본 오사카의 남쪽에 있는 한 농촌 마을에서 8남매 중 막내로 태어났다. 열다섯 살 때 전기업체에서 첫 직장을 얻었고, 그 뒤로 몇 년 동안 여러 번 승진을 거듭했다. 스물두 살이 되자 그는 그에게 가능한 가장 높은 급여를 받는 직책인 감독관이 되었다.

　마쓰시타는 회사에서 최고 자리에 올랐으면서도 전기와 관련해 더 많은 일을 하고 싶었다. 그래서 전기 콘센트를 개량 설계하여 상사에게 보고했다. 안타깝게도 상사들은 상품의 잠재력을 믿지 않았다. 회사에 자신의 미래가 없다고 판단한 마쓰시타는 그곳에서 나와 직접 회사를 차렸다. 마쓰시타 전기기구 제작소松下電器器具製作所라는 이름의 이 회사는 이후 파나소닉Panasonic으로 성장했다.[1]

처음 몇 년 동안 마쓰시타는 제품 설계부터 영업에 이르기까지 회사의 모든 부문을 도맡았다. 사업이 점점 더 번창하자 더는 혼자서 감당할 수가 없었다. 그는 직원을 고용하고 일상적인 업무에 쏟는 시간을 줄였다. 그러자 회사를 더욱 성장시킬 전반적인 전략을 구상하는 데 더 많은 시간을 쓸 수 있었다.

그의 가장 뛰어난 통찰력 중 하나는 파나소닉 내 각 부서를 자율적으로 운영한 것이다. 이러한 운영방식 덕분에 직원도 중간관리자도 더욱 강한 주인의식을 갖추게 되었고, 그 결과 마쓰시타는 예전 회사에서 자신을 좌절시켰던 기업 관료주의의 층위를 제거할 수 있었다. 마쓰시타의 성공 사례를 접한 다른 많은 일본 기업들도 이후 파나소닉의 기업 구조를 모방하기 시작했다. 그렇게 마쓰시타는 '경영의 신'이라는 별명을 얻었다. 1989년 그가 세상을 떠날 당시 파나소닉은 세계 최대의 가전제품 회사가 되어있었다.[2]

마쓰시타 고노스케의 일화는 경력을 계속 발전시키려면 전략을 바꿔야 한다는 사실을 보여주는 완벽한 사례다. 다시 말해, 어느 시점에서 돈을 버는 데 효과적이었던 일이 다른 시점에서도 반드시 통하는 것은 아니라는 의미다. 예를 들어, 나는 고등학교 때 아버지를 도와 캔을 모았다. 캘리포니아주에서는 그렇게 모은 캔을 가져가면 재활용 환급금을 받을 수 있었다. 캔 하나에 5센트였으니 자루 몇 개만 채우면 40~50달러를 손쉽게 벌 수 있었다. 하지만 그 뒤로 내 기술과 소득 잠재력은 엄청나게 성장했고, 요즘에는 굳이 시간과 노력을 들여 캔을 모을 필요가 없다.

마쓰시타도 경력을 쌓아 나가며 비슷한 깨달음을 얻었다. 남을 위해 일하다가 직접 회사를 설립하고 또 그 회사를 확장해 나가는 과정에서, 그는 시장에서 앞서 나가기 위해 끊임없이 전략을 수정해야 했다. 만일 그가 감독관이라는 직책에 머물렀다면 그 이상 크게 발전하지는 못했을 것이다. 회사를 운영하며 다른 직원들에게 권한을 위임하지 않았다면 그의 사업은 그토록 성장하지 못했을 것이다. 마쓰시타는 발전을 지속하고 더 많은 소득을 창출하기 위해 초점을 맞출 방향을 계속해서 변화시켜야 했다.

부의 사다리를 오르며 경력과 관련된 결정을 내릴 때도 같은 원칙이 적용된다. 부의 사다리의 낮은 곳에 있을 때는 부업을 하거나 추가 근무를 하는 게 합리적일 수 있지만 더 높은 단계로 올라가면 다르다. 경제학에서는 이를 '기회비용'이라고 한다. 기회비용은 뭔가를 하기로 결정했을 때 그 대신 포기해야 하는 것을 가리킨다. 가령 내가 블로그에 올릴 글 하나를 쓰는 데 정확히 다

부의 사다리에 올라타라

섯 시간이 걸린다면 기회비용은 내가 그 다섯 시간 동안 할 수 있었던 다른 일이다. 반대로 내가 집안일을 하는 데 다섯 시간이 걸렸다면 이 집안일의 기회비용은 블로그 글 한 편일 것이다.

경력과 관련된 결정을 기회비용(즉 무엇을 포기해야 하는가)의 측면에서 살펴보면, 어떠한 선택이 과연 타당한지 판단할 수 있다. 이직 제안을 받아들여야 할까, 아니면 이 회사에 계속 남아있어야 할까? 새로운 투자에 내 시간을 들일 가치가 있을까? 누군가 귀띔해준 부업을 해봐야 할까? 새로운 일자리 또는 부업을 위해 무엇을 포기해야 하는지 파악하고 나면 거기에 그만한 가치가 있는지 결정할 수 있다. 안타깝게도 그 과정은 생각보다 더 어렵다. 스크라이브 미디어Scribe Media의 CEO이자 작가인 에릭 조겐슨Eric Jorgenson은 블로그에 이런 글을 쓰기도 했다.

지난 한 해를 되돌아볼 때, 내가 저지른 가장 큰 실수는 새로운 상황에 맞게 의사결정 방식을 바꾸지 못한 데 있다. 나는 특정 상황에서 특정한 목표를 추구하기 위해 습관을 형성한다. 목표가 달성되면 상황은 변하는데 습관은 그대로 남는다.[3]

조겐슨은 경력 면에서 최고 수준의 새로운 정점에 도달했지만, 자신이 기회비용을 재평가하지 않았음을 깨달았다. 그는 새로운 규칙을 수용하지 않고 여전히 기존의 규칙을 고수하고 있었다. 마치 내가 블로그에 글을 쓰면 더 많은 돈을 벌 수 있는데 아직도 캔을 모으느라 시간을 허비하는 것처럼 말이다.

다행히 이러한 문제에 대한 해결책이 있다. 정기적으로 기회비용을 재평가하는 것이다. 말하자면 래퍼 팻 조Fat Joe의 말을 기억하라. "어제의 가격이 오늘의 가격은 아니다." 어제까지 돈을 벌기 위해 하던 일이 오늘 돈을 벌기 위해 하는 일에는 아무 도움도 안 될 수 있다. 그렇다면 기회비용이 언제 변하는지 어떻게 알 수 있을까? 그리고 부의 사다리와는 어떤 관련이 있을까?

앞 장에서 우리는 부의 사다리와 지출이 만나는 지점에 대해서 논하며 0.01%의 법칙을 사용했다. 0.01%의 법칙은 부의 사다리를 오르며 돈을 어떻게 써야 할지 알려주는 유용한 가이드다. 하지만 돈을 '버는' 문제에 있어서는 조금 더 높은 기준이 필요하다. 0.01%의 법칙에 따르면, 1단계에서(1만 달러 이하) 소득과 관련된 결정을 내리는 기준은 1달러(또는 그 이하)의 추가 소득 여부다. 하지만 이건 재정적 삶에 변화를 가져오기에는 너무 적은 액수다. 그러니 기준을 조금 높여야 할 필요가 있다. 그렇다면 어느 정도가 적당할까? 순자산의 1%다.

어떠한 소득 기회가 순자산을 최소한 1% 이상 증가시킬 수 있다면 그 일을 해야 한다. 반면 그렇지 못하다면 그냥 무시해라. 앞으로는 이를 '1%의 법칙'이라고 부르자. 1%의 법칙이라는 용어는 방금 앞에서 인용한 에릭 조겐슨의 블로그 게시글에서 따온

부의 사다리에 올라타라

것이다. 해당 글에서 조겐슨은 부의 사다리 개념을 이야기하며 그것을 어떻게 경력에 접목할 수 있는지에 관하여 설명한다.[4] 경력과 관련해 1%의 법칙을 이용하여 부의 사다리를 오를 때 고려할 수 있는 몇 가지 선택지는 다음과 같다.

1%의 법칙

- 1단계(1만 달러 이하) 시간제 일자리: 10~100달러

- 2단계(1만~10만 달러) 고숙련 직업: 100~1,000달러

- 3단계(10만~100만 달러) 경력 계발, 부업, 소액 투자: 1,000~1만 달러

- 4단계(100만~1,000만 달러) 경력 전환, 사업 시작, 중간 정도의 투자: 1만~10만 달러

- 5단계(1,000만~1억 달러) 사업 확장, 대규모 투자: 10만~100만 달러

- 6단계(1억 달러 이상) 대규모 기업체 구축, 영향력 있는 투자: 100만 달러 이상

보다시피 부의 사다리를 올라갈수록 거절해야 하는 소득 기회의 유형도 증가한다. 1단계에 있을 때는 단돈 50달러, 또는 100달러만 준다면 이상한 일거리라도 수락해야 한다. 하지만 2단계이상에 도달하고 나면 소득을 증대할 수 있는 더 나은 기회에 집

1 · 부의 사다리란 무엇인가

중해야 한다.

부의 사다리를 오를수록 알게 되는 두 번째 사실은 당신이 돈을 벌기 위해 일하는 시간은 줄고 돈이 당신을 위해 일하는 시간이 늘어난다는 것이다. 여기에는 다른 사람을 고용하여 당신의 부를 창출하게 돕는 사업과 본인의 돈을 활용하는 투자가 모두 포함된다. 부의 사다리의 각 단계마다 소득을 증대하기 위한 결정이 어떻게 달라지는지 간략하게 살펴보자.

1단계(1만 달러 이하)에서는 추가 수입을 벌고 기술을 연마할 기회가 생기면 무엇이든 두 손 벌려 환영해야 한다. 기회가 있을 때마다 부업이나 단기성 일거리를 하는 것도 마찬가지다.

1단계에서 2단계(1만~10만 달러)로 올라서면 열심히 일하기보다는 더 현명하게 일하는 데 초점을 맞춰야 한다. 부업이나 단기성 일거리는 1단계에서 벗어나는 데는 도움이 되지만 2단계 이상으로 올라서는 데는 그리 효과적이지 않다. 그렇기에 2단계에서는 '시간당' 더 많은 소득을 올릴 수 있도록 기술과 실력을 향상하는 데 집중해야 한다. 어떤 종류의 일을 하느냐에 따라서 다르긴 하지만, 기술과 실력을 향상할 수 있는 방법에는 여러 가지가 있다. 직장에서 일하면서, 아니면 유료 교육 프로그램에 등록하거나 개인 시간을 활용해 실력을 갈고닦을 수도 있다. 이렇게 기술을 습득하고 나면 더 높은 연봉의 일자리를 구할 수 있고, 프리랜서인 경우에는 더 높은 대금을 청구할 수 있다. 이것이 2단계에서

부의 사다리에 올라타라

벗어나는 유일한 길은 아니더라도 대부분의 사람들에게 유용한 방법이다.

3단계(10만~100만 달러)는 경력 계발과 부업, 개인적인 투자를 통해 소득에 더 큰 차이를 만들 수 있는 단계다. 이 단계에서는 당신이 내리는 모든 결정이 결과적으로 1,000~1만 달러의 부를 더 벌어들일 수 있어야 한다. 승진을 하거나 합법적인 부업을 하게 되면 이러한 수준의 재정적 도약이 가능한데, 그 결과 더 많은 돈을 저축할 수 있다. 예를 들어 1단계에서 2단계로 올라서는 효과적인 전략 중 하나는 개인 교습을 통해 추가 수입을 올리는 것이다. 하지만 여기서 3단계 전략으로 가려면 이를 전면적인 부업으로 확장해야 할 필요가 있다. 가령 당신이 제공하는 서비스를 홍보하거나 밑에서 일할 다른 교습자를 고용하는 것이다.

4단계(100만~1,000만 달러)에 도달한 후 소득을 증대시키는 가장 좋은 방법은 경력을 전환하거나 사업을 시작하거나 투자 규모를 늘리는 것이다. 급여가 훨씬 높은 일자리로 이직하면 연봉이 1만 달러 이상 인상되는 일도 흔하다. 그보다 더 중요한 것은 1만 달러, 혹은 그 이상의 도약을 이루기 위해 4단계까지 기다릴 필요가 없다는 점이다. 다만 이 전략에 유일한 문제점이 있다면 이 과정을 영원히 반복할 수는 없다는 것이다. 조직 내에서 최고 수준의 보상을 얻기까지 할 수 있는 승진과 경력 전환에는 한계가 있고, 현금 보상은 많은 업계에서 상한선이 있다.

일단 이 지점에 도달하고 나면 영원히 4단계에 갇힐 수도 있다. 이 단계에 이르면 승진을 하거나 경력 전환을 해도 다음 단계로 올라서기가 어렵기 때문이다. 그렇기에 부의 사다리에서 4단계 이상으로 계속해서 오르는 가장 현실적인 방법은 사업체를 소유하는 것이다. 창업을 해도 좋고, 아니면 높은 소득을 가져오거나 향후 높은 수익으로 매각할 수 있는 사업에 참여하는 것도 좋다. 아무리 고액의 연봉을 받아도(예컨대 연봉 50만 달러 이상) 직장인이 4단계에서 벗어나기는 힘들다. 이를 숫자로 계산해보면 알수 있다.

가령 연봉 50만 달러 소득에 소득세와 생활비를 제한 후 매년 20만 달러를 저축하고 있다고 하자. 얼마 전 4단계에 도달했다면 5단계(1,000만~1억 달러)로 올라서는 데는 얼마나 걸릴까? 매년 지금 가진 부의 5%를 더 번다고 가정하면 대답은 21년 이상 걸린다. 그렇다. '백만장자'가 된 후에 매년 20만 달러씩 저축하고 5%를 더 벌더라도 21년이 지나야 부의 사다리의 다음 단계로 올라설 수 있다. 매년 5%가 아니라 10%를 더 벌더라도 5단계에 도달하려면 거의 15년이 걸린다.

그러므로 4단계에서 벗어날 기회를 잡고 싶다면 지금 하는 일보다 훨씬 큰 성장 가능성을 지닌 사업을 시작하거나 거기에 참여해야 한다. 한편 이 규칙에는 예외가 있다. 예를 들면, 극히 드문 경우이긴 하지만 유명 스포츠 선수나 연예인이 그렇다. 5단계에 속하는 대부분의 사람들은 부의 상당 부분을 사업체의 형태로 보유하고 있거나 적어도 과거에 그러했다. 이에 대해서는 나중에 더 자세히 살펴볼 것이다.

5단계에서는 4단계에서 적용되던 논리가 더욱 확고하게 적용된다. 1,000만 달러 이상의 자산을 갖고 있는 상황에서 더욱 위로 나아갈 수 있는 유일한 방법은 사업을 시작하거나 기존의 사업 규모를 더 확장하는 것이다. 리한나^{Rihanna}는 왜 펜티 뷰티 Fenty Beauty를 창업했고, 조지 클루니^{George Clooney}는 왜 카사미고스 Casamigos를 창업한 후 매각했을까? 신곡을 발표하거나 영화에 출연하는 것보다 사업을 하면 더 많은 돈을 벌 수 있다는 것을 알았기 때문이다. 이제는 다른 많은 유명인들도 그들의 선례를 따르고 있다.

비즈니스 수익을 얻기 위해 반드시 창업을 해야 하는 것은 아니다. 이미 존재하는 사업체에 참여해 더 크게 키우는 방법도 있다. 이베이의 맥 휘트먼^{Meg Whitman}도, 스타벅스의 하워드 슐츠 Howard Schultz도 그런 방법으로 부자가 되었다. 그들은 각각의 회사를 창업한 당사자는 아니지만 회사를 매우 크게 성장시킨 인물들이다. 물론 사업을 성장시키는 것은 생각보다 훨씬 어렵다. 많은 노력과 적어도 약간의 운이 필요하기 때문이다.

부의 사다리를 오르기 위해 어떠한 전략을 선택하든, 데이터에 따르면 소득을 증대하는 것이야말로 사다리를 오르는 가장 주된 도구다. 각 부의 단계에서 미국 가구의 중위 소득을 살펴보면 부의 사다리에서 높은 층에 있는 이들이 낮은 층에 있는 이들보다 소득이 더 높다는 사실을 알 수 있다. 참고로 중위값은 숫자 집합 중에서 가장 중앙에 있는 값으로, 부의 사다리에서 특정 단

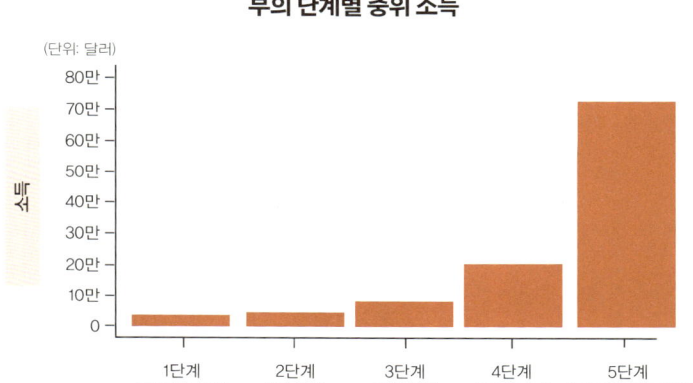

부의 단계별 중위 소득

(단위: 달러)

출처: Survey of Consumer Finances(2022)

부의 단계	미국 가구 중위 소득
1단계(1만 달러 이하)	3만 2,427달러
2단계(1만~10만 달러)	4만 7,560달러
3단계(10만~100만 달러)	8만 3,230달러
4단계(100만~1,000만 달러)	19만 6.726달러
5단계(1,000만~1억 달러)	72만 4.211달러
6단계 (1억 달러 이상)	426만 6,359달러

부의 사다리에 올라타라

계에 속하는 가구의 '일반적인' 소득을 의미한다. 다음은 2022년 각각의 부의 단계에 속한 미국의 중위 소득을 나타낸 그래프로, 소득 및 자산에 관한 최신 조사 자료인 2002년 소비자금융조사 데이터를 기반으로 그린 것이다.[5]

보다시피 각 단계의 중위 소득은 그 아래 단계보다 약간 더 높다. 참고로 6단계에 해당하는 가구들은 Y축의 왜곡이 너무 심해서 제외했다. 보다 구체적인 부의 단계별 미국의 중위 소득은 그다음 표에서 볼 수 있다.

이는 부의 사다리를 올라갈수록 소득과 부가 함께 상승한다는 사실을 보여준다. 소득은 높은데 부의 단계는 낮거나 부의 단계는 낮은데 소득이 높은 경우는 드물다. 실제로 2022년 연간 소득을 기준으로 미국 가구를 동일한 규모의 네 집단, 즉 사분위군으로 분류하면 대략 다음과 같은 모습이 된다.

- 3만 5,000달러 미만 소득 25%
- 3만 5,000~7만 달러 소득 25%
- 7만~14만 달러 소득 25%
- 14만 달러 이상 소득 25%

이 숫자들은 정확한 것은 아니고, 기억하기 쉽게 대략적으로 나타낸 것이다. 이 경우 두 번째 집단은 첫 번째 집단보다 두 배의 소득을 올리고 있고(7만 달러 = 3만 5,000달러×2), 세 번째 집단은 두 번째 집단의 두 배를 벌고 있다(14만 달러 = 7만 달러×2).

이 소득 집단은 '현재의 부'를 예측하는 데에도 유용하다. 다음 표는 2022년 기준 네 개의 소득 집단에 대한 부의 25, 50(중앙값), 75백분위수를 나타낸 것이다. 참고로 25백분위수란 특정 집단 내 가구의 25%가 그 값보다 낮은 순자산을 보유하는 지점을 뜻한다. 비슷하게 50백분위수는 집단 내 가구의 50%가 그 값보다 낮은 순자산을 보유하는 지점이다.

이를테면 소득 하위 25% 가구(즉 연 소득 3만 5,000달러 이하)의 25%는 순자산이 630달러 미만이다. 소득 하위 25% 가구의 절반은 순자산이 1만 8,360달러 미만이다. 마지막으로 소득 하위 25% 가구의 상위 25%는 순자산이 13만 5,900달러 '이상'이다.

표에 있는 나머지 소득 집단에 대해서도 각각 동일하게 적용할 수 있다.

궁극적으로 이 데이터는 소득이 증가할수록 부도 증가한다는 사실을 보여준다. 이는 개인 재정 전반에 걸쳐 있는 가장 강력한 관계 중 하나다. 얼마나 강력한지 '가장 덜 부유한' 고소득층이 '가장 부유한' 저소득층보다 약 네 배 많은 부를 보유할 정도다. 이러한 사실은 부자가 되는 가장 기본적인 진리를 보여준다. 바로 모든 것이 소득으로 귀결된다는 것이다. 오늘의 소득은 내일의 부의 기반이 되며, 당신이 재정적으로 원하는 모든 것이 그 위

부의 사다리에 올라타라

소득 집단	25백분위수	50백분위수	70백분위수
하위 25% (3만 5,000달러 미만)	630달러	1만 8,360달러	13만 5,900달러
2분위 25% (3만 5,000~7만 달러)	1만 4,276달러	8만 8,170달러	31만 7,800달러
3분위 25% (7만~14만 달러)	9만 5,475달러	23만 6,400달러	55만 2,800달러
상위 25% (14만 달러 이상)	53만 2,080달러	121만 7,700달러	293만 5,000달러

에 축적될 것이다. 그러한 토대를 놓으려면 이 장에서 설명하는 소득 증대 전략을 따라야 한다. 기술 개발, 투자, 사업, 또는 이 모든 것이 필요하다. 소득을 증대하는 데 있어 무조건 효과적인 만능해결책은 없다.

이러한 전략은 순서대로 따를 필요도 없다. 부의 사다리의 각 단계에서 제시되는 아이디어는 다음 단계에 이르는 데 필요한 '최소값'이다. 반드시 여러 가지 부업을 한 다음 교육을 받고, 또 그다음에 사업을 시작해야만 다음 단계로 오를 수 있다는 법은 없다. 부의 사다리의 아래 단계에 있을 때도 언제든 상위 단계의 전략을 따를 수 있다!

그러나 상위 단계의 전략들은 하위 단계의 전략에 비해 위험성이 높은 경향이 있다. 예를 들어, 사업을 경영하는 것은 9시부터 5시까지 직장 생활을 하는 것보다 훨씬 어렵다. 직장인은 정해진 시간 동안 일하고 정해진 급여를 받지만 직접 사업을 하게 되면 두 가지 모두 보장할 수 없다. 직장에 다니면 돈을 벌 수 있지만 사업을 시작하고 운영하려면 돈이 들어간다. 더욱 중요한 것은 사업을 시작해도 큰 성공을 거둘 확률이 꽤 낮다는 것이다. 1,000만 달러에 사업체를 매각한 사람이 있는가 하면, 그렇게 하지 못한 사람은 훨씬 더 많다. 실제로 미국의 경우 개인 사업체 중 약 25%가 첫해에 실패하며, 65%는 10년 이내에 실패한다. 이는 30년 이상 비교적 일관되게 나타나는 통계치다.[6] 5~6단계의 전략이 쉬워 보일지 몰라도, 그건 직접 해보기 전까지의 얘기다.

그러므로 부의 사다리와 관련된 특정 전략이 해당 단계에 있는 모든 사람에게 적합한 것은 아니라는 점을 알 수 있다. 어떤 이들은 사업을 시작하는 편이 낫고, 또 어떤 이들은 그 바닥에 뛰어들기 전에 경험을 더 많이 쌓아야 한다. 부의 사다리에서 어느 정도 진전을 이룬 후에야 더 높은 단계의 전략을 추구하는 것이 나은 이유도 이 때문이다. 마쓰시타 고노스케가 그런 것처럼 말이다.

당신도 할 수 있다. 약간의 돈을 모으면 선택할 수 있는 옵션이 늘어나고, 소득을 높일 수 있는 더 큰 기회를 얻을 수 있다.

체스를 둔 경험이 있다면 이해하기 더 쉬울 것이다. 가령 어떤 시점에서 어떤 수를 놓는 것이 얼핏 보기에는 어리석은 판단 같아도, 몇 수 뒤에 바로 그 수가 판세를 완전히 뒤집을 수도 있다. 체스에서는 수를 '언제' 놓았는지에 따라 좋은 수가 되기도 하고 나쁜 수가 되기도 한다. 부의 사다리를 오를 때도 마찬가지다. 어떤 상황에서 누군가에게는 잘못된 전략이 다른 상황에서의 다른 사람에게는 완벽한 전략이 될 수도 있다. 가장 어려운 부분은 언제 그러한 전략적 전환을 해야 하는지 파악하는 것이다. 그것이 바로 부의 사다리가 필요한 이유다.

사다리를 오를수록 당신은 경력과 소득에 대한 사고방식에 극적인 변화를 경험할 것이다. 이전에는 돈을 위해 일했다면 앞으로는 돈이 당신을 위해 일하게 할 것이다. 이처럼 사소해보이는 사고의 전환은 시간과 에너지를 투자하는 방식에도 엄청난 영향을 끼친다. 가령 부의 사다리에서 특정 지점에 이르면, 지금까지 쌓아온 경력을 더는 최우선으로 여기지 않고, 대신 더 큰 잠재력을 지닌 투자나 부업에 집중할 수 있다.

이와 관련해 우리는 엔젤 투자자 나발 라비칸트 Naval Ravikant가 레버리지라고 부른 개념을 활용할 수 있다. 이는 "돈을 빌려 투자한다"는 레버리지를 말하는 게 아니다. '투입' 단위당 '산출'을 얼마나 많이 얻을 수 있는지 결정하는 레버리지를 말한다. 여기서 산출되는 것은 미래의 부이고, 투입되는 것은 시간을 사용하는 방식이다.

방송인이자 인플루언서인 킴 카다시안 Kim Kardashian은 수백만 명에 달하는 팔로워들에게 제품을 홍보하여 나나 당신이 같은 일을 할 때보다 훨씬 더 많은 돈을 번다. 그것도 레버리지의 한 형태다. 라비칸트의 설명에 따르면, 더 많은 돈을 벌기 위해 사용할 수 있는 레버리지에는 네 가지가 있다. 노동, 자본, 콘텐츠, 그리고 코드다.[7] 이 네 가지 레버리지는 시간과 소득을 분리하여 당신이 손가락 하나 까딱하지 않고도 돈을 벌 수 있게 해준다. 이제 이네 가지 레버리지에 대해 살펴보고 각각 부의 사다리의 어떤 단계에 알맞을지 살펴보자.

소득을 증대시키는 전통적 방식, 노동

노동은 인류 역사에서 가장 오래되고 보편적인 레버리지 형태다. 다른 사람의 도움을 받아 무언가를 만드는 것은 장기적인 부를 창출할 수 있는 가장 확실한 방법 중 하나다. 다만 그들이 만들어낸 결과물이, 당신이 그들에게 지급하는 대가보다 더 높은 가치를 지녀야 한다. 또한 노동은 다른 사람의 행동에 의존하기 때문에 인간관계를 관리하는 데 어려움이 있을 수 있다.

예컨대 당신이 잔디 깎는 일로 생계를 유지하고 있다고 해보자. 잔디밭 하나를 깎는 데 걸리는 시간은 평균 30분으로, 당신이 의뢰인에게 청구하는 비용은 50달러다. 하루에 8시간을 일한다고 할 때, 이동 시간을 포함해 당신은 약 12개의 잔디밭을 작업할 수 있다. 그렇다면 수익은 600달러다. 장비와 기름값이 매출의 약 15%라고 가정하면 당신의 일일 수익은 510달러(세전) 정도다. 그런데 만일 시간당 20달러를 주고 도와줄 직원을 고용한다면 어떨까? 그렇게 하면 같은 시간 동안 잔디밭 6개를 추가로 더 깎을 수 있다. 즉 이제는 하루에 18개의 잔디밭을 개당 50달러로 작업할 수 있고, 총수익은 900달러가 된다. 장비에 들어가는 비용인 15%를 제하고 나면 765달러다. 거기서 직원에게 160달러의 일급(시간당 20달러×8시간)을 지급하고 나면 당신의 최종 수익은 605달러다(세전). 다른 사람을 고용함으로써 당신의 일일 수익은 510달러에서 605달러로 증가했다. 잔디 깎기 사업을 경영함으로써 매일 95달러의 소득을 추가로 올리게 된 것이다.

단순화한 예시이긴 하지만 이 사업을 더 큰 규모로 확장한다고 상상해보라. 직원을 더 많이 고용하고, 회사 로고가 박힌 트럭을 구입하고, 더 멀리 떨어진 동네까지 사업 영역을 넓혀 나간다. 얼마 안 가 당신은 그 지역에서 꽤 많은 잔디밭을 전담하게 될 것이다. 그리고 결국에는 사업을 운영하는 데 시간이 너무 많이 소요되는 까닭에 잔디를 직접 깎는 것을 그만두고 직원을 관리하는 데에만 집중할 것이다. 그러면 어떻게 될까? 수입이 치솟는다. 직원들이 창출하는 수익이 비즈니스 운영 비용과 그들에게 지급하는 임금을 능가하기 때문에 당신의 수입은 시간이 지날수록 증가한다. 직원이 많을수록, 그리고 잔디를 더 많이 깎을수록 다른 조건이 동일할 경우 수익은 증가할 것이다.

1 · 부의 사다리란 무엇인가

노동을 레버리지로 활용하는 데 따른 이점은 이처럼 확고하지만 여기에 어려움이 없는 것은 아니다. 노동을 레버리지로 활용하는 데 있어 가장 큰 단점 중 하나는 가끔은 사람들과 일하는 것이 어렵다는 것이다. 가령 직원 중 한 명이 일을 빨리 끝내고 집에 가려고 요령을 피운다면 어떨까? 서비스의 질이 떨어지고 어느새 고객이 줄기 시작한다. 직원 한 명이 떨어뜨린 회사 평판을 회복시키려 애쓰는 와중에 다른 직원이 잔디깎이 트랙터를 고객의 집에 박아버리는 바람에 손해 배상이 5,000달러나 나온다면? 그런 와중에 이번에는 세 번째 직원이 임금이 너무 낮다며 일을 그만두겠다고 위협한다면? 노동을 레버리지로 사용하는 것은 일이 순조로울 때는 유용하지만, 그렇지 않은 경우에는 온갖 문제가 발생할 수 있다. 사업을 경영하는 것이 어려운 이유도 바로 이때문이다. 다른 사람에게 의존해야 하기 때문이다. 하지만 이런 어려움을 성공적으로 헤쳐나갈 수만 있다면 그만한 보상을 얻을 수 있다.

노동을 레버리지로 활용하는 것은 소득을 증대시킬 수 있는 전통적인 방식이나 그 잠재력을 최대화하려면 훌륭한 리더십이 필요하다. 전반적으로 볼 때, 노동을 레버리지의 형태로 활용하는 것은 그 관리 및 규모의 수준에 따라 3단계(10만~100만 달러)에서 6단계(1억 달러 이상)의 전략이다.

부의 사다리에 올라타라

- **장점**: 노동 레버리지란 창출된 수익과 지급하는 보수 사이의 차익을 활용한다.
- **단점**: 노동 레버리지는 인력 관리에 어려움이 있을 수 있다. 사업 규모를 확장하고 성공을 거두려면 효과적인 리더십과 대인관계 기술이 필수다.

돈을 이용해 부를 증대하는, 자본

두 번째로 오래된 형태의 레버리지로 자본, 즉 돈을 이용하여 부를 증대시키는 방식이 있다. 이는 자신의 돈을 비즈니스나 자산에 투자하는 형태일 수도 있고, 또는 수수료를 받고 다른 사람의 부를 관리하는 것일 수도 있다. 자본을 레버리지로 활용하는 가장 일반적인 예는 자산운용사이다(예컨대 헤지펀드, 벤처투자사 등). 이러한 회사들은 다른 사람의 자금을 운용하여 (바라건대) 다른 곳에서 얻을 수 있는 것보다 더 높은 수익을 창출한다. 그리고 그러한 수익의 일부를 성과 보수로 가져간다. 가상의 사례를 통해 이것이 어떻게 작동하는지 알아보자.

가령 당신에게 무조건 시장수익률(예컨대 S&P500)보다 10% 능가할 수 있는 능력이 있다고 하자. 시장이 5% 상승하면 당신의 투자는 15% 상승하고, 시장이 20% 하락하면 당신의 손실은 10%에 그친다. 그런 당신이 10만 달러를 투자한다면 첫해에 당신의 능력이 지니는 가치는 1만 달러(10만 달러×10%)일 것이다.

투자금이 늘어날수록 결과는 극적으로 변화한다.

그렇다면 자신의 돈을 사용하는 대신 다른 사람의 돈으로 투자한다면 어떨까? 주변에 아는 사람들에게 전부 전화를 걸어 100만 달러의 투자금을 모은다. 이제 시장을 10% 능가하는 당신의 능력은 1만 달러가 아니라 10만 달러를 벌어들일 수 있다. 하지만 안타깝게도 그 10만 달러를 전부 가질 수 있는 것은 아니다. 수익 중 일부는 당신에게 100만 달러를 투자한 투자자들에게 돌아가야 하기 때문이다. '시장수익률보다 높은' 수익에 대해 30%의 성과 보수를 받기로 했다면 당신의 능력은 1년에 약 3만 달러의 가치를 지니는 셈이다. 즉 당신은 자본을 레버리지로 활용하여 1만 달러의 수익을 3만 달러로 늘릴 수 있다. 아주 큰돈처럼 느껴지지 않을지도 모르지만, 그것은 초기의 투자금이 100만 달러에 불과했기 때문이다.

첫해가 지나고 모든 고객들이 주변 친구들에게 전화를 걸어 당신이 얼마나 유능한지 소문을 내기 시작한다. 이제 그 친구들도 함께 투자하고 싶다며 문을 두드린다. 어느새 당신의 자본금은 1,000만 달러가 되었고, 시장수익률을 능가하는 당신의 능력은 이제 연 20만 달러의 가치를 지닌다(첫해의 10배). 그저 이용할 수 있는 자본이 늘어났다는 이유로 말이다. 당신은 오직 자본만으로 시장수익률을 능가하는 기술을 30배로 증폭시켜 연 1만 달러였던 가치를 30만 달러로 증대시켰다.

부의 사다리에 올라타라

하지만 다른 사람의 돈을 레버리지의 형태로 활용하는 데는 어려움이 따른다. 한동안 실적이 저조하면 돈을 돌려달라는 요청이 들어올 테고, 일단 애초에 당신에게 돈을 투자하도록 설득하는 것부터가 쉬운 일이 아니다. 또한 문제는 부유한 이들에게는 돈을 어떻게 사용할지에 대해 주변으로부터 끊임없는 권유가 들어온다는 것이다. 눈앞에 너무 많은 기회가 널려 있으면 진실로 가치 있는 사업과 사기를 구분하기 어려울 수 있다. 자본 조달의 어려움 외에도 타인의 돈을 투자하는 데 따른 감정적 문제가 발생하기도 한다. 사람들이 평생 모은 저축을 오직 당신을 믿고 맡겼다는 점에서 손실을 입으면 안 된다는 도덕적 의무를 느낄 수도 있다. 자산관리사로서 그건 꽤 무거운 부담이다. 더불어 자본을 레버리지로 활용하는 것은 좋은 수익률을 내지 못할 경우 위험 부담이 높다. 자칫 자산관리사로서의 평판이 영구적으로 무너질 수도 있기 때문이다.

자산관리사든 아니든, 자본을 레버리지의 형태로 활용하려면 상당한 재정적 위험이 수반된다. 예를 들어 투자 부동산을 매입하거나 사업을 시작하기 위해 돈을 빌릴 경우, 투자의 결과가 어떻게 될지는 누구도 알 수 없다. 투자 부동산의 임차인을 구하지 못하거나 사업이 실패할 수도 있다. 어떤 경우든 확실한 것은 대출 상환금을 꼬박꼬박 내야 한다는 것이다. 그런 상황이 되면 많은 돈을 잃거나 어쩌면 파산할 수도 있다. 자본은 긍정적인 면에

　　　　　　　　　　　　1 · 부의 사다리란 무엇인가

서는 훌륭한 레버리지이지만 일이 계획대로 진행되지 않으면 파괴적인 결과를 가져올 수 있다. 자본을 레버리지로 이용하는 경우의 단점을 경험하기 위해 굳이 돈을 빌릴 필요조차 없다. 가치가 하락하는 자산에 자기자본을 투자하는 것만으로도 충분하니까. 힘겹게 번 돈이 눈앞에서 공중 분해되는 것을 볼 때의 감정은 그 무엇과도 비교할 수 없을 것이다. 전직 월스트리트 투자자인 프레드 쉐드Fred Schwed Jr.가 그의 책『고객의 요트는 어디에 있는가Where Are the Customers' Yachts?』에서 말했듯이, "살면서 경험한 수많은 다채로운 감정과 마찬가지로, 소중한 돈을 잃는 감정은 온전히 글로서는 도저히 표현할 수가 없다."[8]

자본을 레버리지로 활용하려면 시장으로 인한 재정적 위험과 인간관계로 인한 감정적 위험을 관리해야 한다. 그리고 이 두 가지 모두 결코 쉬운 일이 아니다. 자본을 레버리지로 활용하는 것은 운용 자본의 규모와 그 자본을 얼마나 성공적으로 운용하느냐에 따라 3단계(10만~100만 달러)부터 6단계(1억 달러 이상)에 알맞은 전략이다.

- **장점**: 자본 레버리지는 다른 사람의 돈을 이용해 빠르게 부를 구축할 수 있다.
- **단점**: 자본 레버리지는 특정한 기술이 필요하며, 특히 영업 및 감정 조절 능력이 요구된다. 재정적 위험이 높다.

부의 사다리에 올라타라

확장 잠재력이 뛰어난, 콘텐츠

1440년 요하네스 구텐베르크가 발명한 인쇄기는 세상을 영원히 바꿔놓았다. 그전에는 모든 콘텐츠를 손으로 제작해야 했고, 그것도 한 번에 하나씩만 만들 수 있었지만 구텐베르크의 발명 이후에는 콘텐츠를 대량으로 생산할 수 있게 되었다. 시간이 지나면서 콘텐츠의 제작 비용은 감소했고, 인터넷이 발명된 후에는 사실상 무료가 되었다. 오늘날에는 콘텐츠를 한 번 제작하고 나면 원하는 만큼 여러 번 공유할 수 있다. 디지털 아티스트인 잭 부처Jack Butcher는 그러한 개념에 대해 "한 번 만들고 두 번 판매한다"[9]라고 표현하기도 했다. 그런 점에서 콘텐츠 제작은 레버리지의 궁극적 형태라 할 수 있다.

인터넷 시대에는 콘텐츠와 미디어를 만드는 데 있어 누군가의 허가를 받을 필요가 없다. 내가 만든 것을 다른 사람과 공유할 때도 누군가의 허락이 필요하지 않다(불법이 아니라는 전제하에). 그런데 다른 형태의 레버리지들은 다르다. 타인의 노동 혹은 자본을 활용하려면 누군가의 허가가 필요하다. 그들이 제공하는 시간이나 돈을 사용하려면 그에 상응하는 대가를 지불해야 한다. 그러나 콘텐츠는 다르다. 소셜 미디어 회사가 내가 만든 콘텐츠를 공유하는 것을 금지하더라도 다른 선택지는 얼마든지 있다. 본인이 개인 웹사이트에 올리거나 책을 쓰는 것을 영원히 막을 도리는 없다.

나 말고 누가 됐든 마찬가지다.

좋은 소식은 콘텐츠를 대규모로 공유하는 것이 그 어느 때보다도 쉽고 간단해졌다는 것이다. 하지만 나쁜 소식도 있다. 콘텐츠를 만들고 공유할 수 있는 장벽이 너무 낮은 까닭에 누구나 할 수 있게 되었다는 점이다. 경쟁도 극심해져 두각을 드러내거나 대중의 관심을 얻기가 너무 어려워졌다. 수천수만 명이 똑같은 일을 하는 상황에서 주목받으려면 최고 수준의 '차별화된' 콘텐츠를 만들어야 한다.

마지막으로 콘텐츠의 인기는 대개 수명이 짧다. 오늘 바이럴이 되어 들불처럼 퍼져나가더라도 조금 시간이 지나면 전부 잊혀져버리고 만다. 그래서 콘텐츠 제작은 힘들고 고된 일이다. 많은 시간을 투자해 공들여 만들었건만 금방 뒤안길로 사라져버리기 때문이다. 그러한 법칙에 유일한 예외가 있다면 품질이 매우 뛰어나면서도 주제 또한 꾸준한 수요가 유지되는 수준 높은 콘텐츠이다. 이러한 콘텐츠를 제작하려면 엄청난 노력과 더불어 약간의 행운이 필요하다.

전반적으로 콘텐츠는 매우 훌륭한 레버리지 형태이지만 두각을 드러내기 위해서는 품질이 뛰어나고 지속성을 갖춰야 한다. 뿐만 아니라 지금까지 살펴본 다른 형태의 레버리지와 달리 콘텐츠는 일반적으로 2단계(1만~10만 달러)부터 4단계(100만~1,000만 달러)에서 사용하는 전략이다.

이처럼 콘텐츠를 사용해 꽤 높은 수익을 올릴 수는 있어도 5단계(1,000만~1억 달러) 이상으로 올라서려면 보통은 다른 형태의 레버리지가 있어야 한다. 예를 들어 엄청나게 성공한 많은 콘텐츠 제작자들이 팀을 고용하여 코호트(공통된 특성을 가진 사람들의 집단 – 옮긴이) 기반 강좌, 고급 코칭, 회원제 온라인 커뮤니티 등 고부가가치 상품을 판매하는 자체적인 비즈니스를 운영한다. 이런 경우 콘텐츠는 사업 규모를 확장하기 위한 마케팅 수단이다. 즉 한 가지 형태의 레버리지(콘텐츠)가 다른 레버리지(노동)의 구축을 돕고 있는 것이다.

- **장점**: 콘텐츠 레버리지는 확장 잠재력이 놀랍도록 뛰어나며 진입 장벽이 낮다. 누군가의 허가가 거의 필요하지 않거나 전혀 없다.
- **단점**: 콘텐츠 레버리지는 경쟁이 치열해 청중을 확보하기 어렵다. 품질이 뛰어나고 수요가 지속적이지 않은 한 일반적으로 수명이 짧다.

단 몇 줄의 텍스트로 창출하는 레버리지, 코드

오늘날과 같은 디지털 시대에 코드는 단 몇 줄의 텍스트로 어마어마한 레버리지를 창출하는 능력을 부여한다. 당신이 매일 방문하는 사이트나 날마다 사용하는 앱을 생각해보라. 한 번 만들어놓으면 수백만 혹은 수십억 번 복제되고, 사람들은 그것을 날마다 사용할 것이다.

예를 들어 누군가 모바일 게임을 제작했다고 하자. 게임을 개발하기 위해 수개월 또는 수년을 투자하긴 하지만 일단 결과물을 출시하고 나면 할 일이 끝난다. 이 앱이 9.99달러에 판매되고 1만 명이 다운로드를 받았다면 수수료 떼기 전 총매출액은 거의 10만 달러에 육박할 것이다. 즉 개발자가 추가로 다른 작업을 하지 않아도 10만 달러의 수익이 창출된다. 이것이 바로 코드가 레버리지로서 지닌 위력이다.

뿐만 아니라 이 형태의 레버리지는 콘텐츠나 미디어와 마찬가지로 허가가 필요하지 않다. 코드를 작성하고 인터넷에서 공유할 때 다른 사람에게서 허락을 받을 필요가 없다는 얘기다. 처음부터 끝까지 혼자서 해낼 수 있다. 물론 애플 앱스토어 같은 플랫폼을 통해 판매할 때는 애플의 허가가 필요하지만, 이런 경우라 하더라도 코드를 공유하기 위해 필요한 허가는 다른 레버리지 형태에 비하면 간단한 편이다.

이처럼 수많은 이점에도 불구하고 코드는 레버리지의 한 형태로서 문제점을 지니고 있다. 바로 코딩을 하려면 고도의 기술적 능력이 필요하다는 것이다. 특정 분야에 대한 전문 지식이 필요한 것은 물론 끊임없이 발전하는 기술업계의 생리를 따라잡을 수 있어야 한다. 코딩을 오래도록 하고 싶다면 지속적인 교육과 학습을 즐길 수 있어야 한다. AI와 대규모 언어모델^{LLM}의 등장으로

부의 사다리에 올라타라

한층 쉬워지긴 했지만, 이런 도구를 효과적으로 사용하려면 프로그래밍 능력이 어느 정도는 필요하다.

또한 코딩을 하려면 코드를 지속적으로 유지 관리할 필요가 있다. 시스템이 변하면 문제가 발생한다. 앞에서 앱을 출시하고 나면 "할 일이 끝난다"라고 하긴 했지만 사실 실제로 그런 경우는 거의 없다. 버그를 수정하고, 시스템이 바뀌어도 코드가 계속 작동하도록 관리해주어야 한다. 이는 그 자체로도 어려운 일이 될 수 있다.

마지막으로, 디지털 공간은 꽤 북적대는 곳이다. 매일 같이 수천 개의 앱과 웹사이트가 새로이 출시되므로 당신의 작업물이 사람들의 눈에 띄는 데 필요한 규모에 이르려면 효과적인 마케팅이 필요하다. 훌륭한 프로그래머가 되는 것도 중요하지만 앱으로 수익 창출을 이끌어내는 것은 또 다른 문제다.

그럼에도 코드는 오늘날과 같은 기술적 환경에서 매우 매력적인 레버리지다. 일반적으로 높은 기술력이 필요하다는 사실을 감안하더라도 그렇다. 부의 사다리에서 코드는 3단계(10만~100만 달러)부터 5단계(1,000만~1억 달러) 전략에 해당한다. 전통적으로 프로그래밍을 배우는 것은 여섯 자리에 해당하는 연봉을 받을 수 있는 길이었고, 그러면 손쉽게 부의 사다리에서 3단계나 4단계에 진입할 수 있었다. 하지만 5단계 이상에 도달하려면 그 이상이 필요하다. 가장 흔한 방법은 스타트업 초반에 합류해 상당한 지분을 확보하거나 코드와 노동을 이용해 중요한 사업을 시작하는 것이다.

- **장점**: 코드 레버리지는 거의 무한한 확장 잠재력을 지니고 있으며, 허가가 거의 또는 전혀 필요하지 않다.
- **단점**: 코드 레버리지는 기술적 능력이 요구된다. 버그나 시스템 업그레이드에 대비하여 지속적인 유지 관리가 필요하다. 눈에 띄는 규모에 도달하려면 효과적인 마케팅이 필수적이다.

네 가지 유형의 레버리지를 모두 살펴보았다. 각각의 레버리지가 부의 사다리의 어떤 단계에 적합한지 표로 정리해보자.

레버리지 형태	장점	단점	부의 사다리 단계
노동	발생한 수익과 보수 사이의 차익을 활용해 더 높은 소득 창출 가능	인력 관리가 어려울 수 있음. 사업 규모를 확장하고 성공을 거두는 데 효과적인 리더십과 대인관계 기술 필수	3~6단계
자본	다른 사람의 돈을 이용해 빠르게 부를 구축	특정한 기술 필요. 특히 영업 및 감정 조절 능력 요구. 높은 재정적 위험	3~6단계
콘텐츠	뛰어난 확장 잠재력. 낮은 진입 장벽. 허가가 거의 또는 전혀 필요 없음	경쟁 치열. 구독자 확보가 어려움. 품질이 뛰어나고 수요가 지속적이지 않은 한 일반적으로 짧은 수명	2~4단계

부의 사다리에 올라타라

		기술적 능력이 요구되며 버그	
코드	거의 무한한 확장 잠재력. 허가가 거의 또는 전혀 필요 하지 않음	나 시스템 업그레이드로 인해 지속적인 유지 관리 필요. 눈 에 띄는 규모에 도달하려면 효 과적인 마케팅이 필수	3~5단계

부의 사다리를 오르면서 소득에 관한 결정을 내릴 때 선택할 수 있는 옵션은 매우 다양하다. 누군가는 현 직장에서 승진할 수 도 있고, 어떤 이는 독립하여 창업을 결심할 수도 있다. 마쓰시타 고노스케는 두 가지를 모두 해냈지만, 정말로 중요한 것은 적절한 시기를 선택하는 것이다. 당신도 그래야 한다. 부의 단계에 따라 무엇을 하고 하지 말아야 하는지에 대한 엄격한 규칙은 없다. 그보다는 자신에게 효과적인 전략을 찾는 것이 우선이다.

무엇을 하기로 선택했든, 부의 사다리를 계속 오르고자 한다면 레버리지를 활용해야 한다. 그리고 어떤 이들에게 최선의 레버리지는 '자신의 돈'을 투자하는 것일 수 있다. 다음 장에서 자세히 알아보자.

Summary

- 돈을 많이 벌수록 돈을 벌기 위해 하는 일도 바뀌어야 한다.

- 소득이 부를 창출한다. 이는 개인 재정에서 가장 강력한 관계다. 소득은 높은데 자산 수준이 낮거나 자산 수준은 낮은데 소득이 높은 경우는 드물다.

- 오늘의 소득이 내일의 부의 기반을 이룬다.

- 소득을 늘리려면 기술을 연마하고 레버리지를 늘려야 한다.

부의 사다리에 올라타라

03

부의 사다리를
오르는 투자 방식

2020년 3월 23일부터 2021년 11월 4일 사이, 테슬라의 주가가 치솟으면서 일론 머스크의 순자산도 250억 달러에서 3,400억 달러로 급증했다. 이 20개월 동안 머스크의 재산은 평균적으로 이틀마다 10억 달러 이상 증가했다. 즉 초당 6,000달러씩 증가한 셈이다. 머스크의 재산이 고작 '일주일' 동안 증가한 액수만으로도 《포브스》가 선정한 400대 부자 명단에 오를 수 있을 정도였다. 머스크는 잠자리에 들 때마다 다음 날 아침 1억 달러 더 부유한 상태로 깨어났다. 더 쉽게 설명하자면 심지어 지금 이 문단을 읽는 동안에도 머스크의 순자산은 10만 달러 이상 증가했을 것이다. 이 기간 동안 급증한 머스크의 부는 인류 역사상 가장 빠른 속도로 축적된 것이었다. 이렇게 짧은 기간 동안 자산이 급격히 불어난 경우는 한 번도 없었다.

머스크의 부가 이처럼 어마어마하게 증가한 것은 단순한 우연이 아니다. 그것은 그가 돈을 투자한 방식과 깊은 관련이 있다. 6단계(1억 달러 이상)에 있는 많은 부자들처럼 머스크는 자동차나 주택, 은퇴 자금에 많은 자산을 투자하지 않았다. 6단계에 있는 사람들은 대부분의 자산을 자신이 통제권을 쥐고 있는 사업에 투자한다. 때문에 그들의 자산은 빠르게 상승(또는 하락)하는 경향이 있다.

그렇다면 부의 사다리에서 다른 단계에 있는 사람들은 주로 어디에 투자할까? 2022년 소비자금융조사를 바탕으로 미국 가구의 부가 부의 사다리의 단계별로 어떻게 구성되어 있는지 살펴보자.[1] 특히 전체 자산 중 다음의 자산 항목들이 차지하는 비율을 정리해볼 것이다.

- 현금
- 차량
- 주 거주지
- 은퇴 계좌

- 부동산(주 거주지 외)
- 뮤추얼펀드/주식
- 사업 지분

이는 부의 사다리 전반에 걸쳐 미국 가구의 투자 성향을 더욱 명확히 파악하고, 그로써 더 나은 투자 결정을 내리는 데 도움이 될 것이다.

먼저 미국 가구의 총자산 중 현금과 다른 자산이 차지하는 비율을 부의 사다리의 각 단계별로 살펴보자. 다음 그래프에서 볼 수 있듯이, 1단계 가구는 자산의 거의 40%를 현금으로 보유한

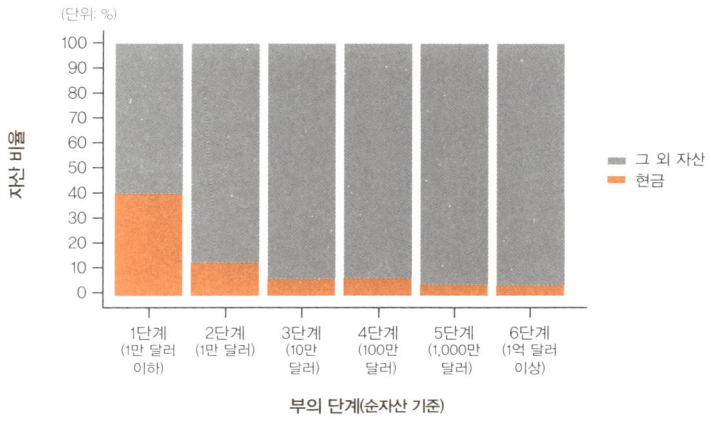

부의 단계별 현금 자산 비율

출처: Survey of Consumer Finances(2022)

반면 부의 사다리에 속한 다른 단계의 가구들은 현금 자산 비율이 10% 이하에 그쳤다.

현금 자산 비율에서 이처럼 큰 차이가 나타나는 것은 1단계에서는 현금 외에 다른 자산을 많이 보유하지 않을 가능성이 높기 때문이다. 실제로 1단계에 속하는 미국 가구가 현금보다 더 많이 소유하고 있는 자산으로는 차량이 유일하다.

다음 도표에서 확인할 수 있듯이 부의 단계가 낮을수록 차량 자산의 비율은 높아진다. 부의 단계별 현금 자산 비율과도 유사한 패턴이다. 현금과 차량 자산의 가장 큰 차이점은 2단계(1만 ~10만 달러)에 속하는 미국 가구들이 보유한 차량 자산의 비율이

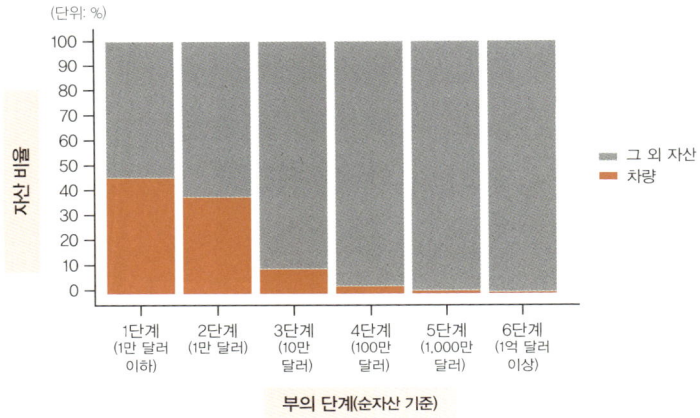

부의 단계별 차량 자산 비율

출처: Survey of Consumer Finances(2022)

부의 사다리에 올라타라

현금 자산보다 훨씬 높다는 것이다.

1단계의 경우에는 차량과 현금이 전체 자산의 거의 85%를 차지한다. 하지만 2단계 가구의 차량과 현금 자산은 전체 자산의 약 50%에 불과하다. 그렇다면 2단계 가구는 나머지 자산을 어떤 형태로 보유하고 있을까? 대부분은 주 거주지다.

주택을 소유한 미국 가구로 한정해 살펴보면, 전체 자산에서 주 거주지가 차지하는 비율이 꽤 높다는 사실을 알 수 있다. 예를 들어 다음 그래프에서 볼 수 있듯이 1~3단계 주택보유 가구의 경우 총자산의 65~75%를 주 거주지가 차지하고 있다.

이 그래프만 보더라도 미국에서 주택 소유를 왜 그렇게 중요

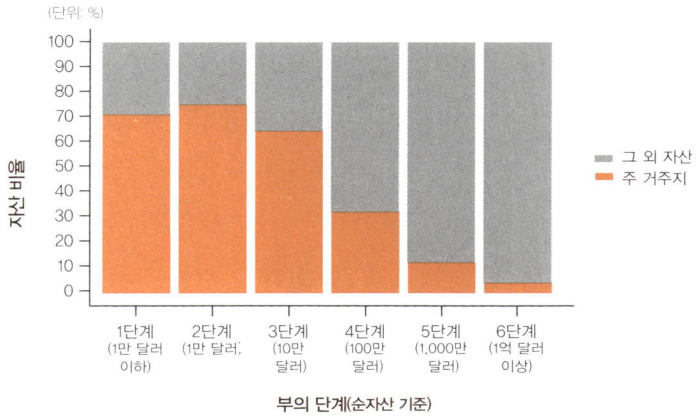

부의 단계별 주 거주지 자산 비율(주택보유 가구 한정)

출처: Survey of Consumer Finances(2022)

하게 추켜세우는지 알 수 있다. 많은 미국 가구에서 주택이 자산 중 상당 부분을 차지하기 때문이다. 자기 집을 소유한다는 것은 아메리칸드림의 핵심이며, 미국 가정들이 다음 세대로 부를 이전 하는 가장 기본적인 방법이기도 하다.

지금까지 부의 사다리에서 1~3단계의 주요 자산 유형인 현금 과 차량, 주 거주지를 살펴보았다. 그렇다면 4~6단계 가구는 어 떻게 다를까? 이들이 1~3단계에 비해 더 많이 보유하고 있는 자 산 유형은 무엇일까?

답은 바로 수익을 창출하는 자산이다. 수익 창출 자산이란 미 래에 수익을 창출할 것으로 기대되는 자산을 뜻한다. 주식과 채 권, 부동산과 개인 사업체 등이 여기에 해당한다. 그러나 각 자산 군이 차지하는 정확한 비중은 부의 단계마다 다르다. 다만 여기 서 중요한 점은 1~3단계에서 4~6단계로 올라갈수록 수익 창출 자산으로의 전환이 더욱 크게 나타난다는 것이다. 이는 데이터를 살펴보면 더욱 분명해진다.

예를 들어 전체 자산에서 은퇴 계좌가 차지하는 비율을 보면, 4단계(100만~1,000만 달러)에 속하는 미국 가구가 상대적으로 가 장 큰 비율을 보유하고 있음을 알 수 있다.

알다시피 은퇴 계좌는 주식이나 채권 같은 수익 창출 자산의 형태를 띠는 경향이 있다. 이는 부의 사다리의 높은 단계에서 수 익 창출 자산으로의 전환이 발생한다는 사실을 잘 보여준다. 하

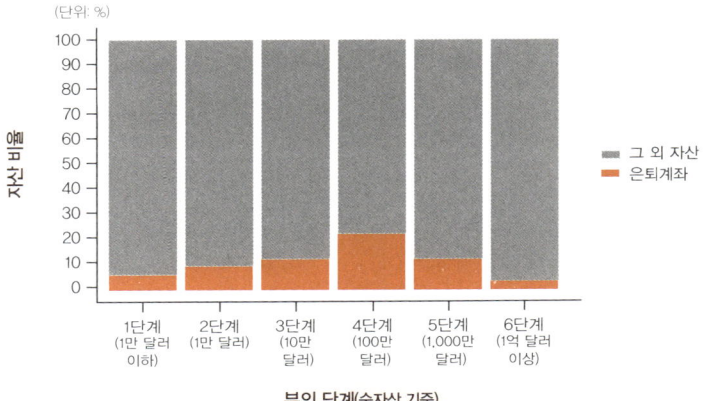

부의 단계별 은퇴 계좌 자산 비율

(단위: %)

자산 비율

1단계
(1만 달러
이하)

2단계
(1만 달러)

3단계
(10만
달러)

4단계
(100만
달러)

5단계
(1,000만
달러)

6단계
(1억 달러
이상)

그 외 자산
은퇴계좌

부의 단계(순자산 기준)

출처: Survey of Consumer Finances(2022)

지만 오해는 하지 말길 바란다. 1~3단계에 해당하는 이들도 은퇴 계좌를 보유하고 있는 것은 사실이다. 다만 위에서 본 것처럼 수익을 창출하지 않는 형태의 자산, 예컨대 현금, 차량, 주 거주지를 더 많이 보유하는 경향이 있을 뿐이다.

1~3단계와 4~6단계의 보유 자산에서 찾을 수 있는 차이점은 비단 은퇴 계좌뿐만이 아니다. 부동산과 주식 보유에 있어서도 차이가 나타난다. 주 거주지 '외에' 소유한 부동산 자산을 살펴보면 4~6단계 가구가 총자산 대비 가장 높은 비율로 보유하고 있음을 알 수 있다.

주식의 경우도 마찬가지다. 전체 자산에서 주식과 뮤추얼펀드

1 · 부의 사다리란 무엇인가

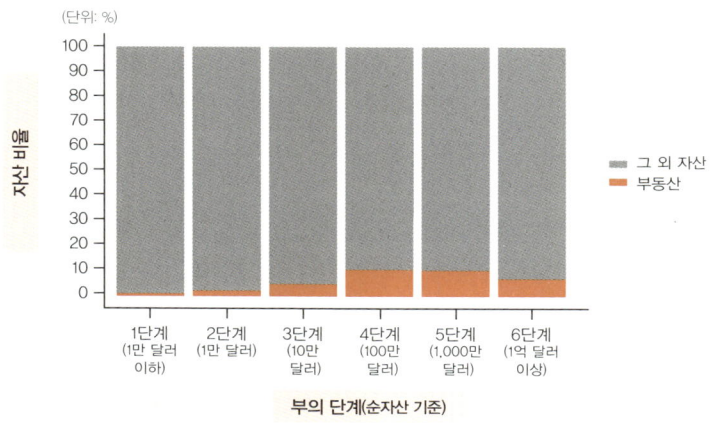

부의 단계별 부동산 자산 비율

(단위: %)

자산 비율

그 외 자산
부동산

1단계
(1만 달러
이하)
2단계
(1만 달러)
3단계
(10만
달러)
4단계
(100만
달러)
5단계
(1,000만
달러)
6단계
(1억 달러
이상)

부의 단계(순자산 기준)

출처: Survey of Consumer Finances(2022)

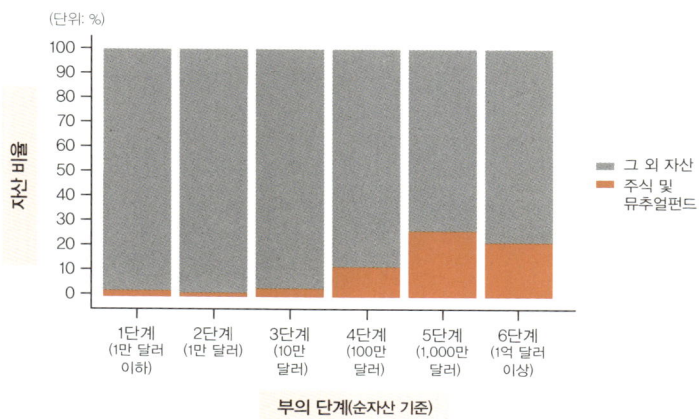

부의 단계별 주식 및 뮤추얼펀드 자산 비율

(단위: %)

자산 비율

그 외 자산
주식 및
뮤추얼펀드

1단계
(1만 달러
이하)
2단계
(1만 달러)
3단계
(10만
달러)
4단계
(100만
달러)
5단계
(1,000만
달러)
6단계
(1억 달러
이상)

부의 단계(순자산 기준)

출처: Survey of Consumer Finances(2022)

부의 사다리에 올라타라

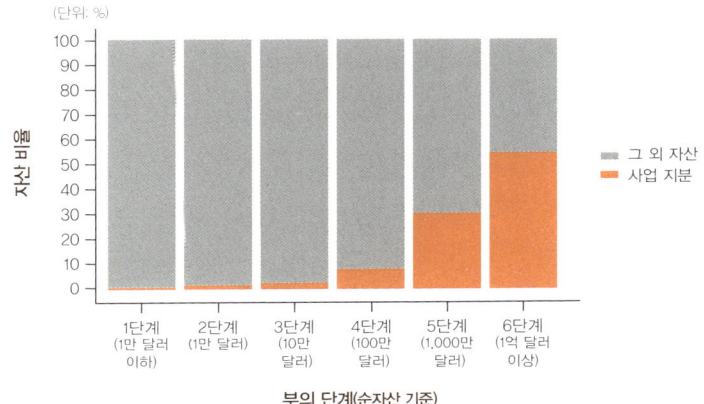

부의 단계별 사업 지분 비율

(단위: %)

그 외 자산
사업 지분

자산 비율

1단계
(1만 달러
이하)

2단계
(1만 달러)

3단계
(10만
달러)

4단계
(100만
달러)

5단계
(1,000만
달러)

6단계
(1억 달러
이상)

부의 단계(순자산 기준)

출처: Survey of Consumer Finances(2022)

가 차지하는 비율을 부의 단계별로 비교해보면(은퇴 계좌 제외) 그 차이가 현저하게 나타난다.

여기서도 4~6단계와 1~3단계의 투자 방식은 마치 낮과 밤만큼이나 뚜렷한 차이점을 지닌다. 4~6단계 가구들은 은퇴 계좌 외에도 부의 12~25%를 주식의 형태로 투자하고 있는 반면, 1~3단계 가구의 경우에는 3% 미만에 불과하다. 더욱 중요한 것은 주식과 뮤추얼펀드가 5단계에서는 가장 크고, 6단계에서는 두 번째로 큰 자산군이라는 것이다.

그렇다면 6단계 가구들이 다른 단계에 있는 가구들과 다른 점은 무엇일까? 그들의 자산 중 가장 큰 비중을 차지하는 것은 무

1 · 부의 사다리란 무엇인가

엇인가? 바로 사업 지분, 즉 개인적으로 관여하고 있는 사업체의 소유권이다(예컨대 창업자, 파트너). 총자산 중 사업 지분이 차지하는 비율을 부의 단계별로 살펴보면 이것이 6단계 가구들의 두드러진 특징임을 알 수 있다.

일론 머스크 같은 이들이 그토록 방대한 부를 쌓을 수 있었던 이유도 바로 여기에 있다(적어도 서류상으로는). 사업체 또는 일련의 사업체에 상당한 지분을 소유하고 있고 시간이 지날수록 그러한 사업체의 가치가 엄청나게 상승했기 때문이다.

많은 돈을 버는 연예인이나 복권에 당첨된 사람, 거액의 유산을 상속받은 사람을 제외하고 5~6단계에 속하는 이들은 비즈니스를 소유함으로써 부를 축적한다. 직접 창업을 하든 아니면 회사의 지분을 상당 부분 취득하든, 그것이 그들의 전형적인 전략이다.

이러한 전략에는 장단점이 있다. 사업체를 소유하는 것은 좋은 일이다. 큰 부를 창출할 수 있기 때문이다. 한편 사업을 운영하다 보면 문제가 생기거나 오히려 재산을 빠르게 잃을 수도 있다. 이것이 부의 사다리에서 보다 높은 단계에 있는 전략의 핵심 단점이다.

지금까지 부의 사다리의 단계마다 어떤 방식으로 투자하고 있는지에 관하여 살펴보았다. 각 단계마다 어떠한 자산 형태를 가장 많이 보유하고 있는지 요약 정리해보자.

- 1단계(1만 달러 이하): 현금과 차량
- 2단계(1만~10만 달러): 차량과 주 거주지
- 3단계(10만~100만 달러): 주 거주지와 은퇴 계좌
- 4단계(100만~1,000만 달러): 주 거주지, 은퇴 계좌, 주식
- 5단계(1,000만~1억 달러): 사업 지분, 주식, 은퇴 계좌
- 6단계(1억 달러 이상): 사업 지분과 주식

이제 이러한 데이터를 통해 부의 단계에 따라 어떻게 부가 축적되는지 일반적인 패턴을 알 수 있다.

현금/차량 ➡ 주택/은퇴 자금 ➡ 주식/사업 소유권

자산이 적은 사람들은 생존에 필요한 것들, 예컨대 현금과 차량, 주택을 보유하는 경향이 있다. 그러나 가진 부가 늘어날수록 더 많은 부를 창출할 수 있는 자산, 예컨대 주식과 채권, 사업 등에 투자하게 된다.

1 · 부의 사다리란 무엇인가

어쩌면 이렇게 생각하는 사람도 있을지 모르겠다. "5~6단계 사람들이 자기 사업을 하는 경향이 있다면 굳이 다른 곳에 투자할 필요가 있을까? 그냥 모든 것을 사업에 올인하면 되지 않을까?" 하지만 사업체를 소유한다고 해서 '그 자체'로 5~6단계에 도달할 수 있다는 보장은 없다. 5~6단계에 있는 대부분의 사람들이 비즈니스를 보유하고 있다고 해서 그것이 모든 비즈니스 소유주가 5~6단계에 도달한다는 의미도 아니다. 그건 마치 복권당첨자를 여러 명 인터뷰했더니 그들 모두가 매주 복권을 산다는 사실을 알게 된 것과도 같다. 매주 복권을 구매하는 것이 훌륭한 재정 전략인가? 그럴 리가.

안타깝지만 사업체를 소유한다고 해서 반드시 결과를 얻을 수 있는 것도 아니다. 다시 말해 창업을 한다고 해서 당신이 일론 머스크처럼 될 수 있는 것도 아니고, 주식투자를 한다고 해서 워런 버핏처럼 되는 것도 아니라는 얘기다.

투자 방식과 부의 단계는 꽤 밀접한 상관관계를 지닌다. 앞의 도표에서 살펴봤듯이, 부의 사다리를 올라갈수록 그들의 자산은 돈이 '소모되는 것'에서 돈을 '창출하는' 것으로 변하는 경향이 있다. 즉 수익을 창출하지 않는 자산에서 수익을 창출하는 자산으로 옮겨가는 것이다. 부의 단계에 따라 수익을 창출하는 자산의 비율을 그래프로 나타내 보면 이 관계를 부인할 수 없음을 알 수 있다.

부의 사다리에 올라타라

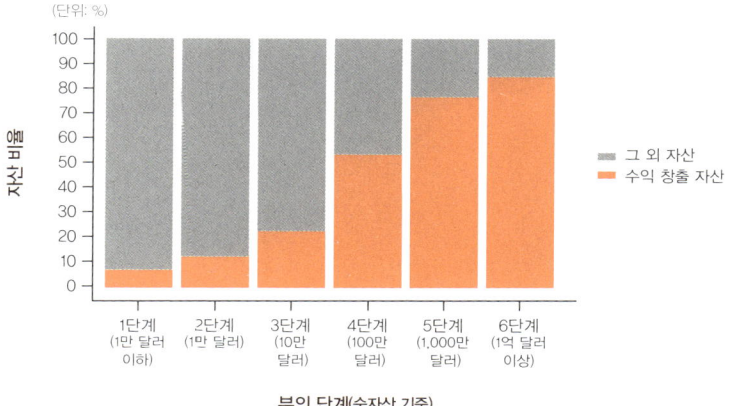

부의 단계별 수익 창출 자산 비율

(단위: %)

그 외 자산
수익 창출 자산

자산 비율

1단계
(1만 달러
이하)

2단계
(1만 달러)

3단계
(10만
달러)

4단계
(100만
달러)

5단계
(1,000만
달러)

6단계
(1억 달러
이상)

부의 단계(순자산 기준)

출처: Survey of Consumer Finances(2022)

　　다음 그래프처럼 부의 사다리를 올라갈수록 수익 창출 자산의 비율이 증가한다. 이 같은 차이는 1~3단계와 4~6단계를 비교해 보면 더욱 뚜렷하게 알 수 있다. 일반적으로 1~3단계는 수익 창출 자산의 비율이 전체 자산의 20% 이하인 반면, 4~6단계에서는 총자산의 50% '이상'이 수익 창출 자산으로 구성되어 있다. 부의 사다리에서 이 두 집단을 가르는 투자 전략을 꼽으라면 바로 이 것일 것이다. 내 첫 번째 저서인 『저스트. 킵. 바잉』에서 "다양한 수익 창출 자산을 꾸준히 사라"고 계속 되풀이한 이유도 여기에 있다.[2]

　　이것이 바로 부의 사다리를 오르려는 대부분의 이들에게 내가 제시하는 방법이다. 물론 재정적 성공을 달성하려면 투자 방안보다도 더 많은 것이 필요하다. 하지만 가장 부유한 투자가들을 본받고 싶다면 수익 창출 자산을 더 많이 보유하는 것은 좋은 시작점이 될 수 있다.

目

부의 사다리 전반에 걸쳐 지출과 소득, 투자를 살펴보았다. 이제 각 단계별로 보다 자세히 알아보도록 하자. 부의 사다리의 각 단계는 어떤 모습일까? 더 높은 단계로 올라가려면 어떻게 해야 할까? 그리고 가장 중요한, 부의 사다리에서 아래로 떨어지지 않으려면 어떻게 해야 하는가?

Summary

- 부의 사다리에서 낮은 단계에 해당하는 이들은 대부분의 부를 현금과 차량, 주 거주지의 형태로 보유하는 경향이 있다.

- 부의 사다리에서 높은 단계에 있는 이들은 대부분의 부를 은퇴 계좌, 주식, 부동산, 개인 사업의 형태로 보유하는 경향이 있다.

- 비즈니스를 소유한다고 반드시 결과를 얻을 수 있는 것은 아니다. 창업을 한다고 저절로 일론 머스크가 되는 것도 아니고 주식투자를 한다고 워런 버핏이 되는 것도 아니다.

- 일반적으로 1~3단계는 돈을 소모하는 자산을 보유한 한편, 4~6단계는 돈을 창출하는 자산을 보유한다.

- 부의 사다리를 올라갈수록 수익 창출 자산의 비율이 증가하는 경향이 있다.

PART
2

The Wealth Ladder

부의 사다리를 질주하는 6가지 전략

●

이 책의 2부는 당신의 '현재 상황'을 출발점으로 해서 부를 쌓는 여정을 떠날수 있도록 도울 것이다. 곧바로 본인에게 해당하는 부의 단계로 가서 그 챕터를 먼저 읽을 수도 있지만 이왕이면 차례대로 전부 읽어보기를 권한다. 부의 사다리에 대한 더 큰 그림을 이해하고 주변 지인들에게 도움이 될 만한 부를 쌓는 전략을 알 수 있기 때문이다. 우리 모두 부의 사다리에서 각기 다른 단계에 있는 친구나 가족, 동료가 있고, 그들도 이런 전략의 도움을 받을 수 있을 테니까.

만일 특정 장이나 섹션이 자신과 전혀 관련이 없다고 생각된다면 건너뛰어도 좋다. 정말로 괜찮으니까 걱정하지 말도록. 읽다가 중간에 그만두는 것보다는 차라리 지금 당장 유용한 내용에만 초점을 맞추는 편이 낫다. 참고로 부의 단계별로 구분한 각 장의 시작 페이지는 다음과 같다.

●

04

부의 사다리 1단계
1만 달러 이하

생존 전략

이례적인 결과를 얻으려면
이례적인 행동이 필요하다

재정적 삶을 완전히 처음부터 다시 시작해야 한다고 상상해보자. 은행 계좌에는 문자 그대로 돈이 한 푼도 없다. 알고 지내던 인맥도 전부 사라졌다. 이력서는 깨끗한 백지다. 이게 바로 코로나19 팬데믹이 발생한 2020년 초, 마이크 블랙Mike Black이 선택한 상황이었다. 당시 그는 성공적인 소프트웨어 개발회사의 창립자였다. 하지만 마이크는 1년 안에 수입을 0달러에서 100만 달러로 늘리는 것이 가능하다는 것을 보여주고 싶었고, 그래서 직접 이에 대한 실험 영상을 찍기 시작했다. 그는 이 프로젝트를 '백만 달러 컴백^{Million Dollar Comback}'이라고 불렸다.

먼저 마이크는 기존에 갖고 있던 것을 전부 포기했다. 주변 사람과의 관계를 끊고, 땡전 한 푼 들어 있지 않은 은행 계좌를 새로 만들고, 다른 사람인 척 가장했다. 하룻밤 사이 그는 크게 성공한 기업인에서 텍사스주 오스틴의 길거리를 떠도는 부랑자로 변신했다. 가진 것이라고는 배낭 하나와 인터넷이 가능한 휴대전화, 그리고 갈아입을 옷 한 벌 뿐이었다.

실험 첫날 마이크는 숙박할 곳을 찾아다녔다. 일단 그래야 돈을 벌 방도를 찾을 테니까. 그는 첫날부터 운이 좋았다. 인터넷으로 알게 된 낯선 사람이 자신의 RV 차량에서 지내게 해준 것이다. 이제 잘 곳은 생겼지만 여전히 현금은 없었다. 이용할 교통수단도 없으니 원하는 일자리를 발견해도 거기까지 갈 수가 없었다.

마이크는 돈을 벌 수 있는 기발한 방법을 떠올렸다. 크레이그리스트^{Craiglist}(집, 일자리, 물건 등을 구매하거나 판매할 수 있는 커뮤니티 사이트 – 옮긴이)에서 공짜로 나눔하는 가구를 받아 페이스북 마켓플레이스에서 판매하는 것이다. 이 계획에서 진짜 천재적인 부분은 그가 직접 가구를 가지러 갈 필요도 없다는 것이었다. 그는 그저 중개인이 되어 중간에서 수익의 일부를 챙기기만 하면 됐다. 이틀이 지나자 마이크의 은행 계좌에는 300달러가 생겼다. 그는 이 돈으로 옷을 사고 컴퓨터를 구입한 다음, 월 40달러로 공유오피스를 빌렸다. 이제 그는 전자상거래 사업을 시작할 수 있었다.

부의 사다리에 올라타라

하지만 월말이 되자 문제에 봉착했다. 수중에 있는 재산이라고는 단돈 4달러뿐이었는데 RV 임대료와 한 달 치 휴대전화 요금을 내야 했다. 재정적 위기에 처한 마이크는 열 군데의 일자리에 지원해 가까스로 한 곳에 취직할 수 있었다. 시급 25달러를 받는 가상비서 자리였다. 그는 이 생명줄에 매달려 전자상거래 사업을 성장시켰다. 얼마 지나지 않아 고객들과 소매 계약을 체결하면서 더욱 지속적인 수입을 얻게 되었고, 사업을 통한 소득이 안정적으로 자리 잡자 계속된 성장이 가능해졌다.

모든 것이 순조롭게 진행되던 중 마이크에게 충격적인 소식이 날아왔다. 아버지가 대장암 4기를 진단받아 살날이 12개월밖에 남지 않았다는 소식이었다. 마이크는 실험을 계획보다 일찍 끝낼까 고민했지만 아버지를 기리기 위해서라도 계속하기로 결심했다. 감정적으로 힘든 시기를 보내면서도 그는 전자상거래 사업을 멈추지 않고 확장해나갔다. 페이스북에 광고를 하고 고객들의 정기구독을 유도하는 데 집중했다. 계획은 성공적이었다. 실험을 시작하고 10개월이 지나자 그의 사업 수익은 거의 월 1만 달러에 육박했다.

그때 마이크는 이 실험에서 가장 놀라운 사실을 공개했다. 여기서 실험을 멈춰야 한다는 것이었다. 촬영 도중 마이크는 자가면역질환 두 가지를 진단받았다. 그는 건강상의 이유로 실험을 중단하고 몸을 회복하는 데 집중하기로 결정했다. 마이크가 10개월 동안 번 돈은 총 6만 5,000달러였다. 원래 목표인 100만 달러에는 크게 미치지 못했지만 그의 경험을 담은 유튜브 동영상은 많은 이들에게 영감을 주었다.[1]

墨

마이크 블랙과 그의 백만 달러 컴백 프로젝트는 부의 사다리의 1단계에 대해 많은 것을 말해준다. 돈이 없다는 것에는 많은 불확실성과 스트레스가 따른다. 일을 하고 싶어도 기회를 얻기가 어렵다. 그리고 마지막으로 건강 문제가 생길 경우 커다란 난관에 봉착할 수 있다. 소설가이자 저널리스트인 윌리엄 T. 볼먼 **William T. Vollmann**이 『가난한 사람들-*Poor People*』에서 말했듯이 "빈곤은 기회와 환경이 비참하도록 열악한 상태다."[2] 마이크가 무일푼에서 100만 달러를 향한 여정에 올랐을 때도 그랬다. 기회는 부족하고 주변 환경은 고달팠다. 일하고자 하는 의욕은 강했지만 돈을 벌기 위해서는 많은 장애물을 극복해야 했다. 심지어 마이크는 다른 사람들보다 훨씬 많은 장점을 지니고 있었는데도 말이다. 그는 좋은 교육을 받았고, 유용한 기술을 갖추고 있었으며, 설령 실패하더라도 편안한 삶으로 돌아갈 수 있었다. 그렇다면 그런 이점도 '없이' 비슷한 상황에 처해 있는 이들은 어떨지 상상해보라.

이것이 부의 사다리의 1단계에 있는 사람들의 현실이다. 기회는 제한되어 있고 불행이 덮쳐오면 그 피해에 고스란히 노출된다. 하나만 잘못되어도 삶이 곤두박질칠 수 있다. 부상을 입으면 직장을 잃을 수도 있다. 직장을 잃으면 빚더미에 오를 수도 있다. 이런 식으로 계속 상황은 악화된다.

부의 사다리의 높은 단계에 있는 이들에게는 단순히 불편한 일에 불과한 것이 1단계에 있는 사람에게는 심각한 위기가 될 수 있다. 1단계에서는 불운이 눈덩이처럼 불어나 결국 헤어나올 수 없는 재정적 구렁으로 이어질 수 있기 때문이다. 미국에서 발생하는 재정적 어려움의 절반 이상이 인구의 10% 미만에 집중되어 있는 이유도 여기에 있다.[3] 이러한 사이클에 한 번 빠지면 헤어나오기가 굉장히 어렵다.

더욱 안타까운 것은 딱히 잘못을 저지르지 않아도 그런 상황에 처할 수 있다는 점이다. 마이크 블랙은 건강상의 문제 때문에 실험을 일찍 끝내야 했다. 이는 미국에서 개인 파산을 신청한 이들 중 44%가 질병으로 인한 실직이 파산의 원인이라는 데 '매우' 또는 '어느 정도' 동의한다고 응답한 이유를 설명해준다.[4] 몸이 아파서 더 이상 일을 할 수 없게 되면 재정적으로 버티기가 힘들다. 부정적인 건강 상태를 반드시 예방할 수 있는 것도 아니다. 식단과 운동이 도움이 되긴 하겠지만 건강에 관한 한 확신할 수 있는 것은 아무것도 없다.

부정적인 건강 문제는 차치하더라도, 1단계에서 피해야 할 또 다른 요인은 감당하기 힘든 극심한 부채다. 신용카드 대금이든 과도한 학자금 대출이든, 부채는 재정적 삶을 앞으로 나아가지 못하게 방해하는 장애물이 될 수 있다. 워런 버핏은 이렇게 말했다. "신용카드로 리볼빙 서비스를 이용하면 18~20%의 이자를 내야 한다. 18~20%의 이자율로 돈을 빌리면서 재정적 삶에서 진전을 이루기는 대단히 어렵다."[5] 역사상 가장 위대한 투자자 중 한 명이 그토록 높은 이자율로 돈을 빌려 돈을 벌지 못한다면 당신도 할 수 없다. 그러므로 1단계에서 벗어나려면 부채를 잘 관리하는 것이 필수적이다.

이는 데이터에서도 명확히 드러난다. 부의 단계별로 미국 가구의 순자산 대비 총부채 비율을 살펴보면 1단계 가구들이 다른 단계에 비해 '평균' 부채 수준이 유독 높다는 것을 알 수 있다.[6]

1단계 가구의 순자산 대비 부채 비율은 평균 300%를 초과한다. 다만 이는 순자산이 1,000달러에 해당하는 가구만을 대상으로 한 것임을 참고하기 바란다. 이러한 조건이 없었다면 1단계 가구의 순자산 대비 부채 비율은 평균보다 더 높을 것이다. 안타깝게도 순자산 1,000달러라는 선별 조건에도 불구하고 일부 과도한 부채를 지닌 가구들이 평균치를 상향시키고 있다.

부의 단계별 순자산 대비 부채 비율의 중앙값을 이용해 이러한 편향을 조정할 수도 있다. 여기서 중앙값이란 해당 단계 내 가구의 '대표적인' 부채 수준(순자산 대비)을 가리킨다. 다음 그래프

부의 사다리에 올라타라

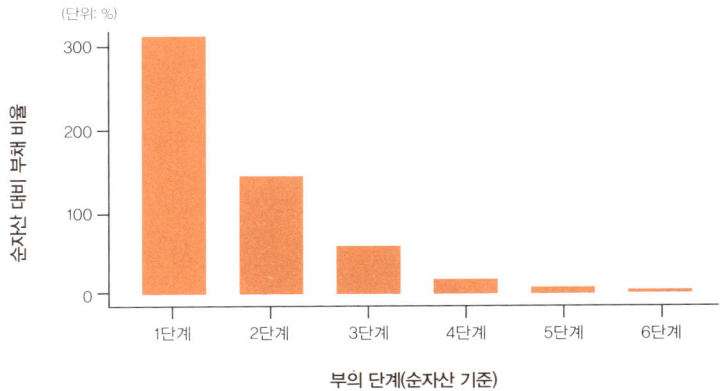

부의 단계별 순자산 대비 부채 비율 평균

(단위: %)

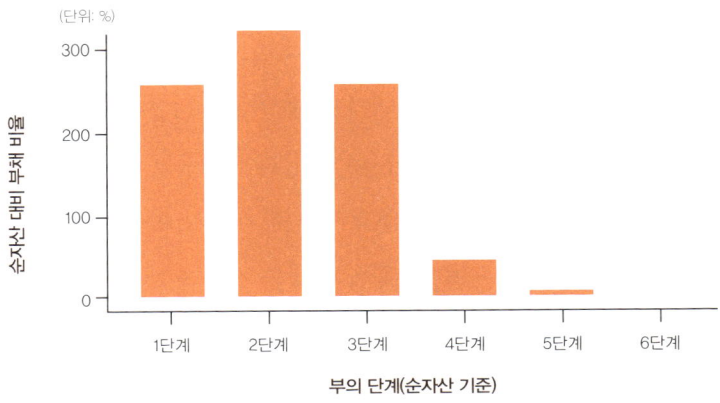

부의 단계별 순자산 대비 부채 비율 중앙값

(단위: %)

2 • 부의 사다리를 질주하는 6가지 전략

에서 볼 수 있듯이, 순자산 대비 부채 비율 중앙값을 보면 상황이 그렇게까지 나빠 보이지는 않는다.

순자산 대비 부채 비율의 평균과는 달리 중앙값은 1단계가 아닌 2단계에서 가장 높게 나타난다. 이는 부채가 반드시 문제가 아니라 과도한 수준일 때 문제가 된다는 사실을 암시한다. 다시 말해, 1단계에서 벗어나기 위해 부채를 완전히 없앨 필요는 없다는 뜻이다. 하지만 재정적 어려움에 빠져 있다면 더 이상은 땅속 깊이 파고 들어가지 마라. 그랬다가는 지출을 줄이고 여러 가지 부업을 동시에 뛰는 등 극단적인 방법을 취해야 할 수도 있다.

뒤에서 더 자세히 설명하겠지만, 나는 그런 극단적인 행동을 좋아하지 않는다. 그러나 상황이 어려울 때는 그렇게 해야 할 때도 있다. 이례적인 결과를 얻으려면 이례적인 행동이 필요하기 때문이다. 심각한 빚구덩이에 빠져 있다면 1단계에서 벗어나 정상적인 궤도에 오르기 위해서 그 이상의 노력이 필요하다.

설령 그런 상황에 처해 있더라도 괜찮다. 올바른 방향으로 움직이면 되니까. 다만 행동으로 옮기기 전에 마음을 단단히 먹기 바란다. 과거의 재정적 실수를 놓고 자책해봤자 아무 쓸모도 없다. 의기소침해지거나 자기혐오에 빠지는 것은 부채를 빨리 없애는 데 전혀 도움이 안 된다.

그 대신 지금 시간과 돈을 어떻게 소비하고 있는지 면밀히 살펴보기 바란다. 추가 수입을 벌 수 있는 여유 시간이 있는가? 새로운 기술을 배울 시간은? 지출을 상대적으로 쉽게 줄일 수 있는 부분은? 이처럼 발전 가능한 부분을 찾아내고 나면 그다음 행동으로 옮겨라. 목표는 매달 축적되는 부채를 줄여서 결과적으로 총부채를 줄이는 것이다. 결코 쉬운 일은 아니나 재정적 압박을 덜고 싶다면 반드시 거쳐야 할 과정이다.

이례적인 행동도 도움이 되긴 하지만 1단계에서 벗어날 최선의 방법은 애초에 뒤처지지 않는 것이다. 그리고 뒤처지지 않으려면 불운이 찾아왔을 때 그 충격을 완화해줄 수 있는 보호장치가 필요하다. 1단계에서는 불운한 사건의 영향이 더욱 증폭되기 때문에 그 영향을 줄이는 것이 목표가 되어야 한다. 비상시를 대비한 현금을 따로 마련해두거나 평소에 돈을 저축하는 것도 한 가지 방법이다.

많은 재정 전문가들이 돈을 모으라고 조언하면서 가장 흔하게 하는 말이 "지출을 줄이라"는 것이다. 안타깝게도 이 조언은 대부분의 1단계 사람들에게는 그리 유용한 방법이 아니다. 새롭지도 않을뿐더러(지출을 줄이라는 말을 들어보지 않은 사람이 있을까?), 데이터에 따르면 애초에 줄일 지출이 별로 없기 때문이다. 1단계에 속한 이들이 버는 얼마 안 되는 돈은 대개 집세나 식비 등 생필품을 사는 데 들어간다. 2020년 미국의 소득 하위 20%는 세후 소득의 100% 이상을 생필품에 지출했다. 주거비, 식비, 교통비와 의료비를 위해 월급 전액은 물론 추가 비용까지 필요했던 것이다.[7]

그들은 단순히 먹고 사는 데만도 빚을 지거나 가족의 도움을 받아야 한다. 1단계에 속한 많은 이들에게 지출을 줄이는 것은 이상적인 해결책이 아니다. 애초에 지출을 줄일 여력이 없기 때문이다.

그렇기에 1단계의 진짜 문제는 지출이 아니라 소득에 있다. 1단계에서 벗어나고 싶다면 소득을 늘려 돈을 저축해야 한다. 물론 쉽지 않은 일이지만 1단계에서 벗어나 부의 사다리를 오를 수 있는 지속가능한 방법은 이것뿐이다. 소득을 증대시킬 방법에는 여러 가지가 있지만 1단계에서는 시장성 있는 기술을 쌓는 데 집중해야 한다. 즉 사람들이 당신에게 돈을 지불할 만한 일을 익히고 숙련도를 높이는 것이다. 하지만 그러면서도 돈을 많이 '쓰지는 않아야' 한다. 가장 이상적인 방법은 빚을 많이 지지 않으면서도 시장성 있는 기술을 쌓아 소득을 늘리는 것이다. 그렇게 할 수 있는 몇 가지 방법을 소개한다.

첫째, 무엇이든 할 수 있는 일을 구해서 열심히 매진한다. 일터에서 열과 성을 다하면 동료들 사이에서 돋보일 수 있고 더 많이 배울 기회를 얻을 수 있다. 나는 저임금 일자리에 종사하면서도 최선을 다해 가난에서 벗어난 사람들에 관한 이야기를 수도 없이 읽었다. 동료들이 불평하거나 최소한의 일만 할 때 그들은 끊임없이 노력해 주목을 받았다. 주어진 일은 무엇이든 했고 끈질기게 일터에 나갔다. 그 결과 기술과 실력을 연마하고 더 많은 돈을 벌 수 있는 기회를 얻었다.

물론 열심히 일한다고 무조건 성공하는 것은 아니다. 아무리 열심히 일해도 눈에 띄지 못하면 다른 기회를 찾아 나서야 한다. 가령 수년간 승진하지 못하고 같은 직책에 머무른다거나, 상사로부터 피드백이나 칭찬을 받지 못하거나, 더 많은 책임을 부여받지 못하는 등의 상황에 있을 때 그렇다. 열심히 일한다고 항상 성공할 수 있는 것은 아니지만 부의 사다리의 시작 단계에 있다면 나쁘지 않은 방법이다.

둘째, 낮은 비용으로 시장성 있는 기술을 쌓을 수 있는 또 다른 방법은 무료로 다른 사람들을 도와주는 것이다. 지금 당장 돈을 벌지는 못해도 값진 경험을 쌓을 수 있다면 노력할 가치가 있다. 무료로 도움을 제공하는 것은 간단히 말해 비용을 내고 교육을 받는 것과 같다. 단지 돈 대신에 당신의 시간을 지불하는 것뿐이다. 상근직으로 일하고 있다면 힘들 수도 있지만 때로는 이를 통해 경력의 궤적이 바뀌기도 한다.

셋째, 시장성 있는 기술을 쌓는 마지막 방법은 교육을 받는 것이다. 적절한 교육은 더 높은 급여를 받을 수 있는 일자리를 구할 가능성을 높여준다. 단점이 있다면 교육을 받으려면 대개 돈이 들어간다는 것이다. 1단계에서 분투하고 있다면 큰 빚을 지는 것은 올바른 방법이 아니다. 따라서 1단계에서는 최대한 저렴하게 교육을 받는 데 초점을 맞춰야 한다. 적은 비용으로도 배울 수 있는 방법을 찾거나 높은 보상이 가능할 때만 대출을 고려해라.

1단계에서 가장 하지 말아야 할 일은 쓸데없는 서류 한 장을 위해 많은 돈을 빌리는 것이다. 물론 나는 교육을 열렬하게 지지하는 사람이다. 하지만 모든 교육이 평등하지는 않다. 밀레니얼 세대의 대학 졸업생 중 절반 이상이 자신의 전공이나 그것을 배우기 위해 비싼 등록금을 냈던 것을 후회하는 것도 그 때문이다.[8] 만일 과거로 돌아갈 수 있다면 그들은 다른 선택을 할 것이다. 어떤 이들은 졸업 후에 돈을 더 많이 벌 수 있는 전공을 선택할 테고, 또 다른 이들은 학자금 대출을 받을 필요없이 학비가 더 저렴한 학교를 선택할 것이다. 그래서 나는 교육을 받는 것이 1단계보다는 2단계 전략에 더 가깝다고 생각한다. 소득이 상승한다는 확신 없이 학자금 대출을 받는 것은 1단계에 갇히는 공식이기 때문이다. 반면 2단계에 있다면 그러한 위험도 감수할 수 있고, 결과를 얻지 못하더라도 타격이 크지 않다. 교육의 중요성에 대해서는 다음 장에서 더 자세히 논의하기로 하고, 일단 여기서는 1단계에서 교육을 받고 싶다면 과도한 비용을 지출해서는 안 된다고 말해두고 싶다.

어떤 전략을 선택하든 시장성 있는 기술을 쌓는 것은 1단계에서 벗어나기 위한 '장기적'인 해법이다. 소득을 늘리려면 시간이 걸린다. 하룻밤 만에 할 수 있는 일이 아니다. 하지만 빠른 해결을 원한다면 지금 당신이 갖고 있는 부를 활용해야 한다. 은행 계좌

부의 사다리에 올라타라

에 들어 있는 돈을 말하는 게 아니다. 바로 인간관계를 가리킨다.

目

교육자인 루비 페인Ruby K. Payne은 그의 저서 『계층 이동의 사다리A Framework for Understanding Poverty』에서 이렇게 표현했다. "빈곤 속에서 사람들은 소유물이 되고, 살아남기 위해 서로에게 기대게 된다. … 결국 우리에게 있는 것은 사람뿐이다."[9] 그러므로 재정적으로 힘든 상황에 처해 있다면 도움을 받을 수 있는 사람을 찾아라. 가난은 무서운 것일 수 있다. 재정적 어려움을 헤쳐나갈 때 친구나 가족에게 기대는 것을 두려워하지 마라.

이 전략을 따른다면 언젠가는 그 은혜를 되갚을 다짐을 해야 한다. 빈곤 가정의 대출 및 차용 활동을 조사한 연구진에 따르면, "거의 모든 가구가 가족 친지로부터 비공식적으로 돈을 빌린 적이 있으며, 극빈층을 비롯한 많은 이들이 다른 사람에게 돈을 빌려줌으로써 그에 대해 보답했다."[10]

이는 세계적으로도 흔히 볼 수 있는 사회적 계약이다. 필요할 때 도움을 요청하되, 다른 사람들로부터 도움을 요청받으면 똑같이 돕는 것이다. 이러한 행동은 부의 사다리를 올라가는 속도를 조금 늦출 수 있지만, 다른 한편으로는 사다리를 오르는 한 가지 방법이기도 하다.

2 • 부의 사다리를 질주하는 6가지 전략

인간관계에 의지하는 것은 자주 간과되는 재정 조언 중 하나다. 안타깝게도 인간관계는 은행 계좌에 들어 있는 돈처럼 쉽게 수치화할 수 있는 게 아니다.

저널리스트인 크리스 아르나데Chris Arnade도 자신의 저서 『존엄성Dignity』에서 같은 말을 했다. "우리는 주로 측정가능한 것, 즉 물질적인 부를 중요하게 여긴다. 반면 쉽게 측정되지 않는 것, 즉 공동체와 존엄성, 신념, 행복 등은 대체로 무시되었는데, 특히 멀리서는 보이지 않기 때문이다."[11]

부의 사다리의 낮은 단계에 있는 이들은 순자산은 적을지 몰라도 눈으로 보이는 것보다는 훨씬 더 부유하다. 그 부를 활용할 방법을 찾으면 1단계를 탈출할 수 있다.

정리하자면, 1단계에서의 삶은 힘들 수 있다. 심지어 벗어날 방법을 알더라도 예기치 못한 사건이 발생해 계획에 차질이 생길 수 있다. 마이클 블랙이 1년 동안 무일푼에서 백만 달러를 버는 데 실패한 것도 바로 그 때문이었다. 그의 실험은 기술과 좋은 교육을 갖추고 있는 사람조차도 아무것도 없는 상태에서 시작하는 것이 얼마나 어려운지 보여주었다. 블랙의 실험은 1단계에 있는 사람들도 활용할 수 있는 부를 간과했다. 바로 풍부한 인간관계 말이다.

인류는 서로 돕지 않았다면 지금과 같은 자리에 도달하지 못했을 것이다. 그러므로 1단계에서 발버둥 치는 중이라면 이 전략

부의 사다리에 올라타라

을 활용해 다른 사람들에게 도움을 구해라. 그런 다음 1단계에서 벗어나고 나면 도움이 필요한 다른 사람에게 똑같이 베풀어라.

부의 사다리 1단계 [생존 전략]

필요 행동: 시간과 돈을 지출하는 방식을 면밀하게 살펴본다. 부채를 줄이고 비상금을 마련한다.

활용 기회: 최소한의 비용으로 시장성 있는 기술을 쌓는 데 집중한다. 가능하다면 가족과 친구에게 도움을 요청한다.

위험 요소: 신용카드 대금, 학자금 대출(더 높은 소득을 기대할 수 없는), 기타 커다란 재정 부채.

기본 자세: 이례적인 결과를 얻으려면 이례적인 행동이 필요하다.

2 • 부의 사다리를 질주하는 6가지 전략

05

부의 사다리 2단계
1만~10만 달러

교육 & 스킬 전략

오늘의 배움이
평생을 먹여살린다

라즐로 폴가László Polgár는 아주 대담한 이론을 가지고 있었다. 그는 어린 시절부터 집중적인 훈련을 받으면 누구든 천재가 될 수 있다고 믿었다. 그가 그렇게 믿었던 이유는 역사상 가장 위대한 몇몇 사상가를 연구한 결과, 그들 모두가 두 가지 공통점을 가지고 있음을 발견했기 때문이다. 첫째, 그들은 실력을 갈고닦는 데 무수한 시간을 투자했다. 전문 분야가 무엇이든 그들은 동료보다 훨씬 더 많은 시간을 투자했다. 둘째, 그들 모두 아주 어린 나이에 배움을 시작했다. 이러한 사실을 바탕으로 폴가는 천재는 태어나는 것이 아니라 만들어지는 것이라는 결론을 내렸다.

하지만 이 헝가리 출신의 교육심리학자는 이론만으로는 만족할 수 없었다. 그는 자신의 이론을 반론의 여지가 없도록 입증하고 싶었다. 그래서 클라라라는 외국어 교사에게 자신의 이론을 설명했고, 두 사람은 결혼해 자식을 낳아 직접 실험해보기로 결심했다. 두 사람 사이에는 세 명의 딸이 태어났고, 폴가는 세 명의 딸에게 모두 체스를 가르쳤다. 다른 분야의 학문을 가르칠까도 생각해보았으나 하필 체스를 선택한 이유는 "매우 객관적이고 측정하기 쉬운" 분야였기 때문이었다.[1]

폴가 부부의 실험은 수십 년 뒤 큰 성공을 거두었다. 세 명의 딸 모두 세계적인 체스 선수로 성장한 것이다. 두 명의 딸은 체스계 최고의 타이틀인 그랜드마스터가 되었다. 그리고 막내딸 유디트는 역사상 가장 위대한 여성 체스 선수로 꼽히며, 역대 세계 랭킹 10위 안에 든 유일한 여성 선수가 되었다.

라즐로 폴가의 이 급진적인 실험은 교육이 평생의 성취에 어떠한 영향을 미칠 수 있는지를 보여준다. 가령 체스 신동이 되는 게 꿈은 아닐지라도 당신의 경력에도 이 이론을 적용할 수 있다. 특히 이는 부의 사다리의 2단계에서 효과적이다. 2단계는 교육이 미래의 부에 가장 큰 영향을 미칠 수 있는 단계이기 때문이다. 교육은 부의 사다리의 어떤 단계에서든 중요하지만, 2단계에서는 교육을 활용할 수 있다는 독특한 기회가 수반된다. 왜냐하면 이

2 • 부의 사다리를 질주하는 6가지 전략

단계는 교육비를 감당하기에는 충분한 돈을 가졌으나 아무 노력도 하지 않아도 될 만큼 많은 부를 갖고 있지는 않기 때문이다.

예를 들어 1단계에 있는 사람이 학위를 받기 위해 학자금 대출을 받는다고 하자. 대학교 졸업장이 소득을 급격히 높일 수 있다면 빚을 지더라도 그만한 가치가 있다. 하지만 그렇지 못할 경우, 학자금 대출은 오히려 그를 재정적으로 후퇴시킬 것이다. 반면 여기 이미 상당한 부를 축적해 4단계 이상에 올라 있는 사람이 있다. 그가 고작 대학 졸업장 하나를 받으려고 여기서 멈춰 서는 것이 과연 '재정적'으로 일리 있는 일일까? 솔직히 난 잘 모르겠다. 학위를 받기 위해 노력하는 동안 소득을 포기하는 것은 물론 따로 교육비까지 지출해야 하는데 말이다. 그러므로 학위 덕분에 소득이 아주 크게 증가하지 않는 한, 사실 그만한 비용을 들일 가치는 없다. 물론 교육을 받고 싶은 개인적인 이유가 있을지도 모른다. 삶의 만족도가 높아지거나 업종을 바꾸고 싶어서일 수도 있다. 그러나 부의 어떤 단계에 있든 반드시 재정적 요인을 고려해야 한다.

고등학교를 졸업하는 학생들은 어떨까? 고등 교육을 받기 전에 그들은 먼저 2단계에 있어야 할까? 물론 그건 아니다. 거의 모든 고등학교 학생들이 가진 재산이 거의 없는 1단계라고 해도 가족의 도움으로 교육비를 감당하는 위험을 감수할 수 있기 때문이다. 교육 비용이 중요하지 않다는 얘기가 아니다. 하지만 적어

부의 사다리에 올라타라

도 그들에게는 계획대로 진행되지 않을 경우 안전망이 있다. 그러나 안타깝게도 모든 고등학생이 그러한 상황에 있는 것은 아니다. 소득을 증진하지도 못할 대학 학위를 위해 가족의 지원 없이 학자금 대출을 받아야 하는 학생들도 있다. 그런 학생들은 무거운 빚에 짓눌려 1단계에 갇히게 된다. 1단계 가정에서 자란 학생이라면 학비로 지불할 비용에 대해 극도로 신중해야 한다.

이것이 바로 2단계에서 교육이 가장 효율적인 전략이 될 수 있는 이유이다. 2단계에 해당하는 이들은 위험을 감수하고, 설령 실패로 끝나더라도 계속 앞으로 나아갈 수 있는 충분한 돈을 가지고 있다. 특히 교육을 '받지 못한' 채 1단계에서 벗어난 이들에게는 더욱 유용한 전략이다. 시간을 되돌려 대학 신입생으로 갈 수는 없을지라도 다른 선택 가능한 옵션들도 많다. 혹시 그러한 상황에 있다면 숙련된 기술을 쌓을 방법이 생각보다 훨씬 많다는 사실을 잊지 말기 바란다. 가령 야간 강좌를 듣거나, 직업 학교에 다니거나, 기술 중심 집중 훈련에 참가할 수도 있다. 실제 업무 현장에서 직접 뛰면서도 많은 것을 배울 수 있지만, 일부 직종의 경우에는 그래도 전문 지식을 갖춰야 한다. 《US 뉴스&월드 리포트_U.S. News & World Report_》에 따르면, 2024년 미국에서 가장 높은 연봉을 받는 상위 25개 직업은 모두 최소한 학사 학위를 요구한다. 사실 이러한 고소득 직업 중 3분의 2가 석사 이상의 학위를 필요로 하는데, 대부분 의료 분야이다.[2]

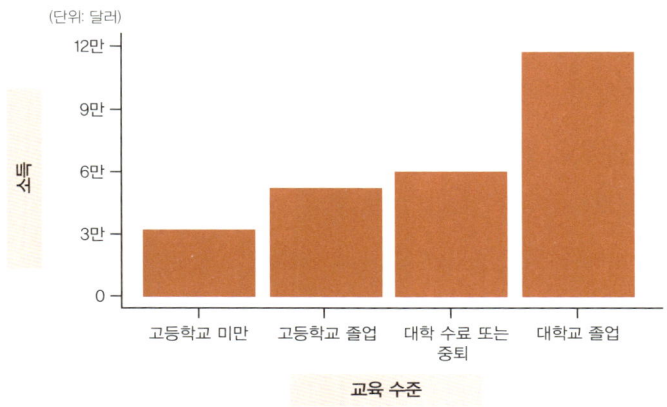

교육 수준별 중위 소득

(단위: 달러)

출처: Survey of Consumer Finances(2022)

미국 가구의 교육 수준별 중위 소득을 살펴봐도 동일한 결과를 얻을 수 있다. 일반적으로 미국에서 교육 수준이 높은 가구는 교육 수준이 낮은 가구보다 소득이 높다.[3]

2022년 미국 고졸 가구의 중위 소득은 약 5만 3,000달러였지만 대졸 가구의 중위 소득은 거의 11만 8,000달러에 달했다. 물론 이것이 대학 학위 '자체'가 소득 격차를 초래하는 유일한 원인이라는 의미는 아니다. 그러나 교육 수준에 따른 이 같은 소득 격차는 부의 사다리 전반에서 나타난다. 예를 들어 부의 1~4단계에서 교육 수준 '및' 부의 단계에 따른 가구 중위 소득을 살펴보면 교육 수준이 높을수록 소득이 높은 상관관계가 있음을 알 수 있다.

1~4단계의 일반적인 대졸 가구는 고졸 가구보다 소득이 더 높

부의 사다리에 올라타라

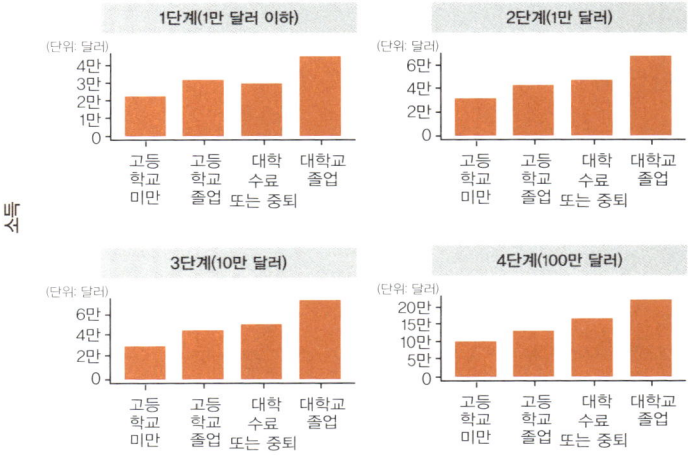

교육 수준 및 부의 단계별 가구 중위 소득

다. 이는 현재의 자산 수준과 관계없이 대학 학위에 일종의 소득 프리미엄이 존재한다는 것을 의미한다.

또한 교육을 받게 되면 단기적으로는 비용이 들어가더라도 장기적으로는 소득에 긍정적인 영향을 미칠 확률이 높다. 브루킹스 연구소Brookings Institution의 발표에 따르면, "학자금 대출 잔액이 많을수록 학생의 소득은 더 높아지는 경향이 있다."[4] 이는 예컨대 법학전문대학원, 의학전문대학원 등 전문대학원이 그러한 고소득 직종을 구하는 데 매우 값비싼 등록금이 들기 때문에 일부 그런 이유가 원인이 될 수 있다. 나는 높은 부채를 지면서까지 교육을 받는 것은 추천하지 않지만, 어떤 경우에는 빚을 지는 편이 타당할 때도 있다.

어느 쪽이든 고소득 직업을 갖고 싶다면 그에 걸맞는 교육을 받아야 한다. 교육이란 일종의 레버리지다. 다만 앞서 언급한 것처럼 타인의 시간이나 돈을 활용하는 대신 자신의 지식을 활용하는 것일 뿐이다. 그렇게 보면 교육은 주식이나 채권 같은 자산으로 간주할 수도 있다. 아니 그보다도 더 좋은 자산이다. 아무도 당신에게서 그것을 빼앗아갈 수 없기 때문이다. 교육은 당신에게 남아서 평생 동안 계속 배당금을 지급해줄 것이다. 교육을 받고 나면 더 높은 가치를 창출할 수 있는 일을 하고 더 많은 보수를 받을 수 있다. 즉 오늘의 배움이 평생을 먹여 살리는 것이다.

그렇게 소득을 늘려 더 많은 돈을 저축하게 되면 2단계에서 영구히 탈출할 수 있다. 교육을 받는다는 것은 더 열심히 일하는 것이 아니라 더 현명하게 일하는 것이다. 가장 부족한 자원인 시간을 활용해 더 높은 수익을 창출하는 것이다.

그런데 불행하게도 이를 위해서는 생각보다 많은 노력이 필요하다. 정규직으로 일하면서 야간 수업을 듣거나 12주짜리 코딩 집중 훈련에 참여하는 것은 매우 힘들고 어려운 일이다. 특히 가족을 부양하고 있다면 더욱 그렇다. 그렇다면 어디에서부터 시작해야 할까? 교육과 관련해 궁극적으로 경력을 발전시키기 위해 올바른 선택을 하려면 어떻게 해야 할까? 무엇부터 공부해야 할지 어떻게 결정할 수 있을까? 이러한 질문에 대해 완벽한 답은 없지만 해답을 찾는 데 도움이 될 만한 유용한 방법이 있다.

目

직업적으로 어떤 경력을 선택할 것인지는 인생에서 가장 중요한 결정 중 하나다. 이를 통해 당신이 무엇에 대해 생각할 것인지, 누구와 교류하고 어떻게 부를 쌓을 것인지가 결정되기 때문이다. 개인에게 적합한 경력을 선택하는 것은 현대 사회에서 탄생한 고민거리다. 인류 역사상 대부분의 사람들에게 일이란 사냥과 채집, 경작을 의미했다. 일은 그저 생존에 필요한 것, 그게 다였다. 인류가 그런 방식의 삶에서 벗어난 것은 불과 몇백 년도 안된다. 한편 2021년을 기준으로 오늘날 농업에 종사하는 사람은 세계 인구의 27%에 불과하다.[5]

결과적으로 이제 대부분의 사람들은 무엇을 하며 살아갈 것인지를 결정해야 한다. 와이컴비네이터Y Combinator의 설립자인 폴 그레이엄Paul Graham은 「위대한 일을 해내는 법How To Do Great Work」이라는 제목의 에세이에서 유용한 출발점을 제공한다. "당신이 선택하는 일은 세 가지 요소를 갖춰야 한다. 타고난 재능이 있어야 하고, 깊은 관심이 있어야 하며, 위대한 성과를 낼 여지가 있어야 한다."[6] 그레이엄이 말한 세 번째 요소를 '사람들이 돈을 지불하는 것'으로 바꿔보자. 그러면 더욱 구체적일 뿐만 아니라 일에 대한 대부분의 사람들의 생각, 즉 일은 돈을 버는 수단이라는 생각을 반영할 수 있다. 이왕이면 누구나 좋아하는 일을 하며 살 수 있다면 좋겠지만, 어쨌든 현실적으로는 생계를 유지할 수 있어야 하니까. 그레이엄의 이론을 적용하면 당신이 선택하는 일은 다음 세 가지 요건의 교차점에 있어야 한다.

- 잘하는 것
- 관심 있는 것
- 사람들이 돈을 지불하는 것

이 세 가지 요소를 반드시 전부 갖춰야 할 필요는 없지만 최소한 두 가지는 충족해야 한다. 왜 그럴까? 다음의 여러 가지 조합을 살펴보자.

잘하는 것 + 관심 있는 것

자신이 잘하고 관심 있는 일을 한다면 지금 당장은 아니더라도 언젠가는 돈을 벌 수 있는 방법을 찾을 수 있다. 유튜버인 제임스 '지미' 도널드슨James 'Jimmy' Donaldson, 일명 '미스터비스트MrBeast'

부의 사다리에 올라타라

의 여정이 그러했다. 도널드슨은 열네 살이던 2012년에 마인크래프트와 다른 비디오 게임에 관한 영상을 올리기 시작했다. 단순히 재미로 시작한 일은 아니었다. 그는 전문 유튜버가 되고 싶었다. 그래서 더 인기 있는 영상을 만들기 위해 1,000일 동안 유튜브 알고리즘을 연구했다. 당시 그는 훌륭한 유튜브 영상을 만들려면 무엇이 필요한지 모든 세부사항을 낱낱이 조사했다. 영상의 속도, 썸네일의 밝기, 바이럴이 되는 원인 등도 분석했다. 그는 한 팟캐스트에 출연해서 "유튜브에 너무 빠져 있어서 친구가 거의 없었다"고 말하기도 했다.[7]

다행히도 도널드슨의 집념은 결실을 맺었다. 오늘날 미스터비스트는 유튜브에서 가장 인기 있는 채널 중 하나로 2024년 5월 기준 구독자가 2억 5,000만 명에 이른다. 또한 그는 유튜브에서 얻은 명성을 기반으로 여러 소비자 식품 사업과 몇 개의 글로벌 자선단체를 설립하고 매년 7억 달러의 매출을 올리고 있다.[8]

비록 누구나 연 매출 7억 달러는 벌지 못한다고 해도 자신의 강점과 관심사를 활용하면 어느 정도 성과를 거둘 수 있다. 내가 오브달러스앤데이터닷컴OfDollarsAndData.com 블로그를 운영하며 지나온 여정 그 예시다. 나는 늘 개인 재정 관리라는 분야를 좋아했고 글솜씨도 나쁘지 않았다. 그래서 2017년에 블로그를 시작하기로 결심하고 매주 데이터를 활용한 개인 재정 및 투자와 관련된 다양한 주제에 관한 글을 쓰기 시작했다. 블로그를 시작하고

2 · 부의 사다리를 질주하는 6가지 전략

첫 3년 동안은 딱히 수익을 얻지 못했지만 그냥 그 과정이 재미있었다. 그러더니 결국에는 실제로 돈이 조금씩 들어오기 시작했다. 처음에는 웹 광고로 시작해 몇 개의 브랜드와 파트너십을 맺었고, 그 후로도 조금씩 계속 발전해나갔다. 이 모든 일들은 처음 온라인에서 글을 쓰기 시작했을 때만 해도 상상조차 하지 못했던 일들이었다.

자신이 잘하고 관심 있는 일을 한다는 것은 대단히 매력적으로 들리지만, 거기에 수반되는 단점도 함께 고려해야 할 필요가 있다. 예를 들어 자신의 강점과 관심사를 따르는 것은 오히려 스트레스가 될 수도 있다. 만약 다른 소득원이 없다면 어떻게 생계를 유지할 것인가? 그래서 나는 그러한 일은 되도록 부업으로 선택하라고 권한다. 그것으로 생계를 유지할 수 있을 때까지는 생활비를 충당할 수 있는 다른 소득원이 필요하다. 경제적으로 버티기 위해 별로 좋아하지 않는 일을 해야 하더라도 뭐 어떻단 말인가.

어쨌든 지금은 최소한의 생활을 유지할 수 있게 무슨 일이든 해라. 좋아하는 일로 돈을 벌 수 있을 때까지 얼마나 오래 버텨야 할까? 불행히도 그런 건 알 수가 없다. 어쩌면 그걸로는 평생 돈을 못 벌지도 모른다. 하지만 진심으로 그 일을 좋아한다면, 그런 게 중요한가?

잘하고 좋아하는 일을 한다는 것은 아이러니한 일이다. 돈을

부의 사다리에 올라타라

벌 생각 없이 좋아하는 일을 하다 보면 오히려 돈을 벌 가능성이 '높아지기' 때문이다. 생각해보라. 진심으로 좋아하고 잘하는 일을 할 때면 어떤 어려움이 닥쳐도 꾸준히 계속하게 된다. 그러면 같은 일을 하는 다른 사람들보다 더 빨리 발전하게 되고, 더욱 탁월해질 수 있다. 그러니 계속 노력하라. 자신의 강점과 관심사를 통해 돈을 벌 수 있다면 그야말로 잭팟이 터진 것이나 마찬가지니까.

잘하는 것 + 사람들이 돈을 지불하는 것

실력이 뛰어나고 사람들이 돈을 지불하는 일을 한다면 거기에 깊은 관심을 가질 확률도 높아진다. 뉴욕대 스턴 경영대학원 교수인 스콧 갤러웨이Scott Galloway는 자신의 저서 『부의 공식The Algebra of Wealth』에서 이렇게 말했다.

당신이 할 일은 잘하는 것을 찾아 수천 시간의 끈기와 희생을 쏟아 탁월한 경지에 이르는 것이다. 그 지점에 도달하면 성장에 대한 성취감과 숙련도의 향상, 경제적 보상과 인정, 동료애가 어우러져 '그것'이 무엇이든 열정적이 될 것이다.[9]

한때 글쓰기를 싫어했던 작가로서 이 말에 전적으로 동의하는 바이다. 다행히 독자들이 내 글을 좋아한다고 말해준 덕분에 이제는 생각지도 못했던 방식으로 글쓰기를 사랑하게 되었지만 말이다. 잘하는 것과 관심 있는 것 중에서 어느 쪽에 초점을 맞출지 고민하고 있다면 잘하는 일을 선택하라. 그 결과 관심사가 바뀌게 될지도 모른다.

관심 있는 것 + 사람들이 돈을 지불하는 것

마지막으로 관심 있고 사람들이 돈을 지불할 만한 일을 하면, 결국에는 그 일을 잘하게 될 것이다. 이는 무언가에 뛰어난 사람들이 왜 해당 분야에 대해 깊은 관심을 갖고 있는지를 설명해준다. 그렇지 않았다면 그들은 장애물을 만난 즉시 단념했을 것이다. 하지만 장애물이란 그저 관심 없는 이들이 탁월해지지 못하도록 가로막는 것일 뿐이다. 관심 있는 것을 좇는다고 반드시 성공으로 이어지는 것은 아니지만 소중하게 생각하는 것의 일부가 되는 것 자체로도 만족감을 얻을 수 있다. 어쨌든 무언가로 생활비를 벌고 있고 그 일을 좋아한다면, 탁월한 실력을 키우는 데 관심을 갖게 되지 않을까?

어떤 일을 선택하든 자신의 강점과 관심, 그리고 사람들이 돈을 지불하는 것의 교차점을 찾는 것은 성공적인 경력을 쌓는 데 필수적이다. 물론 가장 어려운 부분은 어디서부터 시작해야 할지를 알아내는 것이다. 자신의 강점과 관심사, 그리고 사람들이 돈을 지불하는 것 중에서 가장 우선적으로 초점을 맞춰야 할 것은 무엇일까?

굳이 하나를 고르라면 나는 사람들이 돈을 기꺼이 지불하는 것에 경력을 추구하라고 조언하고 싶다. 세 가지 중에서 유일하게 생계를 유지하는 데 반드시 필요한 것이기 때문이다. 뭔가를 하기 위해서 반드시 뛰어나거나 깊은 관심을 가질 필요는 없다. 그렇지만 돈은 벌어야 한다. 일단 수입이 생기면 당신의 강점과 관심사에 적합한 일을 찾는 데 집중할 수 있다.

이 전략은 2단계에서 벗어나는 데 가장 효과적인 방법이기도 하다. 2단계에서는 끼니 걱정을 할 필요가 없기 때문이다. 불운한 사건이 발생해도 한없이 곤두박질칠까 봐 걱정할 필요도 없다. 하지만 자신이 하는 일과 그 일이 어떻게 장기적으로 부를 일구는 데 도움이 될지를 고려해야 한다. 이를 소홀히 하면 2단계에만 머무르게 될 것이다.

2022년 소비자금융조사에서 발표한 부의 단계별 소득을 살펴보면 더욱 분명해진다. 예를 들어 2단계 미국 가구의 중위 소득은 4만 7,560달러인 반면, 3단계 가구의 중위 소득은 8만 3,230달러이다. 3단계의 '하위' 25% 가구는 2단계의 중위 가구와 소득 수준이 대략 비슷하다. 부의 사다리를 더 높이 올라가면 이러한 격차는 더욱 심화된다. 4단계 미국 가구의 하위 10%는 2단계의 중위 가구보다 연 2만 달러 '이상'의 소득을 올린다. 앞에서도 이야기했지만, 자산은 많지만 소득이 낮은 가구는 거의 없다.

그 반대의 경우도 마찬가지다. 자산 수준은 낮지만 소득이 높은 가구는 많지 않다. 2단계에 속한 미국 가구 중 연 소득이 7만 달러 이상인 가구는 25%를 조금 초과할 뿐이다. 참고로 7만 달러는 미국 내 '전체' 가구의 중위 소득이다. 또한 2단계에서 여섯 자리 수 이상의 소득을 올리는 가구는 10%를 조금 넘는 정도에 불과하다.[10] 왜 2단계에서는 고소득 가구가 그토록 적은 것일까?

일단 충분한 소득을 얻게 되면 2단계에서 쉽게 벗어날 수 있기 때문이다. 따라서 2단계에 속한 고소득 가구는 어떤 면에서 실은 예외적이라고 할 수 있다. 고소득을 얻게 된 지 얼마 되지 않아 아직 자산을 모으지 못했거나, 소득의 대부분을 소비함으로써 부를 쌓는 데 실패한 경우다. 이들은 일반적인 사례가 아니라 예외에 속한다. 데이터에서 볼 수 있듯이 고소득 가구들은 부의 사다리에서 더 높은 단계에 있는 경향이 있다.

그러므로 2단계에서 경력 및 소득에 집중하지 않는 것은 재

부의 사다리에 올라타라

정적으로 큰 잘못이다. 경력에 초점을 맞추지 않으면 부의 사다리를 오르는 데 훨씬 오랜 시간이 걸린다. 일부 사람들이 2단계에서 겪는 문제는 자신이 '하는 일'에만 지나치게 신경 쓸 뿐 '하지 않은 일'에 대해서는 간과한다는 것이다. 많은 이들이 삶에 부정적 결과가 나타났을 때만 자신이 잘못했다고 생각한다. 하지만 그것은 당신이 저지른 수많은 잘못 중 하나일 뿐이다. 더욱 긍정적인 결과를 일궈내지 못하는 것도 잘못이다. 2장에서 이야기했듯이, 경력과 관련된 결정에서 기회비용은 간과되기 쉽다. 하지만 기회비용은 필히 존재한다.

어쨌든 2단계에서 장래성 없는 직업에 종사하면서도 괜찮다고 느낄 수도 있다. 매년 조금씩 임금이 인상되고 청구서도 꼬박꼬박 낼 수 있다. 잘못된 것은 아무것도 없다. 하지만 재정적 삶에서 더 많은 것을 원한다면 당신이 저지르고 있는 실수는 지금 추구하지 않고 있는 경력, 지금 살고 있지 않은 삶에 있다. 이를 놓치기 쉬운 것은 행동의 결과가 눈에 보이거나 뚜렷이 드러나지 않고 그저 기회비용이나 선택하지 않은 길의 형태로만 나타나기 때문이다.

장래성 없는 직업에 안주하면서 그러한 실수를 저지르고 있다는 것을 어떻게 알 수 있을까? 생각해보라. 당신은 새로운 기술을 익히고 있는가? 앞으로 전진할 확실한 길이 있는가? 최근에 새로운 책임을 맡았는가? 최근에 연봉이 인상되었는가?

이러한 질문들에 대해 대부분의 대답이 '아니오'라면 가능한 빨리 다른 경력을 찾아봐야 한다. 이러한 종류의 결정은 장기적으로 어마어마한 영향을 미칠 수 있기 때문이다. 오픈AI의 CEO이자 챗GPT의 설계자인 샘 올트먼^{Sam Altman}은 '와이콤비네이터' 팟캐스트에서 이렇게 말했다.

> 복리효과가 여기 좋은 비유가 될 겁니다. 경력 초기에 아주 열심히 일하면 매일, 매주, 매달 조금씩 실력이 늘고, 그러면 더 많이 배우게 되고, 더 많은 사람을 만나게 되고, 더 많은 일을 해내고, 그렇게 복리효과가 발생합니다. 경력 초기에 그런 시간을 투자하는 게 후반에 하는 것보다 훨씬 나아요. 초기에 그렇게 해두면 그 뒤로 내내 그 덕을 볼 수 있거든요. 당연히 항상 일만 하고 싶지는 않겠죠. 20대는 20대니까요. 하지만 대부분의 사람들보다는 더 열심히 일해야 한다고 생각합니다. 초기에 열심히 일해서 레버리지를 얻고 복리효과를 얻는 건 너무 과소평가되어 있습니다. 이것이 내가 그 누구에게도 듣지 못했던 가장 귀중한 조언 중 하나입니다.[11]

샘 올트먼의 조언처럼 경력의 궤적을 바꾸는 것은 2단계에서 벗어나는 최선의 방법이다. 그러한 결정이 가져올 성과를 생각하면 논리적으로 타당할 뿐만 아니라 소득과 부에 관한 데이터 또한 이를 뒷받침한다. 하지만 이는 결코 쉬운 일이 아니다. 커리어의 경로를 바꿀 때 가장 큰 문제는 무엇으로 바꿀지 알아내는 것이다. 정답은 없지만 가장 올바른 길은 자신의 강점과 관심사, 그리고 사람들이 기꺼이 돈을 지불할 만한 것에 초점을 맞추는 것이다.

2단계에서 복리효과가 경력을 쌓는 데 도움이 된다면, 투자에 있어서는 더욱 강력한 위력을 발휘할 것이다. 그것이 바로 우리가 3단계에서 주목할 부분이다.

부의 사다리 2단계 [교육 & 스킬 전략]

필요 행동: 자신의 강점, 관심사, 사람들이 돈을 지불할 만한 것이 교차하는 지점을 파악한다.

활용 기회: 더 높은 보수를 받을 가능성이 있는 교육을 찾아 배운다.

위험 요소: 장래성 없는 직업. 기회비용을 무시하는 것.

기본 자세: 오늘의 배움이 평생을 먹여 살린다.

2 · 부의 사다리를 질주하는 6가지 전략

06

부의 사다리 3단계
10만~100만 달러

투자 전략

그냥 계속 사라

175년마다 목성, 토성, 천왕성, 해왕성이 한 줄로 정렬하는 신기한 일이 벌어진다는 것을 아는가? 미국의 항공우주학자 게리 플랜드로Gary Flandro는 1964년 여름에 NASA의 제트 추진 연구소에서 근무하던 중 이 사실을 발견했다. 더욱 중요한 것은 플랜드로가 10여 년 뒤인 1970년대 후반에 이러한 행성 정렬이 다시 일어날 것이라는 사실을 알아냈다는 점이다.[1]

플랜드로는 이러한 발견을 바탕으로 기존의 추정보다 훨씬 빠르고 저렴한 비용으로 네 개의 가스 행성을 모두 탐사할 수 있는

부의 사다리에 올라타라

대규모 행성 탐사 계획을 세웠다. 이 계획의 기반이 된 물리학적 원리는 행성을 일종의 새총처럼 사용하여(이를 중력 도움gravity assist 이라고도 한다) 행성을 방문하는 데 걸리는 시간과 에너지 소모를 줄이는 것이었다. 그 결과가 NASA의 보이저Voyager 프로그램이다. NASA는 1만 개의 궤도를 검토한 끝에 그중 두 개를 선택하여 1977년 늦여름에 보이저 2호를 먼저 발사하고 뒤이어 보이저 1호를 발사했다.

보이저 프로그램에는 두 가지 눈에 띄는 점이 있다.

첫째, NASA 과학자들이 40년 전에 내린 결정은 해당 임무와 그 성공이 오늘날까지도 지대한 영향을 미쳤다. 예를 들어 보이저 2호보다 늦게 발사된 보이저 1호는 현재 지구에서 가장 멀리까지 도달한 인공 물체다. 2024년 중반을 기점으로, 보이저 1호는 우리의 지구 행성으로부터 약 2,414억 킬로미터(22광시) 이상 떨어져 있고, 그 거리는 계속해서 증가하고 있다. 보이저 1호는 지금도 1초에 16킬로미터씩 우리에게서 멀어지고 있다. 똑. 딱. 똑. 방금 보이저 1호가 마라톤을 완주했다. 이를 가능케 한 것은 보이저 1호를 더 빠르고 짧은 궤도로 출발시킨 다음 자연의 섭리에 맡기기로 한 결정이었다. 당시 필요했던 것은 훌륭한 의사결정뿐이었고, 나머지는 물리학이 알아서 작동해주었다.

보이저 프로그램에서 두 번째로 돋보이는 점은 일단 성공적인 과정을 구축하고 나면 놀라운 결과가 뒤따를 수 있음을 보여준다

2 • 부의 사다리를 질주하는 6가지 전략

는 것이다. 원래 보이저 1호의 임무는 가스 행성들과 각각의 위성을 탐사하는 것이었지만, 결과적으로 우리 태양계의 가장자리와 심우주를 탐사하는 것까지 확장되었다. 보이저 1호는 1977년에 발사된 이래 계속해서 NASA에 유용한 데이터를 전송해오고 있다. 애초에 생각지도 못했던 목표를 지금 달성하고 있다.

당장 투자를 시작하라

보이저 프로그램이 지닌 이 두 가지 의의는 부의 사다리 3단계의 재정 관리와 밀접한 관련이 있다. 3단계에서는 투자에 어떻게 접근하느냐에 따라 미래의 부가 변화할 수 있기 때문이다. 그 이유는 간단한 수학적 원리에 있다. 모든 조건이 동일할 경우 10만 달러를 투자한 사람은 1만 달러를 투자한 사람보다 10배 더 많은 수익을 올릴 수 있다. 하지만 모든 조건이 동일하지 않을 때도 더 많은 돈을 투자한 사람은 더 많은 돈을 벌게 되어 있다. 10만 달러의 2% 수익이 1만 달러의 10% 수익보다 더 높기 때문이다. 투자액이 높으면 전체 수익률이 낮더라도 이를 충분히 상쇄할 수 있다. 부의 사다리를 높이 올라 점점 더 많은 돈을 투자할수록 더욱 그렇다.

물론 투자를 하기 위해서 3단계가 될 때까지 기다려야 한다는

부의 사다리에 올라타라

얘기는 아니다. 나는 누구든 여유만 있다면 당장 투자를 시작하라고 말하고 싶다. 3단계와 그 이상의 단계에 있는 이들은 투자를 하지 않을 경우 잃는 것이 훨씬 많다. 특히 투자 시기를 늦추면 늦출수록 그렇다. 간단한 예시를 통해 확인해보자.

어떤 사람이 40년 동안 매년 1만 달러를 저축하고 꾸준히 7% 수익을 올렸다고 가정해보자. 40년 후에 그의 수중에는 대략 200만 달러가 있을 것이고, 총투자액은 40만 달러(1만 달러×40년)다. 즉 최종 포트폴리오 가치 중 투자금은 40만 달러이고, 나머지 160만 달러는 해당 투자의 성장분이다. 그러나 모든 투자가 동등하게 성장한 것은 아니다. 실제로 첫해에 투자한 1만 달러는 14만 달러가 되었다. 최종 포트폴리오 가치인 200만 달러의 7%다.

연차별 투자금이 최종 포트폴리오 가치에 기여한 비율

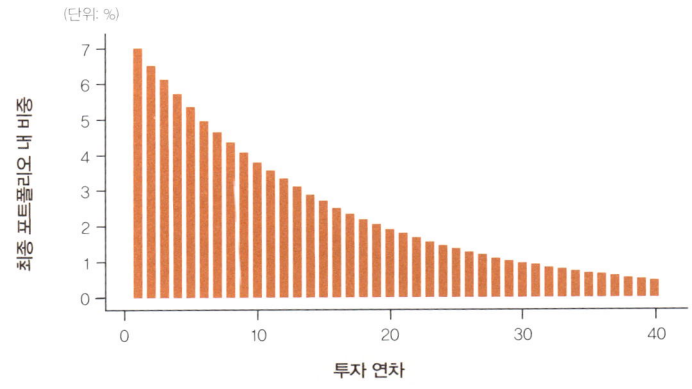

참고: 40년간 꾸준한 저축 및 연 7% 수익률 가정 시
출처: 시뮬레이션 데이터(오브달러스앤데이터닷컴)

2 · 부의 사다리를 질주하는 6가지 전략

원금은 전체 투자금의 2.5%(40분의 1)에 불과한데 말이다. 어떻게 된 걸까? 복리로 불어날 수 있는 시간이 훨씬 길었기 때문이다. 이는 투자금이 투자 연차에 따라 최종 포트폴리오 가치에 어떻게 기여하는지 그 비율을 앞에 그림에서 확연하게 볼 수 있다.

이런 경우 일찍 투자한 자금일수록 최종 포트폴리오에 더 큰 기여를 하게 된다. 따라서 투자를 시작하고 1년 차 투자가 최종 포트폴리오 가치의 7%를 차지하는 반면, 30년 차의 투자는 겨우 1%에 그치는 것이다.

"그냥 계속 사라"

더욱 중요한 사실은 겉으로 보이는 표면 아래에 있다. 막대들을 시간의 경과에 따라 합산하여 최종 포트폴리오의 '누적' 총액을 연도별로 표시해보면 놀라운 사실을 발견할 수 있다. 1년 차 투자가 최종 총액의 7%를 차지하는 것은 물론, 첫 10년간의 투자금이 최종 포트폴리오 가치의 절반 이상을 차지한다는 것이다. 다음 그래프에서 투자 연차에 따른 최종 포트폴리오 누적 비율을 확인하면 더욱 명확하게 알 수 있다.

처음 10년간의 투자금은 최종 포트폴리오 가치에 마지막 30년간의 투자금보다 훨씬 더 큰 기여를 하고 있다. 이는 복리효과

부의 사다리에 올라타라

첫 10년간의 투자금이 최종 포트폴리오의 절반 이상을 형성

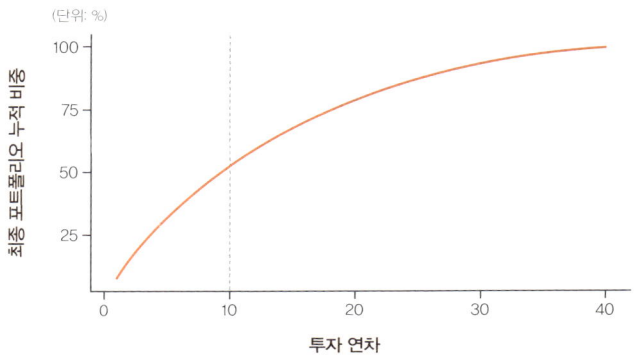

(단위: %)

참고: 40년간 꾸준한 저축 및 연 7% 수익률 가정 시
출처: 시뮬레이션 데이터(오브달러스앤데이터닷컴)

가 얼마나 반직관적일 수 있는지를 보여준다. 복리는 선형적인 과정이 아니다. 선형적 과정에서는 모든 행동이 결과에 '동일한' 영향을 미친다. 예를 들어 마라톤은 선형적 과정이다. 보폭이 일정하다고 가정할 때, 첫걸음과 마지막 걸음이 시합을 마치는 데 동일한 기여를 하기 때문이다.

하지만 복리는 다르다. 복리는 기하급수적, 즉 지수적 과정이며 시간적으로 앞선 행동이 나중에 일어난 행동보다 더 큰 영향을 미친다. 가령 마라톤 시합에서 걸음을 디딜 때마다 보폭이 10%씩 증가한다고 가정해보자. 첫 번째 걸음의 보폭이 0.7미터였다면 두 번째 걸음의 보폭은 10%가 늘어난 0.77미터가 된다. 세 번째 걸음은 거기서 또 다시 10%가 증가한 0.847미터다. 이런 식으로

2 · 부의 사다리를 질주하는 6가지 전략

계속 보폭이 증가하면 일반적으로 5만 걸음이 필요한 마라톤 시합을 100걸음도 뛰기 전에 완주할 수 있다. 하지만 여기서 놀라운 사실은 마지막 걸음의 보폭이 거의 4킬로미터에 달할 것이라는 점이다. 이렇게 어마어마한 보폭이 가능할 수 있었던 것은 그전에 당신이 내디딘 한 걸음 한 걸음이 순차적으로 쌓였기 때문이다. 물론 현실에서 그런 건 물리적으로 불가능하지만. 어쨌든 이것이 위에서 예로 든 과정에서 지수적 과정이 작동하는 방식이다. 행동이 축적되어 쌓여가는 것. 그렇기에 일찍 투자할수록 유리하다. 이렇게 하면 돈이 돈을 벌 수 있는 시간을 더 많이 확보할 수 있고, 충분히 일찍 투자한다면 나중에 돈에 대해 그렇게 엄격하게 굴지 않아도 될 것이다.

나는 이 원칙을 "크게 투자한 다음 멈추기"라고 부른다. 초기에 크게 투자하면 나중에 납입금을 투자하지 않더라도 괜찮다는 사실을 확실하게 전달할 수 있기 때문이다.[2] 그러나 안타깝게도, 부의 사다리의 4단계로 올라가고 싶다면 "크게 투자한 다음"에 멈추지 말고 계속해야 한다. 앞에서 든 예시에서 우리의 가상 투자자는 40년 동안 투자하여 200만 달러의 재산을 쌓았다. 그렇다면 그가 100만 달러에 도달하는 데는 얼마나 걸렸을까? 30년이 넘게 걸렸다! 이는 부를 쌓는 데 투자와 '꾸준함'의 위력이 얼마나 강력한지를 시사한다. 그것이 바로 내 첫 책인 『저스트. 킵. 바잉』의 핵심 아이디어였다.

부의 사다리에 올라타라

"그냥 계속 사라"는 2~3단계의 전략이고, 지금 쓰고 있는 이 책은 부의 사다리의 2~3단계에서 3~4단계로 올라가고자 하는 사람들을 위한 것이다. 물론 4단계 이상으로 올라서고 싶을 때도 "그냥 계속 사라"를 활용할 수 있지만 '대단히' 높은 소득이나 긴 투자 기간, 혹은 그 둘 모두가 없다면 원하는 결과를 얻지 못할 것이다. 즉, 그때가 되면 보다 높은 단계의 전략을 사용해야 한다. 이에 대해서는 다음 장에서 더 자세히 알아보기로 하고, 지금은 3단계에서 벗어나고 싶다면 일단 투자를 시작하라.

무엇에 투자할 것인가?

투자라는 여정을 시작한 후에도 무엇에 투자해야 할 것인지 고민은 계속된다. 불행히도 여기에 정답은 없다. 나는 2012년부터 투자에 관한 책을 100권 넘게 읽었고, 거의 10년 넘게 해당 주제에 관한 글을 써왔지만 누구에게나 꼭 맞는 만능해결책 같은 투자법은 찾지 못했다. 실망했을지도 모르겠지만 현실이 그렇다. 나는 부동산과 주식, 비즈니스 등 각각 다른 방식으로 부자가 된 사람들을 알고 있다. 가장 중요한 것은 자신에게 적합한 투자를 찾는 것이다. 가령 어떤 사람들은 부동산 같은 실물 자산을 소유하고 관리하는 것을 좋아한다. 반면 어떤 이들은 인덱스펀드나 ETF처럼 관리할 필요가 거의 없는 투자를 선호한다. 또 어떤 이들은 자기 사업을 경영하는 것을 좋아하고, 어떤 사람들은 개인 사업에 투자하되 관리는 다른 사람에게 맡기는 편을 선호한다. 하지만 이처럼 다양한 차이에도 불구하고 모든 투자가들에게는 한 가지 공통점이 있다. 그것들이 전부 수익을 창출하는 자산이라는 점이다. 다음 목록을 보라.

- 주식 / 지분
- 채권 / 고정수익 증권
- 부동산 / 임대 자산
- 농장
- 소규모 사업
- 로열티
- 본인 소유 사업 / 제품

이러한 투자군에는 각각의 장단점이 있다. 우선 무엇에 투자할지 결정하기 전에 이 같은 자산군에 대해서 좀 더 자세히 알아보자. 다시 한 번 말하지만 여기에 정답 같은 것은 없다. 그저 일련의 상충관계가 있을 뿐이다. 가장 중요한 것은 당신이 원하는 것이 수익을 창출하는 자산이라는 것이다. 수익 창출 자산은 부의 사다리에서 상위 단계와 하위 단계를 가르는 핵심 요인이다. 그들 집단

부의 사다리에 올라타라

을 구분하는 유일한 기준은 아니지만 재무제표에서 가장 두드러진 차이점이다.

투자를 하는 것이 부의 사다리의 4단계에 도달하는 유일한 방법은 아니다. 성공적인 부업을 시작하는 것도 한 가지 방법이다. 여기서 부업이란 본업 외에 '추가로' 돈을 벌기 위한 일을 말한다. 반려동물을 돌봐주는 펫시팅이나 프리랜서 일(예컨대 컨설팅, 디자인 등)처럼 간단한 일일 수도 있고, 실제 제품을 발명하거나 온라인 사업을 시작하는 것처럼 보다 복잡한 일도 좋다. 가능성은 무궁무진하며 부업으로 벌 수 있는 돈에는 한계가 없다. 이를 증명하는 의미로 내가 들어본 것 중 가장 독특한 부업 두 가지를 소개한다.

첫 번째 사례는 메릴랜드주에 있는 윌리엄 프레스턴 레인 주니어 메모리얼 브리지William Preston Lane Jr. Memorial Bridge, 일명 체서피크 베이 브리지Chesapeake Bay Bridge와 관련이 있다.[3] 1952년에 완공되었을 당시 이 다리는 '세계 최대의 해상 연속 강철 구조물'이었고, 그 길이는 거의 11킬로미터에 달했다. 엄청난 높이와 좁은 폭 때문에 《트래블앤레저*Travel+Leisure*》지는 이 다리를 세계에서 가장 무서운 다리 중 하나로 선정했을 정도다. 솔직히 근거 없는 순위는 아니었다. 다리에서 잇따른 사고가 발생하자 많은 주민들이 다리 건너는 것을 두려워했기 때문이다. 하지만 그때 알렉스 로빈슨Alex Robinson이 등장했다. 로빈슨은 켄트 아일랜드 익스프레

2 · 부의 사다리를 질주하는 6가지 전략

스Kent Island Express라는 회사를 설립해 불안해하는 주민들에게 요금을 받고 다리 건너편으로 태워다주는 사업을 운영했다. 심지어 자그마치 8년 동안이나 로빈슨의 서비스를 이용해 출퇴근한 사람도 있었다. 2013년 즈음에는 다리를 건너기 위해 켄트 아일랜드 익스프레스에 기꺼이 25달러를 지불하는 고객이 거의 6,000명에 달했다.[4] 로빈슨이 소소한 부업으로 시작한 프로젝트가 연매출 여섯자리 수를 기록하는 본격적인 사업으로 성장한 것이다.

켄트 아일랜드 익스프레스도 특이하긴 하지만 내가 본 가장 독특한 부업은 2024년에 몰 오브 아메리카Mall of America에서 마주한 다람쥐공연이었다. 때는 토요일 아침이었고, 나는 친구 대런과 함께 쇼핑몰에 갔다가 건물 중앙에 있는 높고 넓은 원형 홀에 설치된 커다란 무대 주위에 사람들이 웅성거리며 모여 있는 것을 발견했다. 무대 앞에는 물이 담긴 풀pool이 놓여 있었는데, 그 안에 다람쥐 한 마리가 원격으로 조종되는 작은 보트 뒤에 매달려 수상스키를 타고 있었다. 무대 위 스크린에는 '수상스키 다람쥐 트위기'라고 적혀 있었다. 나는 내 눈을 믿을 수가 없었다. 미국에서 제일 큰 쇼핑몰에 수천 명의 사람들과 함께 수상스키를 타는 다람쥐를 구경하고 있다니. 그것도 공짜로 말이다.

나중에 나는 트위기의 뒤에 있는 트위기 사Twiggy's Inc가 1979년에 설립된 가족 운영 회사라는 사실을 알게 되었다. 부부인 척Chuck과 루 앤 베스트Lou Ann Best가 설립한 회사였다. 두 사람은 플

로리다에 허리케인이 덮쳤을 때 새끼 다람쥐 한 마리를 구조했는데, 이후 반려동물처럼 키우면서 보트를 타러 갈 때도 항상 같이 데리고 다녔다. 그러다 척이 다람쥐에게 수상스키 타는 법을 가르치자는 아이디어를 떠올렸고, 이후 지역 신문이 트위기에 대한 이야기를 기사로 쓰면서 많은 사람들이 알게 되었다. 트위기와 후손들은 미국과 캐나다, 유럽을 돌며 수십 년 동안 공연을 이어왔다. 트위기 사는 라이브 공연 외에도 '트위기와 함께 신나게'라든가 '저 다람쥐는 수상스키를 탈 수 있어!' 같은 문구가 담긴 상품도 판매한다. 트위기 사의 재무상태에 대해서는 정확히 알 수 없지만 이 사업은 벌써 두 세대 동안이나 가족을 부양하고 있고, 최근에는 더 크게 성장했다.[5]

켄트 아일랜드 익스프레스와 트위기 사의 일화는 부업을 통해 돈을 벌 수 있는 수많은 가능성이 존재한다는 사실을 보여준다. 지금 거주하는 마을에 무서운 다리나 수상스키를 타도록 훈련받은 숲속 동물이 없더라도 다른 돈벌이 기회는 무수히 많다. 추가로 돈을 벌기 위해 할 수 있는 몇 가지 부업을 예로 들면 다음과 같다.

- 파트 타임 과외
- 프리랜서 사진 촬영
- 온라인에서 물품 재판매

• 신용카드 포인트 활용

이런 건 끝도 없이 나열할 수 있다. 내 친척 중에는 3D 프린터로 휴대용 디젤 난로를 프린팅해 전자상거래 사이트인 엣시^{Etsy}에서 판매하고 있는데, 꽤 괜찮은 부수입을 올리는 중이다.

부업의 가장 좋은 점은 대개 본업에 지장을 주지 않는 밤이나 주말 시간을 이용할 수 있다는 것이다. 본업을 대체할 생각이 없다면 부업으로 버는 추가 수입으로 부를 더 빨리 쌓을 수 있다.

투자를 하든 부업을 하든, 핵심은 더 많은 수입을 올리는 데 있다. 사람들은 대부분 직업이라는 형태로 한 가지 소득원만 갖고 있는 경우가 많다. 만일 이 유일한 소득원이 사라지면 그들은 문제에 봉착하게 된다. 하지만 투자를 하고 부업을 시작하면 소득원을 다각화할 수 있고, 재정적 위험을 줄일 수 있다. 본업을 완전히 대체하진 못해도 시간이 지날수록 큰 차이를 만들어낼 것이다.

3단계에서 부의 사다리를 더 높이 오르는 방법

투자나 부업으로 무엇을 선택하든(만일 있다면) 3단계에서 벗어나는 방법은 더 많은 소득을 얻는 것이다. 미시간대학교의 소득 역동성 패널 연구^{PSID}를 보면 이를 명확히 확인할 수 있다. 해당 연구는 1968년부터 2021년까지 동일한 미국 가구를 추적 조사했는데,[6] 덕분에 그들이 부의 사다리를 어떻게 올랐는지 살펴볼 수 있다. 예를 들어 1984년에서 1994년 사이에 3단계에서 4단계로 상승한 가구와 3단계에 머무른 가구를 비교해보면 가장 큰 차이점은 바로 '초기' 소득이다. 10년 후에도 3단계에 머무른 가구의 평균 초기 소득은 9만 8,905달러였다(2021년 달러 기준). 하지만 3단계에서 4단계로 올라선 가구의 평균 초기 소득은 15만 185달러였다. 이는 그들이 처음부터 이미 52%나 높은 소득을 올리고 있었다는 얘기다!

더욱 중요한 것은 4단계에 도달한 가구가 이후 10년 동안 인플레이션을 반영한 실질 '소득증가율'도 더 높았다는 사실이다. 3단계에 머무른 가구는 10년 동안 평균 실질 소득이 27% 증가한 반면(12만 5,832달러로), 4단계에 도달한 가구는 같은 기간 동안 43% 증가했다(21만 4,865달러로).[7] 이는 4단계로 올라선 가구가 3단계에 머무른 가구보다 초기 소득과 소득증가율 양쪽 모두에 있어서 더 높게 나타나는 경향이 있음을 알려준다.

3단계에서 부의 사다리를 더 높이 오르는 방법이 소득을 늘리는 것이라면, 내려가는 길은 지출을 통제하지 않는 것이다. PSID 데이터로 돌아가 1999년부터 2021년까지의 전반적인 지출에 대해 살펴보자. 일단 지출 양상을 파악하고 나면 시간이 지남에 따라 가구의 지출이 부의 단계에 어떤 영향을 미치는지 알 수 있다.

2 · 부의 사다리를 질주하는 6가지 전략

별로 놀랍진 않지만, 소득 대비 지출 비율이 높은 가구는 10년 후에 부의 단계가 '하락할' 가능성이 더 높았다. 1999년부터 2021년까지의 기간 동안, 10년 후에도 3단계에 머무른 가구의 평균 초기 소득은 11만 3,876달러(2021년 달러 기준)였고, 해당 10년 기간의 시작 시점에 연평균 세후 지출은 약 5만 5,233달러였다. 그러나 10년 후에 2단계로 하락한 3단계 가구의 평균 초기 소득은 8만 8,631달러였으나, 평균 지출은 5만 2,532달러였다. 즉, 10년 사이에 3단계에서 2단계로 떨어진 가구는 매년 세전 소득의 59%를 지출한 반면 3단계에 머무른 가구는 49%만 지출했다. 다시 말해 2단계로 하락한 가구는 3단계에 머무른 가구보다 평균 2만 5,000달러를 더 '적게' 벌면서도 거의 비슷한 액수를 지출했다!

2단계에서 시작해 10년 후 1단계로 떨어진 가구와 2단계에 머무른 가구를 비교해봐도 같은 현상을 볼 수 있다. 2단계에 머무른 가구는 6만 5,336달러를 벌고 3만 7,847달러를 지출했다. 그러나 1단계로 떨어진 가구들은 6만 1,662달러를 벌고 3만 8,970달러를 지출했다. 즉 10년 사이에 2단계에서 1단계로 떨어진 가구는 2단계에 머무른 가구보다 소득은 '적고' 지출은 더 많았다.[8]

일반적으로는 소득이 증가하면 지출도 증가하는 경향이 있다. 이는 부의 사다리 전반에 걸쳐서 나타나는 현상이다. 그러나 지출은 소득보다 '더 느린 속도로' 증가하는 경향이 있다. 즉 부의 사다리를 올라갈수록 소득 대비 지출 비율은 감소해야 한다는 의미다. 그리고 실제로도 그렇다! 유일한 예외는 부의 사다리에서 아래 단계로 떨어진 가구들뿐이다. 다행히도 부의 사다리에서 아래로 내려가는 경우는 꽤나 드물다. 이를테면 3단계에서 시작한 가구 중 10년 후에 1~2단계로 하락한 가구는 10%에 불과하다. 2단계에서 시작한 가구 중 10년 후에 1단계로 떨어진 가구는 17% 정도다. 이는 과잉 지출을 방치할 경우 재정적 삶에 큰 타격이 될 수 있다는 실증적인 증거다.

이러한 과잉 지출은 어디서 발생하는 걸까? 3단계에서 그 원인은 매우 다양할 수 있지만 주된 범인은 대개 주택이다. 3단계에 있는 주택소유주들은 평균적으로 자산의 거의 65%를 주택의 형태로 보유하고 있다. 거주용 주택은 일종의 투자로 볼 수도 있으나 많은 면에서 실제로는 소비재에 해당한다. 돈을 벌기보다 돈이 들어가는 곳이기 때문이다.

더욱 중요한 것은 3단계에서 주택 보유가 거의 보편적인 현상이라는 점이다. 어쨌든 적어도 미국에서는 그렇다. 1단계에서 주택을 소유한 가구는 6%에 불과하고, 2단계에서는 42%로 상승하고, 3단계에서는 거의 90%가 주택을 소유하고 있다. 따라서 3단계에서는 주택을 구매할 가능성이 매우 높을 뿐만 아니라 자산의 상당 부분을 주택 구입에 사용할 확률이 높다.

주 거주지에 얼마나 많은 돈을 지출할지 고려하는 것은 앞으로 계속되는 재정적 여정에 큰 영향을 미칠 수 있다. 나중에 더 자세히 살펴보겠지만, 3단계에 해당하는 이들 중 61.5%가 20년 후에도 3단계에 머무른다. 물론 재산을 10만 달러에서 100만 달러로 불리는 것은 결코 쉽지 않은 일이다. 그러나 자동차나 주택처럼 고가의 품목에 큰돈을 쓰는 것은 분명 도움이 되지 않는다.

과잉 지출의 영향을 받는 가구는 소수에 불과하지만 그중 하나가 되지 않도록 늘 주의하라. 이를 조심하는 한편, 동시에 투자와 부업, 또는 양쪽 모두를 통해 소득을 늘리는 데 집중한다면 4단계로 오르는 길은 생각보다 빨리 찾아올 것이다.

지금까지 3단계에서 부의 사다리를 오르는 몇 가지 방법에 대해서 살펴보았다. 이번에는 왜 4단계가 부의 사다리에서 가장 벗어나기 힘든지 알아보자.

부의 사다리 3단계 [투자 전략]

필요 행동: 자신에게 어떤 투자가 적합한지 파악한다. 소득을 늘릴 수 있는 부업을 찾는다.

활용 기회: 수익 창출 자산에 투자하고 더 많은 소득원을 개발한다.

위험 요소: 고가의 품목에 과잉 지출하는 것.

기본 자세: 그냥 계속 사라.

부의 사다리에 올라타라

07

부의 사다리 4단계
100만~1,000만 달러

창업 전략
기존에 통한 방식이
앞으로의 성공을 보장해주지는 않는다

1982년 당시 1인당 기준으로 세계에서 가장 부유한 나라가 어디였는지 아는가? 어쩌면 한 번도 들어본 적 없는 나라일지도 모른다. 중앙태평양, 호주의 북동쪽에 위치한 섬나라 나우루Nauru로 이곳은 당시 돈이 넘쳐났다. 그렇게 부유할 수 있던 이유가 무엇이었냐고? 인산염, 그것도 엄청난 양이었다. 나우루는 세계 최대의 인산염 수출국으로, 그 액수가 무려 연간 4억 달러에 달했다 (2024년 달러 기준). 주민 1인당 약 8만 8,000달러꼴이다.[1] 나우루는 인산염 매장량이 고갈되더라도 국가의 부에는 아무 문제가 없도록 나우루 인산염 로열티 신탁Nauru Phosphate Royalties Trust, NPRT을 설립해 수익을 관리하고 투자했다. 처음에 이 계획은 효과적이었다. 1991년 NPRT가 보유한 자산은 30억 달러 이상이었다(2024년 달러 기준).[2]

그런데 1990년대부터 인산염 수출이 감소하기 시작했다. 나우루 공무원들은 추가 수익을 창출하기 위해 혈안이 되었다. 1993년 NPRT는 뮤지컬 〈레오나르도Leonardo〉에 수백만 달러를 투자했으나 런던의 극장에서 상영된 이 뮤지컬은 대실패로 끝났다. 다양한 부동산 프로젝트도 계획대로 풀리지 않았다. 심지어 나우루가 은행업 면허를 판매하기 시작하면서 이 섬나라는 곧 탈세와 돈세탁의 온상이 되었다. 이처럼 자산 고갈을 늦추려는 치열한 노력에도 불구하고, 2004년 NPRT의 자산은 5,000만 달러까지 감소했다(2024년 달러 기준).[3]

섬나라 나우루와 부의 사다리의 4단계에 속한 이들 사이에는 많은 유사점이 있다. 나우루가 과도한 국가 소득을 저축으로 활용했듯이, 4단계에 있는 가구들도 많은 돈을 저축할 수 있을 만큼 소득이 높다. 그러나 나우루가 실수를 저지른 지점은 그렇게 벌어서 모은 돈을 '투자한' 방식에 있었다. 부의 사다리의 4단계에 있는 가구들도 주의하지 않으면 같은 경험을 겪을 수 있다. 4단계에서는 투자 결정에 따라서 부가 증폭되는 효과를 가져오기 때문이다. 긍정적인 효과든 부정적인 효과든 '마찬가지다.' 가령 3단

부의 사다리에 올라타라

계에서의 10% 손실은 최소 1만 달러를 잃는 데 불과하지만, 4단계에서는 10만 달러를 잃게 된다. 절대적인 금액으로 환산하면 3단계에서는 그저 불행한 일이 4단계에서는 대참사가 될 수도 있는 것이다. 왜 이런 차이가 발생하는 걸까? 그것은 부의 사다리에서 4단계가 대부분의 부를 수익 창출 자산으로 소유하고 있을 가능성이 가장 높은 첫 단계이기 때문이다. 4단계에 있는 사람들의 전체 자산 중 평균적으로 53%가 수익 창출 자산이다. 이런 유형의 자산은 가치 변동이 클 수밖에 없다. 잘못된 투자가 4단계 이상에서 더욱 심각한 결과를 가져올 수 있는 이유도 여기에 있다.

투자 방식의 변화를 모색해야 할 때

투자와 관련해 자신이 저지른 실수에 대해 공개적으로 털어놓을 용기가 있는 투자자는 많지 않지만, 가끔 그런 사람이 있긴 하다. 창업가인 노아 케이건Noah Kagan은 트위터에 공개적으로 부동산 거래에서 10만 달러를 잃었다고 쓴 적이 있다. 원래는 연 11%의 현금 수익을 얻을 수 있다는 제안을 듣고 참여했던 투자였다.[4] 부동산 투자가를 비난하려는 게 아니다. 어떤 투자군에 투자하든 손실은 발생할 수 있다. 예를 들어 투자 분석 업체 모닝스타에 따르면, 캐시 우드Cathie Wood의 아크 펀드Ark funds는 2014년에서

2023년 사이에 140억 달러 이상의 주주 가치를 훼손했다.[5] 이 펀드들은 주로 2020년과 2021년 사이에 높은 성과를 거둔 고위험 기술주에 집중 투자했는데, 불행히도 그러한 주식들이 2022년에 막대한 손실을 입었기 때문이다. 캐시 우드의 아크 펀드와 개인의 부동산 투자는 물론 매우 다른 종류지만 한 가지 공통점이 있다. 바로 집중 투자다. 케이건의 부동산은 특정 위치에 집중되어 있었고, 캐시 우드의 아크 펀드는 특정 산업에 집중되어있었다. 이처럼 한 가지 분야에만 지나치게 집중하면 단 한 번의 불운한 사건만으로도 결과가 엉망이 될 수 있다.

집중 투자의 위험성에 대해서는 다음 장에서 자세히 이야기하기로 하고, 일단 지금의 해결책은 단순하다. 포트폴리오를 다각화하라. 그러나 안타깝게도 많은 투자가들이 실제로는 충분한 다각화를 하고 있지 않으면서도 자신이 그렇게 하고 있다고 생각한다. 임대용 부동산을 여럿 보유하거나 여러 종류의 주식에 투자하는 것은 다각화가 아니다. 예를 들어 석유 및 가스 산업에 관한 주식 10종을 보유하고 있는데, 그중 한 개 기업이 회계부정 혐의로 기소된다면 위험을 다각화했다고 할 수 있다. 하지만 석유 및 가스 산업 관련 주식 10종을 보유하고 있는데, 유가가 급락한다면 그것은 다각화되어 있는 것이 아니다. 차이를 알겠는가? 한 도시에 여러 개의 임대용 부동산을 보유하고 있거나 모든 주식이 한 가지 산업 부문에 몰려 있다면 당신은 집중 투자라는 문제

부의 사다리에 올라타라

점을 갖고 있다. 그러니 4단계에 머무르고 싶다면 반드시 투자를 다각화하라.

4단계에서 새로이 갖춰야 할 마음가짐은 다각화한 포트폴리오 투자에 집중하는 것이다. 4단계는 노동보다 투자 포트폴리오를 통해 더 많은 수익을 올릴 수 있는 구간이다. 가령 연봉 25만 달러의 직업을 갖고 있다면 당신은 2022년 미국 가구 중 상위 10%에 속한다. 세후 연 소득은 17만 달러이고, 그 중 절반을 저축하면 직업을 통해 매년 8만 5,000달러의 부를 쌓을 수 있다. 이번에는 보유하고 있는 모든 금융 계좌를 통해 200만 달러를 투자했다고 생각해보자. 수익률이 5%라면 당신은 매년 10만 달러의 부를 축적하게 된다. 일을 해서 1년 동안 모을 수 있는 것보다 훨씬 많은 금액이다!

포트폴리오가 성장할수록 직업을 통해 얻는 소득이 이를 따라잡기는 점점 더 어려워질 것이다. 그렇다고 투자 규모가 일정 수준에 도달하면 저축을 그만둬도 된다는 얘기는 아니다. 다만 부에 가장 큰 영향을 미치는 것에 집중하라는 의미. 4단계에서 그것은 대개 투자 관리 방식의 변화다. 4단계에 도달했다면 지출과 관련된 문제는 겪고 있지 않을 테니까. 만일 그랬다면 4단계까지 오지도 못했을 것이다. 그러니 일단 4단계에 도달했다면 당신의 부가 매년 변화하는 데 있어서 가장 큰 영향을 미치는 것은 바로 투자다.

2 · 부의 사다리를 질주하는 6가지 전략

4단계로의 진입 전략과 탈출 전략

안타깝게도 현명한 투자는 4단계에서 부가 성장하는 데는 도움이 되어도 5단계(1,000만~1억 달러)나 그 이상에 도달하는 데에는 도움이 되지 못한다. 이는 데이터로도 알 수 있는데, 4단계 가구의 64%가 20년 후에도 4단계에 머무른다. 4단계에서 시작해 20년 뒤에 5단계에 도달하는 가구는 고작 8%뿐이다. 4단계는 사다리를 계속 오르기가 가장 어려운 단계다. 4단계에 진입하는 데 필요했던 전략과 여기서 탈출하는 데 필요한 전략이 현저하게 다르기 때문이다.

4단계에 진입하는 전략은 간단하지만 쉽지는 않다. 일단 지출을 상회하는 높은 소득과 효과적인 투자, 혹은 이 둘의 조합이 이뤄져야 한다. 그러나 5단계에 도달하려면 완전히 다른 기술이 필요하다. 아무리 성공적이고 오랫동안 종사했어도 직업 하나만으로는 5단계에 도달할 수 없다. 간단한 계산만으로도 알 수 있다.

막 4단계에 도달했고 100만 달러의 투자금을 갖고 있다고 하자. 더 이상 저축은 하지 않으면서 투자 수익률이 연 5%라면(인플레이션 적용) 자산이 1,000만 달러에 도달하기까지는 47년이 걸린다. 물론 100만 달러를 모았다고 해서 당신이 저축을 그만둘 리가 없으니 매년 꽤 상당한 금액인 세후 10만 달러를 저축한다고 가정하자. 이제 연 5% 수익률일 경우 언제쯤 1,000만 달러에 도

부의 사다리에 올라타라

달할 수 있을까? 28년 후다. 1년에 20만 달러를 저축한다면? 그때는 21년이 걸린다. 그렇다면 30만 달러는 어떨까? 그래도 17년이 걸린다!

보다시피 아무리 고소득 직업을 갖고 있다 한들(예컨대 연봉 50만 달러 이상) 5단계에 도달하기까지는 수십 년이 걸린다. 그것도 이미 4단계에 도달한 '이후'라는 사실을 명심하라. 30대나 40대의 나이에 4단계에 도달했다고 하더라도(가능한 일이다) 여전히 엄청난 노력이 필요하다. 데이터에 따르면, 30대에서는 오직 5%, 40대에서는 오직 15%만이 4단계에 해당한다. 또한 4단계의 중위 연령이 62세라는 점을 감안하면 4단계에 속하는 이들 중 대다수가 62세 이후에야 4단계에 도달할 수 있다. 즉 4단계에 있는 일반적인 사람이 5단계에 도달하려면 70~80대의 나이까지 매우 강도 높은 일을 해야 한다는 얘기다. 그렇게 하고 싶은 사람이 누가 있을까?

많은 이들이 4단계에서 멈춰 있다는 느낌을 받는 것도 이런 이유에서다. 고소득 직업과 수백만 달러의 순자산을 갖고 있지만 재정적으로는 눈에 띄는 진전이 느껴지지 않는다. 앞서 말했듯이 4단계는 '여행의 자유'를 누릴 수 있는 단계다. 더 좋은 호텔에 묵거나 비행기 좌석을 쉽게 업그레이드할 수 있지만, 그렇다고 최고급 요트를 빌릴 수 있는 수준은 아니다. 4단계는 페라리와 고급 저택, 날마다 캐비어와 함께하는 삶은 아니다. 또 100

만 달러가 더 생긴다고 해서 삶에 큰 변화가 생기는 것도 아니다. 가령 자산이 400만 달러에서 500만 달러로 늘어나도 예전과 완전히 다른 수준의 소비생활을 하지는 않을 것이다. 갑자기 개인 전세기를 이용하거나 훨씬 좋은 저택으로 이사할 수도 없다. 물론 휴가를 더 자주 가거나 아이들 교육비를 늘릴 수는 있겠지만 삶이 전체적으로 크게 달라졌다는 느낌은 들지 않을 것이다. 딴 세상 이야기처럼 생각되겠지만 사실이 그렇다. 드라마 〈석세션*Succession*〉을 보면 500만 달러의 유산을 물려받은 사촌 그렉이 "이제 난 부자야"라고 말하자 코너 로이가 안타까운 현실을 지적하는 장면이 있다.

500만 달러 갖고는 아무것도 못해, 그렉. 그건 악몽이야. 은퇴를 할 수도 없지, 그렇다고 일을 하기도 애매하지. 아, 그래, 500만 달러는 널 미치게 만들 거야, 미국에서 제일 가난한 부자일걸.[6]

유머를 의도한 장면이긴 하지만 이 농담에는 약간의 진실이 담겨있다. 4단계는 전통적인 직업이 지닌 경력으로서의 효력이 사라지기 시작하는 곳이다. 직업은 더 이상 부를 크게 늘리는 데 도움이 되지 않는다. 예를 들어 100만 달러의 자산을 갖고 있고 거기에 더해 10만 달러를 매년 저축한다면 당신의 부는 10%씩 늘어날 것이다. 그러나 500만 달러의 자산을 갖고 있는데 똑같

부의 사다리에 올라타라

이 10만 달러씩 저축한다면 당신의 부는 겨우 2%씩 증가하는 데 그친다. 그리고 이 숫자는 4단계에서 위로 올라갈수록 계속해서 감소한다. 500만 달러의 자산이 있고 이를 10%씩 늘리려면 매년 50만 달러를 저축해야 한다. 그리고 그렇게 하려면 세금과 생활비를 감안할 때 적어도 연간 100만 달러 이상은 벌어야 할 것이다. 그 정도면 미국에서 소득 상위 1% 수준이다. 불가능하지는 않지만 결코 쉬운 일이 아니다.

미국의 경영 리더십 코치인 마셜 골드스미스Marshall Goldsmith는 "기존에 통한 방식이 앞으로의 성공을 보장해주지는 않는다"라고 말했다.[7] 뮤지션이나 프로 운동선수 같은 유명인이 아니라면 직업만으로 5단계에 도달할 만한 수익을 창출하기는 어렵다.

하지만 가능한 방법이 있다. 무엇인지 아는가? 창업을 하거나 이미 존재하는 사업에 합류한 다음 큰돈을 받고 매각하는 것이다. 둘 중 어느 쪽이든 초점을 맞춰야 할 것은 하나다. 바로 '자기 소유의 지분'을 확보하는 것이다. 사업의 규모가 크다면 약간의 지분만으로도 충분하고 규모가 작다면 큰 지분을 확보해야 한다. 그런 다음 해당 사업체를 수백만 달러 혹은 그 이상으로 매각하면 매년 높은 수익을 올릴 수 있다. 어느 쪽이든 지분을 확보하는 것은 당신의 인생에서 가장 중요한 재정 결정 중 하나가 될 것이다. 영국 언론 재벌이 된 펠릭스 데니스Felix Dennis가 『빈손으로 시작해도 돈이 따라올 거야How To Get Rich』에서 말한 것처럼 말이다.

부자가 되려면 자신이 소유한 것의 아주 작은 부분이라도 전부 소중하게 여겨야 한다. 그것들은 모두 필사적으로 싸워 얻을 가치가 있다. 소송을 제기할 가치가 있다. 고함을 치고 테이블을 내리칠 가치가 있다. 애원하고 굽실거릴 가치가 있다. 거짓말을 하고 속일 가치가 있다. 극단적으로는, 심지어 협상할 가치가 있다. 할 수만 있다면 당신이 얻어내거나 만들어낸 것 중 단 한 조각도, 절대로, 절대로, 절대로 남에게 넘겨주면 안 된다.[8]

5단계로 가는 티켓

물론 거짓말과 사기로 지분을 확보하는 전략은 권장하지 않지만, 사업체를 소유하는 것은 5단계로 가는 티켓이다. 이는 5단계 가구들이 평균적으로 자산의 31%를 사업 지분으로 보유하고 있는 이유를 설명해준다.[9] 또한 사업은 많은 소득을 안겨준다. 50만 달러 이상의 '재량 소득(가처분 소득에서 기본 생활비를 제외한 금액)'을 가진 가구들에 대한 해리슨 그룹Harrison Group의 분석에 따르면, 그중 63%가 직접 보유한 사업체나 초기에 합류한 다른 사람의 사업체를 통해 부를 축적한 것으로 나타났다. 나머지는 금융 투자(17%), 부동산(13%), 유산(4%), 그리고 기타(3%) 순이었다.[10] 여기서 볼 수 있듯이, 개인 사업은 소득 상위 계층이 부와 소득을

부의 사다리에 올라타라

이끌어내는 원동력이다. 또한 부의 사다리의 4단계와 5~6단계를 가르는 가장 큰 차별점이기도 하다.

물론 사업을 성공적으로 일궈 나중에 수백만 달러에 매각하는 것은 말처럼 쉬운 일이 아니다. 또한 이 책에서 다룰 범위를 넘어선 것이기도 하다. 나는 한 번도 일곱자리 수의 가치에 달하는 비즈니스를 창업하거나 매각해본 적이 없기 때문이다. 하지만 사업을 시작하려면 레버리지가 필요하다는 사실만큼은 나도 알고 있다. 앞에서 설명했듯이 레버리지에는 네 가지가 있다. 노동, 자본, 콘텐츠, 그리고 코드다. 5단계에 도달하려면 이러한 레버리지들을 잘 조합하고 활용해야 한다.

왜 레버리지가 필요한가? 그 누구도 모든 것을 혼자서 해낼 수 없기 때문이다. 영국의 철학자 앨프리드 노스 화이트헤드Alfred North Whitehead의 말처럼 "문명의 진보란 우리가 의식적으로 생각하지 않고도 수행할 수 있는 중요한 일의 수가 늘어나는 것이다."[11] 레버리지를 활용해 사업을 시작하는 것이 바로 그렇다. 직접 일하지 않으면서 할 수 있는 일의 가짓수를 늘리는 것, 당신의 시간과 창출하는 가치를 분리하는 것이다.

마크 저커버그Mark Zucherberg가 메타/페이스북에 새로운 제품이 필요하다고 말하면 수백 명의 사람들이 그것을 실현하기 위해 매달리기 시작한다. 저커버그는 코드를 짜고, 제품을 테스트하고, 출시하고, 유지 관리할 필요가 없다. 그가 만든 회사가 전부 알아서 해줄 테니까. 물론 공짜는 아니다. 그는 그 일을 하는 직원들에게 많은 돈을 지급해야 한다. 하지만 출시한 제품이 성공을 거둔다면 그것을 만드는 데 지불한 것보다 훨씬 큰 가치를 창출할 수 있다. 이게 가능한 이유는 저커버그가 엄청난 레버리지를 갖고 있기 때문이다. 저커버그의 직원들이 성공적인 제품을 만들면 메타의 플랫폼을 이용하는 전 세계 수십억 사람들에게 퍼져나가게 된다. 나나 당신은 그렇게 할 수 없다. 우리는 저커버그만큼 많은 레버리지를 갖고 있지 않기 때문이다.

다행히도 5단계에 도달하기 위해 그토록 많은 레버리지가 필요하지는 않다. 그저 4단계에서 벗어날 수 있을 만큼 성공적인 것을 만들어내기만 하면 된다. 뉴스에는 그런 소규모 비즈니스가 자주 등장하지 않지만 그것만으로도 충분한 부를 창출할 수 있다. 제일 어려운 부분은 어떤 종류의 사업을 할 것인가다. 안타깝게도 나는 그 답을 제공해줄 수 없다. 본인의 기술과 경험, 그리고 성향에 따라 결정을 내려야 한다.

그럼에도 어쨌든 사업을 시작하기로 결심했다면 몇 가지 고려해야 할 점들이 있다. 첫째, 사업은 간담이 작은 이들에게는 어울리지 않는다. 일론 머스크는 "창업을 한다는 건 유리조각을 씹으며 심연을 응시하는 것이다"라고 말했다. 사업을 시작하는 창업가들에게 어떤 격려의 말을 해줄 것인지 질문을 받았을 때는 이렇게 대답했다. "격려가 필요하면 창업하지 말아요."[12] 농담이라

부의 사다리에 올라타라

고 생각할지 모르지만, 절대로 아니다. 나는 사회적으로 크게 성공한 이들이 사업 경영과 관련해 이와 비슷한 말을 하는 것을 수없이 들었다. 엔비디아Nvidia의 CEO 젠슨 황Jensen Huang은 30년 전으로 돌아간다면 어떤 회사를 창업할 것인지 묻는 질문에 이렇게 답했다.

창업 같은 건 안 합니다. 그 이유는, 그리고 왜 그게 그토록 어렵냐면, 회사를 설립하고, 엔비디아를 설립한 것이 내가 예상한 것보다 백만 배는 더 힘들었기 때문이지요. 그 당시에 그게 얼마나 어렵고, 고통스럽고, 취약해질지, 그리고 얼마나 많은 어려움을 견뎌야 할지 알았더라면 누구도 회사를 창업하지 않았을 겁니다. 제정신이라면 누구도 그런 짓을 안 할 거예요.[13]

이게 바로 당시 400억 달러가 넘는 순자산을 가진 사람의 입에서 나온 말이다. 그렇다면 이런 생각을 하지 않을 수가 없다. 성공한 기업가들이 창업하지 말라고 조언한다면, 실패한 기업가들은 대체 뭐라고 말할 것인가?

사업을 시작하는 데 있어 두 번째 문제는, 창업을 하려면 대개 상당한 경험이 필요하다는 것이다. 노스웨스턴대학교와 MIT 연구진은 미국 인구조사국U.S Census Bureau의 데이터를 분석한 결과 다음과 같은 사실을 발견했다.

성공적인 창업가는 젊은이가 아니라 중년일 가능성이 훨씬 높다. 미국에서 가장 빨리 성장하는 신생 기업의 상위 0.1%의 경우, 창업 첫해 창업가의 평균 연령은 45세였다. 마찬가지로 중년의 창업가는 성공적으로 엑시트exit(창업자나 투자가가 지분을 매각하여 자금을 회수하는 출구 전략 – 옮긴이)할 가능성이 높다. 우리의 추정에 따르면, 50세의 창업가는 30세의 창업가보다 최고 성장 기업을 창업할 가능성이 1.9배 높다. 20대 초반의 창업자는 최고 성장 기업을 창업할 가능성이 가장 낮았다.[14]

연구 결과에 따르면, 나이 든 창업가가 더 성공을 거두는 이유는 젊은 창업가보다 더 많은 재정 자원과 해당 분야에 대한 풍부한 지식, 그리고 폭넓은 인맥을 보유하고 있기 때문이라는 점이었다. 또한 해당 논문은 창업 전에 특정 분야에서 경험을 쌓은 경우, 성공적으로 엑시트할 가능성이 '두 배 이상' 증가한다고 보고했다.[15] 그러므로 성공 가능성을 극대화하고 싶다면 해당 산업 분야에서 경험을 쌓고 40대 전에는 창업을 하지 않는 게 좋다. 물론 이런 전략을 따른다고 반드시 성공이 보장되는 것은 아니지만, 어쨌든 데이터에 따르면 성공적인 사업체를 매각하고 5단계로 나아갈 가능성이 가장 높은 방법이다.

사업 전선에 뛰어들기 전에 고려할 또 다른 점은, 만약 사업에 실패해 추락할 경우를 대비한 재정적 안전망이 확보되어 있느냐

부의 사다리에 올라타라

는 것이다. 즉, 본인이나 가족이 이런 위험을 감수할 수 있을 만큼 충분한 재정 자원을 보유하고 있는가? 마음 같아서는 사업을 시작하는 데 돈은 크게 중요하지 않다고 말해주고 싶지만, 안타깝게도 현실은 다르다. 일이 계획대로 되지 않았을 때를 대비한 예비책을 세워두면 그런 자원을 갖고 있지 않은 이들보다 더 큰 위험을 감수할 수 있다. 2017년 11월 〈해커 뉴스*Hacker News*〉 사이트에 올라온 익명의 댓글이 있다.

> 창업가정신은 마을 축제에서 할 수 있는 다트 게임과 비슷하다. 중산층 아이들은 한 번만 던질 수 있다. 대부분은 실패한다. 몇 명은 과녁을 맞혀 작은 상품을 타기도 한다. 과녁의 중앙을 명중시켜 큰 상품을 타는 아이들은 아주 드물다. 인생 역전! 아메리칸드림은 계속된다. 부잣집 아이들은 여러 번 던질 수 있다. 원한다면 몇 번이고, 과녁을 맞히고 기분이 좋아질 때까지 몇 번이고 계속해서 던질 수 있다. 몇 명은 계속해서 던지다 결국 정중앙을 맞히는 데 성공하고, 그러면 강연을 하거나 '실력주의'와 노력의 효과에 대해 블로그 글을 쓴다. 가난한 아이들은 축제에 놀러 가지 않는다. 그들은 거기서 일하고 있다.[16]

어떤 이들은 이 이야기가 과장됐다고 말할지 모르지만, 실제로 이를 뒷받침하는 데이터가 있다. 이스라엘 재무부의 연구에 따르면, "부모의 소득은 창업가정신과 가장 상관관계가 높은 요인이며, 자산 수준이 높을수록 스타트업 창업가가 될 확률이 높다."[17] 빌 게이츠, 일론 머스크, 제프 베조스를 비롯한 많은 IT 억만장자들이 처음 회사를 시작했을 때 부모의 지원을 받았다.[18] 물론 성공적인 창업가가 되기 위해 부자 부모가 필요하다는 말은 아니다. 다만 부모의 것이든 본인의 것이든 어느 정도의 재정 자원이 있다면 창업을 하기가 훨씬 쉽다는 얘기다.

사업을 시작하기 전에 마지막으로 고려할 점은 당신의 사업이 진짜 사업인지, 아니면 그저 사업으로 위장한 직장에 불과한지 판단하는 것이다. 마이클 E. 거버Michael E. Gerber가 『사업의 철학The E-myth Revisited』에서 말했듯이, "사업이 당신 한 사람에게 달려 있다면 당신은 사업을 하는 게 아니라 직장에 다니는 것이다."[19] 처음 사업을 시작했을 때야 당연히 모든 게 당신 손에 달려있다. 하지만 최종적으로 완전히 손을 떼고 물러나지 못한다면 당신은 그저 미화된 직장에 다니는 것이나 마찬가지다. 스스로 사장이 되는 것도 좋긴 하지만 사업 전체가 당신에게 지나치게 의존하고 있어 매각할 수 없다면 문제가 생긴 것이다. 레버리지를 이용해 확장 가능한 비즈니스를 구축하는 것과 자영업이라는 굴레에 갇히는 것 사이에는 차이가 있다.

사업을 시작하는 목적은 결국 높은 가치의 자산을 생성하여 최종적으로 다른 사람에게 매각하기 위해서다. 자산을 유지하기

부의 사다리에 올라타라

위해 주당 40시간을 몸소 일해야 한다면 투자자들에게는 매력이 떨어질 수밖에 없다. 아무리 매년 좋은 수익을 낸다한들 그러한 '직업'을 사고 싶은 사람은 없을 것이다. 그들은 직원들이 대부분을 운영할 수 있는 자립적인 비즈니스를 원한다. 그것이 바로 노동력을 레버리지로 활용해 5단계로 올라서는 방법이다. 물론 쉬운 일은 아니나 회사를 설립할 때는 이것이 궁극적인 목표가 되어야 한다.

내가 아직도 사업을 시작하지 '말라고' 설득하지 못했다면 그게 당신에게 맞는 선택일 수도 있다. 4단계에서 사업을 시작할 경우 좋은 점은 곧바로 거기에 매진할 필요가 없다는 점이다. 내가 아는 사람들 중에도 부업으로 사업을 시작해 일정 소득을 얻을 때까지 꾸준히 이어나간 이들이 많다. 예를 들어 본업으로 버는 소득을 완전히 대체할 수 있을 때까지 가외로 사업을 운영할 수도 있다. 그 단계에 도달하면 사업의 타당성을 입증하고 기존의 직장을 그만둬도 될지 확신할 수 있을 것이다. 물론 사업의 유형에 따라 다르긴 하지만 본업을 그만두는 커다란 도약을 실천하기 전에 어느 정도 검증을 거치는 것은 도움이 된다.

4단계는 많은 혜택을 누릴 수 있는 단계지만 부의 사다리를

2 · 부의 사다리를 질주하는 6가지 전략

더 높이 오르고자 하는 이들은 재정적으로 어중간하게 머물러 있다는 느낌을 받을지도 모른다. 전통적인 직업이 부를 쌓는 데 덜 효과적이라는 사실을 깨닫고 답답함을 느끼거나 의욕을 상실하기도 쉽다. 이러한 상황에 처하게 되면 두 가지 선택지가 있다. 5단계로 올라가지 못하리라는 것을 인정하고 지금의 삶을 즐기거나, 아니면 열정을 불태워 더 많은 레버리지를 활용하여 진정으로 원하는 삶을 만들어나가는 것이다. 선택은 당신의 몫이다.

지금까지 4단계가 부의 사다리에서 가장 벗어나기 힘든 단계인 이유를 살펴보았다. 다음은 5단계에 대해 알아보고 어떻게 수많은 작은 성공들이 쌓여 보다 큰 결실을 만들어내는지 탐구해보자.

부의 사다리 4단계 [창업 전략]

필요 행동: 4단계에 남거나, 아니면 수익을 내는 잠재력 있는 사업을 창업하거나 참여한다.

활용 기회: 사업체 소유 및 지속적인 투자.

위험 요소: 고위험 투자. 직장과 다를 바 없는 사업.

기본 자세: 기존에 통한 방식이 앞으로의 성공을 보장해주지는 않는다.

08

부의 사다리 5단계
1,000만~1억 달러

사업 확장 전략
편집광만이 살아남는다

작가 조던 오코너^{Jordan O'Connor}는 자수성가한 초부자들에게서 한 가지 공통적인 패턴을 발견했다. 그들 중 많은 이들이 처음부터 큰 성공을 거둔 건 아니었다는 점이다. 그들이 엄청난 부자가 될 수 있었던 건 초반이 아니라 나중에 한 일 덕분이었다. 오코너는 이렇게 썼다.

많은 천만장자, 억만장자들의 이야기는 (매우 지루하지만 안정적인 시장에서) 첫 회사를 1,000만~2,000만 달러에 매각하고 개인적으로 최소한 수백만 달러의 차익을 얻는 것으로부터 시작한다.

그렇게 그들은 점점 더 큰 위험, 더 큰 시장, 더 큰 아이디어를 갖고 게임을 지속해나간다. 이 첫 번째 엑시트야말로 나중에 더 큰 것에 손대고자 하는 야심 찬 창업가들의 첫 번째 목표가 되어야 한다. 첫 시도부터 수십억 달러 규모의 회사를 세우는 것이 아니란 말이다.[1]

이를 뒷받침하는 증거도 있다. 미국 ABC 방송국의 인기 프로그램인 〈샤크 탱크Shark Tank〉에 '샤크'로 출연한 마크 큐반Mark Cuban은 1990년 겨우 서른둘의 나이에 자신이 창업한 첫 회사인 마이크로솔루션MicroSoluions을 컴퓨서브CompuServe에 600만 달러에 매각했고, 세후 200만 달러를 자신의 주머니에 챙겼다.[2] 일론 머스크는 첫 회사 집투Zip2를 2002년 컴팩Compaq에 3억 700만 달러에 매각했다. 회사를 설립한 지 7년 만의 일이었다. 그는 이 매각으로 2,000만 달러의 순익을 벌어들였다.[3] 넷플릭스의 창업자 리드 헤이스팅스Reed Hastings는 그의 첫 회사인 퓨어소프트웨어Pure Software를 1995년 상장했고, 이후 다른 곳에 인수되었다.[4] 이러한 창업가들은 모두 일찍부터 큰 성공을 거두었지만 첫 사업을 통해 지금 같은 억만장자가 된 것은 아니다.

MIT 슬론 경영대학원 연구진은 창업가의 성공에 대한 데이터를 분석한 결과, 이것이 일반적인 현상이라는 결론을 내렸다. 그들의 연구에 따르면, 창업가가 과거에 매각한 회사의 수와 현 회

부의 사다리에 올라타라

사의 총매출 사이에는 긍정적인 (그리고 통계적으로 유의미한) 상관 관계가 존재했다. 즉, 성공적으로 엑시트한 경험이 있는 창업가 일수록 현재 더 큰 규모의 회사를 운영하고 있었다. 과거에 창업가가 매각한 회사의 수가 하나씩 늘수록 현 회사의 매출은 52% 상승했다. 이는 연령, 교육 수준, 공동 창업자 수, 초기 조달 자본을 통제요인으로 적용한 후의 결과다.[5]

하지만 오해는 말도록. 첫 회사부터 엄청난 성공을 거두는 사람들도 있다. 아마존의 제프 베조스, 스팽스Spanx의 사라 블레이클리Sara Blakely, 마이크로소프트의 빌 게이츠가 대표적이다. 하지만 데이터를 보면, 이는 예외적인 사례일 뿐 일반적인 경우는 아니다. 벤처캐피털 회사인 카우보이벤처스Cowboy Ventures는 2003~2013년 기간 동안 창립된 모든 유니콘 회사(기업 가치 10억 달러 이상)의 목록을 작성한 바 있다. 이러한 유니콘 기업들의 약 80%가 기존에 창업 경험이 있는 공동창업자를 최소 한 명 이상 두고 있었다.[6] 미디어는 초보 창업자를 미화하는 경향이 있지만, 대부분의 성공적인 기업을 이끄는 것은 경험 많은 리더다.

5단계에 있는 사람들은 비즈니스를 매각한 경험이 있거나 현재 상당한 가치를 지닌 사업체를 소유하고 있을 가능성이 높다. 어느 쪽이 됐든 6단계로 올라서려면 두 가지 선택지 사이에서 결정을 내려야 한다. 현재 보유한 사업을 확장할 것인가, 아니면 더 큰 잠재력을 지닌 새로운 사업을 시작할 것인가?

어느 쪽이든 현 사업을 확장할 수 있다는 확신이 들지 않는다면 그 자체만으로도 시사하는 바가 있는 것이다.

음악가 모차르트와 한 젊은 제자의 이야기가 생각난다. 하루는 제자가 모차르트를 찾아와 물었다. "선생님, 교향곡을 쓰고 싶습니다. 어떻게 시작해야 할까요?" 모차르트가 대답했다. "자네 나이를 생각하면 그보단 협주곡처럼 더 간단한 것으로 시작하는 게 좋을 거야." 그러자 학생은 눈에 띄게 실망하며 말했다. "하지만 선생님은 여덟 살 때 교향곡을 작곡했잖습니까!" 모차르트는 대답했다. "그래. 하지만 나는 어떻게 해야 하느냐고 다른 사람에게 묻지 않았지." 조언을 구하는 것은 잘못된 일이 아니지만 때로는 질문을 한다는 것 자체가 당신이 찾는 대답일 수 있다.

사업을 성장시킨다는 것

기존 사업을 계속 경영하기로 결정했다면 이제 주된 목표는 그 가치를 높이는 것이다. 그러기 위해서는 회사를 성장시켜야 한다. 다시 말해 더 많은 고객, 더 높은 매출, 더 많은 수익이 필요하다는 얘기다. 성장이 중요한 까닭은 기업의 규모가 클수록 매각 시 여러 개의 작은 회사를 합친 것보다 더 높은 프리미엄을 얻을 수 있기 때문이다. 전체가 부분의 합보다 더 크다는 말의 전형적

부의 사다리에 올라타라

인 사례라고 할 수 있다. 예를 들어 자산관리 업계에서는 연 매출 1,000만 달러인 기업 한 곳이 연 매출 100만 달러인 회사 10곳보다도 더 높은 가치를 지닌다. 여기에는 두 가지 이유가 있다.

첫째, 큰 규모의 회사는 작은 규모의 회사에 비해 운영 및 확장이 더욱 효율적이다. 대형 자산관리 회사 하나에 10명의 CEO와 10명의 최고준법관리 책임자가 있을 필요는 없다. 이런 규모의 경제는 비용을 절감해주고, 다른 모든 조건이 동일한 경우 더 높은 수익으로 이어진다.

둘째, 대규모 기업의 수익은 소규모 기업 10개의 수익보다 더 안정적이다. 규모가 큰 회사는 수익 예측이 상대적으로 더 용이하기 때문에 잠재 투자자에게도 가치가 높다. 따라서 대규모 기업이 소규모 회사 10곳을 합친 것과 동일한 매출과 이익을 내고 있다면 대부분의 투자자는 작은 회사 10개를 하나로 묶은 것보다 하나의 큰 기업에 더 많은 돈을 지불할 것이다.

예를 들어, 규모가 큰 기업의 매출이 1,000만 달러이고 연간 이익이 200만 달러라면 이 회사는 연간 이익의 10배로 매각될 수 있다. 즉 기업 가치 평가 배수가 10배인 것이다. 이렇게 가정할 경우 이 회사의 가치는 2,000만 달러다(200만 달러×10배). 그렇다면 소규모 회사의 경우는 어떨까? 각 소규모 회사의 매출이 100만 달러이고 연간 이익이 20만 달러라면 이들은 겨우 8배수에 팔릴 것이다. 다시 말해 소규모 회사의 가치가 각각 160만 달

2 · 부의 사다리를 질주하는 6가지 전략

러(20만 달러×8배)이며, 10개 회사를 모두 합치면 1,600만 달러란 얘기다. 대규모 회사 한 곳과 소규모 회사 열 곳의 연간 매출과 이익이 동일하더라도 투자자들에게는 큰 회사 쪽이 400만 달러나 더 높은 가치를 지닌다.

투자자들은 대규모 기업에 더 많은 돈을 지불할 의향이 있다. 관리가 쉽고 위험은 적기 때문이다. 규모가 큰 회사는 단일한 기업 문화와 단일한 팀을 갖추고 있어 일사분란한 반면, 중소기업 열 곳을 하나의 큰 기업으로 통합하는 것은 그야말로 악몽이다. 각자 조직 문화가 다르고 서로 다른 시스템을 사용하고 있을 가능성이 크기 때문에, 이를 통합하는 데만도 상당한 노고가 필요할 것이다. 투자자 입장에서는 큰 골칫거리가 아닐 수 없다. 이것이 바로 대규모 기업 쪽이 가치평가 면에서 상대적으로 높은 점수를 받는 이유다. 인수합병 전문가 섀넌 프랫Shannon Pratt은 『기업 가치평가를 위한 시장 접근법The Market Approach to Valuing Businesses』에서 "대부분의 산업에서 소규모 기업들은 동일 산업 부문에 있는 대규모 기업보다 재무 변수에 대해 낮은 평가 배수로 거래되는 경향이 있다."[7]고 썼다.

그러므로 기존의 사업체를 계속 운영하기로 결정한다면 사업 규모를 확장하는 것을 목표로 삼길 바란다. 이익이 증가하면 회사 가치가 상승할 뿐만 아니라 이익에 대한 가치평가 배수도 덩달아 상승할 가능성이 높다. 다만 사업을 성장시키는 것은 굉장

부의 사다리에 올라타라

히 어려운 일이고, 따라서 6단계에 도달하는 것도 매우 어려울 수 있다.

사업체의 매각 타이밍

기존 사업체를 차세대 유니콘(즉 기업 가치 10억 달러 이상의 회사)으로 성장시킬 수 있다면 더할 나위 없겠지만, 안타깝게도 그럴 수 있는 가능성은 대단히 낮다. 카우보이벤처스에 따르면, 그들의 데이터베이스에 있는 스타트업 중 기업 가치 10억 달러에 도달한 회사는 전체의 0.1% 미만, 즉 1,500개 중 한 곳에 불과했다.[8] 이는 성장 가능한 비즈니스를 구축한 후 거금의 인수 제안을 받는다면 매각을 고려해야 한다는 의미다. 물론 이런 결정을 내릴 때는 다른 많은 사항도 함께 고려해야 한다. 하지만 내가 접한 바로는 회사를 너무 일찍 팔아서 후회한 사람보다는 기회가 있었을 때 매각하지 않아 후회하는 사람 쪽이 훨씬 더 많았다.

사업체 매각이 매력적인 이유 중 하나는 새 출발을 할 수 있기 때문이다. 첫 회사를 시작했을 때 저질렀던 수많은 실수들을 떠올려보라. 다시 시작하게 되면 그런 실수들은 되풀이하지 않을 것이다. 기존 사업체를 매각함으로써 당신은 인생의 한 장을 마무리하고 다음 단계로 나아갈 기회를 얻게 된다. 그리고 새로운 모험을 시작하게 되면 전보다 더 큰 성장을 이룰 가능성이 크다. 적어도 MIT의 연구 데이터에 따르면 그렇다.

기존 사업의 매각을 고려해야 할 또 다른 이유는 그렇지 않을 경우 위험이 발생할 수 있기 때문이다. 개인 사업에 많은 지분을 보유하는 것은 막대한 부를 창출하는 데 도움이 되지만 반대로 그 부를 잃을 수도 있다. 무언가에 10년 넘게 투자했다가 한순간의 불운으로 그것이 무너지는 것을 지켜보는 것만큼 낙담스러운 일도 없다. 비즈니스 환경에서는 많은 것을 자기 손으로 통제할 수 있는 반면, 반대로 그렇지 못하는 것들도 많다. 하지만 사업체(혹은 그 일부)를 매각하면 위험에서 벗어나 부의 사다리에서 떨어지지 않고 계속 5단계에 머무를 수 있다. 집중 전략 방식이 당신을 5단계로 올려놓았다면 다각화는 그곳에 계속 머무를 수 있게 해줄 것이다.

어쨌든 사기당하는 것을 제외하면 5단계와 그 이상에 속한 이들이 부의 사다리의 아래로 떨어지는 가장 흔한 이유는 지나치게 집중된 투자다. 그 대상이 당신이 운영하는 사업이든 다른 사람이 운영하는 사업이든 상관없다. 어느 쪽이든 단일 자산에 너무 많은 돈을 투자하는 것은 위험하다. 예를 들어, 한때 아일랜드에서 가장 부유한 인물이었던 션 퀸Seán Quinn은 아일랜드 은행에 대한 일부 잘못된 투자 때문에 자신의 부가 급격히 쪼그라드는 것을 봐야 했다. 뵈외르골푸르 구뷔드뮌손Björgólfur Guðmundsson도 비숫한 운명을 맞이했다. 그는 아이슬란드 은행에 거액을 투자한 결과, 2008년 파산 신청을 해야 했다. 한때 브라질 최고의 부자였던 에이케 바티스타Eike Batista는 본인 소유의 석유 회사 OGX가 파산하면서 재산의 대부분을 잃었다.[9] 모두 다른 경우이긴 하지만 여기에는 한 가지 공통점이 있다. 바로 과도한 집중 투자다. 이들은 달걀을 전부 한 바구니에 담았다. 다각화를 통해 이러한 운명을 쉽게 피할 수도 있었건만 그렇게 하지 않았다. 조심하지 않으면 5~6단계에 있는 이들에게도 같은 일이 일어날 수 있다.

물론 5단계에 도달한 이들에게 다각화를 권하는 것의 문제점은 그들이 귀담아 듣지 않을 것이라는 데 있다. 애초에 그들이 1,000만 달러의 부를 쌓을 수 있게 해준 개인적 특성과 이미 거기 도달했음에도 멈추지 못하게 하는 특성은 동일할 가능성이 크기 때문이다. 추측해보면 5단계에 있는 성공한 사업가들은 대부분 자신이 6단계로 가는 길에 잠깐 머물고 있을 뿐이라고 여기는 경향이 있다. "모든 상원의원은 거울 속에서 대통령을 본다"는 말처럼 말이다. 그렇게 생각하는 사람들을 비난하는 게 아니다. 어쨌든 비즈니스를 구축하고 성장시켜 1,000만 달러에 달하는 재산을 쌓는 것은 쉬운 일이 아니니까 말이다. 하지만 5단계 사람들의 문제는 그들의 실력과 기술이 아니라 그들이 통제할 수 없는 것들에 있다. 다각화가 필요한 것도 그 때문이다.

　　　　　　　　　2 · 부의 사다리를 질주하는 6가지 전략

아주 사소한 위험까지도 대비하라

집중 투자 외에 5단계에서 경험할 수 있는 또 다른 재정적 위험도 경계해야 한다. 여기에는 과소비와 세금, 다른 채무 등이 포함된다. 단 한 번의 유동성 확보로(예컨대 사업체 매각) 5단계에 들어섰다면 돈을 어떻게 모아야 할지 잘 모를 수도 있다. 이제껏 재정 관리 능력을 발휘할 필요가 없었기 때문이다. 이는 특히 사업체를 매각하여 부의 단계를 하나 이상 건너 뛴 사람들에게서 자주 보이는 특성이다. 게다가 5단계에서 처음으로 누릴 수 있게 된 편리함과 쾌적함 때문에 조심하지 않으면 과소비에 빠지기가 쉽다. 앞에서 언급했듯이 5단계에서는 '주거의 자유', 즉 원하는 어떤 곳에서든 살 수 있다. 하지만 꿈꾸던 집을 사는 것은 시작일 뿐이다. 집은 꾸준한 유지 관리가 필요할 뿐만 아니라 세금과 보수비용, 보험료 등이 딸려오는 물건이다. 게다가 집이 크면 클수록 이런 비용은 더욱 늘어난다.

내 친구의 부모님은 경영하던 회사를 매각한 후 시애틀 지역에 1,000만 달러가 조금 넘는 부동산을 구입했다. 이 집은 매달 유지 관리 및 조경에 들어가는 비용만 3,000달러가 넘는다! 은퇴 자금으로 1,000만 달러를 따로 저축해뒀다고 가정할 때, 그들의 연간 생활비는 약 40만 달러 정도인데(1,000만 달러의 4%), 그렇다면 부동산 관리 및 조경에만 1년 생활비의 약 10분의 1(3만

부의 사다리에 올라타라

6,000달러)이 소요되고 있는 셈이다.

　호화로운 여행이나 고용인의 월급 등 다른 지출 요인을 생각하면 40만 달러는 생각보다 훨씬 빨리 사라질 것이다. 특히 5~6단계에서는 더욱 그렇다. 프리미엄급 경험은 비용이 빠르게 증가하는 경향이 있기 때문이다. 자산관리사인 프레이저 라이스^{Frazer Rice}는 그의 저서 『진정한 부』에서 이렇게 지적했다. "편의성과 경험이라는 측면에서 상대적으로 얻는 것이 적을 때에도 비용은 기하급수적으로 증가한다."[10] 따라서 '상대적으로 적게 얻는' 편의성이 정말로 중요하지 않는 한, 오히려 5단계에서는 부채에 대해 항상 유념해야 한다.

　세금은 5~6단계에서 지출보다도 더 중요한 부분이다. 유능한 회계사를 고용하고 세금과 관련된 결정에 신중을 기하면(예컨대 어디에 거주할 것인지, 자산을 언제 매각할 것인지 등) 최종 수익에 큰 차이를 만들 수 있다. 물론 세금은 누구에게나 중요하지만, 세금 실수로 인한 비용은 부의 단계가 높아질 때마다 10배로 불어날 수 있다. 특히 사후에 누군가에게 자산을 상속할 계획이 있다면 더욱 그렇다. 적절한 상속 계획을 미리 마련해두면 문자 그대로 수백만 달러를 절약할 수 있다. 세금에 관해서는 사람마다 각자 사정이 다르니 일반화하기 어렵지만 적절한 세무팀을 구성하면 5단계 이상에서는 그 비용을 상쇄하고도 남을 것이다.

　세금에 적용되는 이 원칙은 일반적인 재정적 삶에도 적용된다. 1,000만 달러 또는 그 이상의 부를 갖게 되면 재산을 늘릴 수 있는 끝없는 '기회'를 접하게 된다. 이때 당신의 부를 다음 세대에게 물려주고 싶다면 옆에서 중요한 재정 결정을 내릴 수 있게 도와주는 믿고 의지할 수 있는 전문가 집단을 꾸리는 것이 매우 중요하다. 당신의 목표는 상의할 수 있는 전문가 '집단'을 구성하는 것이다. 그러면 단 한 사람의 실수나 하나의 결정이 파국으로 이어질 일이 없을 것이다.

5단계에서 마지막으로 염두에 두어야 할 것은 법적 책임이다. 기본적으로 모든 것을 보장해주는 엄브렐라 보험umbrella insurance에 가입하라. 당신의 부동산에 혹시 누가 다칠 수 있는 장소는 없는지 검토하라. 혹시 공격성 있는 개를 키우고 있지는 않은가? 돈을 주고라도 훈련을 시켜라. 누군가를 물기라도 하면 값비싼 소송에 휘말리게 될지도 모른다. 이런 우려가 다소 황당해보일 수도 있지만 현실에서는 정말 상상하지 못했던 것들 때문에 문제가 발생하곤 한다. 특히 5~6단계에 있을 때는 더욱 그렇다. 왜냐하면 당신이 부자가 아닐 때는 위험하지 않던 것들이 부자가 된 후에는 위험 요인이 되기 때문이다. 안타깝지만 누군가 당신이 부자라는 것을 알게 되면 당신을 이용하려 들 수도 있다. 항상 이런 강박에 사로잡혀 사는 게 좋은 것은 아니지만, 앤디 그로브의 말처럼 "편집광만이 살아남는다."[11]

위험 요인을 제하고라도 5단계는 부의 사다리를 계속 오르는 것이 진정 가치 있는 일인지 진지하게 고민해야 하는 단계다. 소비적인 관점에서 볼 때, 당신은 이제 온 세상에서 할 수 있는 경험의 99%를 손에 넣는 게 가능해졌다. 세상에 5단계에서는 불가능하지만 오직 6단계에 이르러서야 구입할 수 있는 것이란 거의 없다. 그러니 이제 이런 질문을 던져야 할 때다. 잠재적인 손실을 고려하면서까지 그 1%를 꼭 얻어야 하는가? 이러한 맥락에서 왜 더 많은 것이 항상 더 나은 것은 아닌지, 그리고 왜 돈으로 세상과의 상호작용을 규정하면 안 되는지에 대해 알아보자.

目

　물질적인 것을 다 가졌다지만 위게트 클라크Huguette Clark는 생의 마지막 20년을 병원에서 보냈다. 하지만 병을 앓았던 것은 아니었다. 그는 코네티컷과 캘리포니아에 있는 자신의 저택에도, 뉴욕시 5번가에 위치한 세 채의 고급 아파트에도 살지 않았다. 자신을 돌보는 이들을 제외하면 가족이나 친구들과도 거의 교류하지 않았다. 위게트는 세상과의 문을 닫아 잠그고 철저하게 은둔 생활을 했다. 하지만 그가 항상 그랬던 것은 아니다. 위게트는 윌리엄 A. 클라크William A. Clark의 딸로 태어나 뉴욕시에서 성장했다. 아버지는 미국 상원의원이자 부유한 광산 재벌이었다. 학창시절, 위게트는 활발한 사교 생활을 즐겼다. 친구들과 자주 파티에 참석했고, 어머니와 오페라를 보러 다녔다. 주기적으로 미대륙을 가로질러 캘리포니아에 거주하는 친척들을 만나러 가기도 했다. 심지어 20대 초반에는 결혼도 했다. 비록 나중에 이혼을 하긴 했지만.

그러나 부모님이 세상을 떠나고 큰 재산을 상속받게 되자 그의 행동에 변화가 생겼다. 위게트는 친척들을 무시하기 시작했다. 친구들과의 교류도 중단했다. 외출을 멈추고 집에 틀어박혀 예술을 하는 데에만 몰두했다. 그리곤 결국 주변 사람들을 전부 불신하기 시작했다. 모두가 자신의 돈만 바란다고 생각했기 때문이다. 재산이 늘어날수록 사람들과의 관계는 더욱 시들어갔다. 위게트가 2011년 104세의 나이로 숨을 거뒀을 때, 그의 전 재산은 거의 3억 달러에 달했다. 위게트의 장례식에는 단 한 명의 가족도 참석하지 않았다.[12]

위게트 클라크가 자신의 막대한 재산 때문에 다른 사람들의 의도를 의심한 것은 어느 면에서 당연한 일이었지만, 그는 세상과 상호작용하는 방식을 오직 돈으로만 규정했다. 위게트의 삶은 물질적으로 풍족했을지 몰라도 돈 때문에 늘 악화되기만 했다.

우리는 부가 가져오는 긍정적인 측면은 금방 알아차리면서도 부정적인 면에 대해서는 잘 이야기하지 않는 경향이 있다. 우리가 부에 대해서 이야기할 때 돈은 항상 더 좋은 것이라는 가정이 암묵적으로 전제되어 있다. 그것은 현대 경제학의 기본적인 믿음이다. 경제학에서는 이를 '단조 선호monotonic preference'라고 하는데,

부의 사다리에 올라타라

이는 사람들이 좋아하는 무언가를 받게 되면 '언제나' 적은 것보다 많은 것을 더 선호한다는 의미다. 이를테면 당신이 사과를 좋아한다고 하자. 그러면 당신은 사과 하나보다 두 개를 더 선호할 것이다. 비용이 들지 않는다고 가정하면 하나보다는 언제나 둘이 더 낫다. 사과가 많으면 더 많이 먹을 수 있고, 남는 것은 팔거나 지역 푸드뱅크에 기부할 수도 있으니까. 뭐가 어찌 됐든 많은 게 더 좋은 법이다.

하지만 안타깝게도 많으면 많을수록 좋다는 이 이론은 부에는 적용되지 않는다. 물론 일반적으로 돈은 없는 것보다 있는 게 낫다. 1단계 사람들은 거의 언제나 5단계나 6단계가 되는 것을 더 좋아할 것이다. 가난에서 벗어나는 것은 좋은 일이다. 그러나 나는 어느 기준, 가령 4단계를 넘고 나면 부의 사다리를 더 높이 올라가는 것이 항상 더 낫다고는 생각하지 않는다. 오히려 삶의 어떤 분야에 있어서는 객관적으로 더 악화될 수도 있다. 5단계 이상에서 발견할 수 있는 부의 단점 중 몇 가지를 살펴보자.

신뢰의 상실

많은 부를 쌓아가면서 가장 힘든 점 중 하나는 주변인들에 대한 회의감이 높아진다는 것이다. 특히 당신의 재정 상태가 주변에 알려져 있다면 더욱 그렇다. 부는 다른 사람과의 관계를 변화시킬 수 있다. 그들이 당신에게 관심이 있는 건지 아니면 당신의 돈에 관심이 있는 건지 구분할 길이 없기 때문이다. 부유층을 전문적으로 상담하는 클레이 코크렐Clay Cockrell은 많은 고객들이 이 문제를 공통적으로 경험하고 있음을 알게 되었다.

> 나는 고객들로부터 항상 이런 말을 듣는다. "그들이 나한테서 뭘 원하는 걸까요?" 혹은 "나를 어떻게 조종하려는 걸까요?" 아니면 "돈 때문에 나와 친구로 지내는 걸 거예요."[13]

이런 불신감은 부자들이 친구, 데이트 상대와 거주 지역 등을 선택할 때 많은 영향을 끼친다. 초부유층을 대상으로 상담하는 임상 심리치료사인 폴 호크마이어Paul Hokemeyer는 CNBC와의 인터뷰에서 부유한 사람들도 물건처럼 대상화될 수 있다고 말했다. "그들의 인간관계는 그들이 어떤 사람인가보다도 다른 사람에게 무엇을 제공해줄 수 있느냐에 따라 규정됩니다."[14] 대인관계에서의 이러한 역학 변화는 그들이 왜 타인에 대한 신뢰를 잃을 수 있는지를 설명해준다.

이렇게 보면 부유한 이들이 왜 다른 부유한 사람들과 주로 어울리는지도 이해할 수 있다. 회계사이자 금융 전문가인 토마스 C. 콜리Thomas C. Corley는 그의 저서 『인생을 바꾸는 부자습관 *Rich*

Habits』에서 자수성가한 백만장자 177명을 인터뷰한 결과, 그들이 다른 부유하고 성공을 거둔 사람들과 가까워지는 경향이 있음을 발견했다.[15] 어찌 보면 당연한 일이다. 똑같은 부자라면 오로지 돈 때문에 자신과 친구가 되려는 게 아님을 알 수 있기 때문이다. 따라서 공통적인 가치관과 관심사만 있으면 보다 쉽게 진실한 인간관계를 맺을 수 있다.

오해는 말도록. 나는 가진 재산이 특정 수준에 이르면 사람들이 오직 돈 때문에 당신을 좋아할 거라고 말하는 게 아니다. 당신의 재정 상태가 만천하에 알려져 있다면 때로는 경계심을 발휘해야 할 필요가 있다. 부자가 되기 전부터 가까웠던 친구들이 소중한 이유도 여기에 있다. 그들은 당신의 돈 때문이 아니라 원래의 당신을 좋아한다는 사실을 알 수 있기 때문이다.

부유해지고 나면 타인의 동기를 다소 의심해야 하는 것은 사실이지만 그렇다고 그 정도가 너무 지나치지 않아야 한다. 돈 때문에 모든 인간관계가 망가진 위게트 클라크의 사례가 대표적이다. 부와 인간관계를 모두 유지하는 핵심적인 비결은 편집증과 신중한 태도 사이에서 균형을 잡는 것이다. 하지만 부의 모든 단점이 타인에게서 비롯되는 것은 아니다. 때로는 바로 당신의 내부에서 기인하기도 한다.

스트레스 증가

더 많은 부를 갈망하든 아니면 이미 가진 것을 지키려고 애쓰든, 돈은 스트레스의 근원이 될 수 있다. 이러한 스트레스는 당신의 웰빙과 정신건강에 영향을 미칠 수 있는데, 특히 부의 단계가 높을수록 그렇다. 예를 들어 한 연구논문에 따르면, 부와 정신건강의 관계는 선형적이 아니라 역U자 형태를 띤다. 즉 부가 많을수록 정신건강에 이로운 것은 사실이나 한계가 있다는 얘기다. 정점을 지나면 부는 오히려 평균적으로 정신건강을 '악화시켰다.' 따라서 최고점을 찍은 이후 정신건강이 도리어 악화되어 역U자 형태가 만들어진다. 논문의 저자들은 이러한 역U자 관계가 나타나는 이유에 대해 부유한 이들일수록 덜 부유한 이들보다 더 많이 일하고 더 많은 위험을 감수하기 때문이라는 이론을 세웠다. 그들의 설명에 따르면, "어떤 이들은 더 많은 부를 축적하기 위해 과로하거나 고위험 고수익 금융 상품에 투자했다."[16]

어느 시점이 되면 부의 증가는 더 이상 삶에 긍정적인 영향을 미치는 것이 아니라 오히려 부정적인 영향을 미칠 수 있다. 한때 세계 최고의 부자였던 윌리엄 밴더빌트William Vanderbilt는 조금 덜 부유한 이웃과 자신의 삶을 비교하며 이렇게 말했다.

그의 재산은 내 100분의 1도 안 되지만 인생의 진정한 즐거움을 나

부의 사다리에 올라타라

보다 더 많이 누리고 있다. 그의 집은 내 집만큼 비싸지는 않지만 그에 못지않게 안락하다. 그의 경주마 팀은 내 팀만큼이나 훌륭하고 그의 오페라 박스는 내 박스 옆에 있다. 그는 나보다 더 건강하고 아마 나보다 더 오래 살 것이다. 그리고 그는 자신의 친구들을 믿을 수 있다.

후에 밴더빌트는 세계 최고의 부자가 됨으로써 얻은 것은 불안감밖에 없다고 말했다.[17] 설령 당신이 세계 최고의 부자는 아닐지라도, 막대한 부로 인한 스트레스와 주변의 따가운 시선이 어떨지는 가히 상상이 갈 것이다. 나아가 우리 사회에 대한 책임감은 또 어떨까. 다른 사람들은 그토록 적게 가졌건만 나 혼자 이토록 많이 갖고 있다는 데 따른 죄책감? 이는 부의 사다리를 오르면서 직면할 수 있는 정신적 어려움이다. 하지만 부의 증가와 함께 늘어나는 스트레스를 견디는 데 성공하더라도, 때로는 개인적으로 더 가까운 곳에서 문제를 발견하기도 한다.

가족 역학의 변화

부를 쌓는 과정에서 가장 유념해야 할 마지막 사항은 바로 그 부가 당신의 가족에게 미치는 영향이다. 자원 분배와 공정성이 중

2 · 부의 사다리를 질주하는 6가지 전략

요한 5단계 이상일 경우에는 특히 더욱 그렇다. 예를 들어 당신이 성인 자녀 중 한 명을 재정적으로 지원해준다면 다른 성인 자녀들은 이를 어떻게 받아들일까? 당신의 형제자매가 경제적인 도움을 바라면 도와줄 것인가? 아니면 먼 친척은 어떤가? 무조건 지원해줄 것인가, 아니면 어느 정도 선을 그을 것인가?

위에서 말한 것들은 돈과 가족을 대하는 데 있어 경험하게 될 여러 가지 상황 중 몇 가지일 뿐이다. 이처럼 복잡한 인간관계에 대처하고 사랑하는 이들에게 올바른 가치관을 심어주는 것은 대단히 어려운 일이다.

이를테면 당신은 자녀들에게 가능한 많은 것을 해주고 싶을지도 모른다. 하지만 그렇게 했다가 그들에게 예기치 못한 방식으로 영향을 미칠 수도 있다. 가족 심리학자 수니야 S. 루타르Suniya S. Luthar와 카렌 다반조Karen D'Avanzo는 부유한 부모를 둔 아이들이 도심지에 사는 아이들에 비해 마약을 상용하거나 정신건강 문제를 겪을 가능성이 더 높다는 사실을 발견했다. 해당 연구에서 루타르는 다음과 같이 지적했다.

부유한 청소년은 여러 분야에서 유의미하게 높은 불안 수준과 심한 우울감을 보고했다. 또한 물질 사용률 역시 도심지역 학생들에 비해 유의미하게 높게 보고되었는데, 이는 담배와 알코올, 마리화나 및 기타 불법 약물의 사용 빈도 또한 한결같이 높음을 의미한다.[18]

부의 사다리에 올라타라

루타르와 다반조는 이러한 결과의 이유를 분석한 결과, 성취에 대한 압박과 고립감이 원인이었음을 밝혀냈다.[19]

많은 부를 쌓고 성공한 이들은 대개 자녀들도 성공하길 바란다. 하지만 이러한 기대는 부유한 자녀들에게 커다란 압박감으로 느껴질 수 있다. 이에 더해 부유한 개인들은 대부분 매우 바쁜 직업을 가지고 있어서 가족들과 시간을 많이 보내지 못하는 경향이 있다. 그 결과 부유한 가정의 자녀들은 부모로부터 신체적, 정서적으로 고립될 가능성이 더 높다. 이는 역설적인 상황으로 이어진다. 자녀들에게 더 나은 미래를 만들어주기 위해 열심히 일하는 사이 오히려 아이들을 방치하게 되는 것이다. 이처럼 부유한 청소년이 겪는 성취에 대한 압박과 고립감이 결합되면 정신건강 및 약물남용 문제가 발생할 가능성이 증가한다.

분명히 말해두지만, 이러한 결과는 고립감과 성취에 대한 압박이 '결합하여' 형성되는 것으로, 둘 중 하나만으로 문제가 발생하는 것은 아니다. 예를 들어, 이민자 1세대는 자녀들에게 성공에 대한 강한 압박감을 주는 것으로 유명하다. 그러나 이민자 자녀들은 미국 본토에서 태어난 아이들보다 약물남용 문제가 훨씬 덜하다.[20] 자녀들에게 성공해야 한다고 동기를 부여하는 것만으로는 문제가 되지 않는다. 중요한 것은 그 동기를 부여하는 맥락과 방식이다.

반면 무슨 일이 생기든 부유한 부모가 재정적으로 지원해주리

　　　　　　　2 · 부의 사다리를 질주하는 6가지 전략

라는 것을 아는 아이들은 동기와 의욕을 느끼지 못할 수도 있다. 어차피 엄마 아빠가 수표를 써줄 텐데 굳이 죽어라 노력할 필요가 있을까? 부는 교육과 삶의 경험이라는 측면에서 아이들을 훌륭하게 뒷받침해줄 수 있지만 동시에 열심히 일하려는 동기를 앗아갈 수 있다. 소위 "은수저는 종종 야망을 질식시킨다"라는 말처럼 말이다.

이러한 상황은 또한 특권의식으로 이어질 수도 있다. 언제나 부모에게서 원하는 것을 얻어낼 수 있는 자녀들은 세상에 나가서도 똑같은 것을 기대하게 된다. 이런 특권의식은 아이들에게 자신이 남보다 우월하다거나, 세상 모든 것을 쉽게 가질 수 있다거나, 자신에게는 규칙이 적용되지 않는다는 생각을 하게 만들지도 모른다. 그리고 이러한 믿음은 삶의 전반에 걸쳐 부정적인 결과를 가져올 수 있다.

이 같은 문제에 대한 해결책은 지원을 제공하는 것과 자립심을 키우는 것 사이의 균형을 맞추는 것이다. 그래야 자녀의 의욕을 저해하거나 특권의식이 가득한 버릇없는 아이로 만들지 않고 훌륭하게 성장시킬 수 있다. 그런데 도움을 주는 것과 자립심을 키우는 것 사이의 경계는 어디에 있는 걸까? 그런 걸 명확히 아는 사람은 아무도 없다.

나는 이 문제에 관한 한 워런 버핏의 열렬한 신봉자다. "아이들이 뭐든 할 수 있을 만큼 충분히 남겨주되 아무것도 할 수 없을 만큼 충분히 남겨주지는 마라."[21] 여기서 '충분히'라는 말은 해석의 여지가 있긴 하지만, 이상적인 재정적 지원이란 자녀들의 독립심을 해치지 않으면서도 성공할 수 있게 도울 수 있어야 한다.

가까운 친척 말고 먼 친척과도 금전적 문제 때문에 어색한 관계가 될 수 있다. 어쩌면 그들은 당신이 재정적으로 넉넉한 삶을 살고 있다는 것을 알면 돈을 대신 내주거나 도움을 요청했을 때 금전적인 도움을 줄 거라고 기대할지도 모른다. 나는 보통 이런 암묵적인 관습을 지지하는 편이지만 지원을 제공하는 것과 악용당하는 것 사이에는 미묘한 차이가 있다. 가끔 저녁식사를 대접하는 정도야 괜찮다. 하지만 가족의 개인 돼지저금통이 되는 것은 다른 얘기다. 가족 관계를 지키고 싶다면 어떤 경우에 재정적 지원을 해줄 것인지 기본적인 원칙을 세워라. 이런 문제에 관해 이야기하는 것이 쉽지 않지만 서로 속으로 원망을 품는 것보다는 터놓고 대화를 하는 편이 낫다.

마지막으로, 부의 사다리를 오르는 것은 종종 당신과 사랑하는 이들의 희생을 필요로 한다. 힘들고 바쁜 직업을 갖고 있다면 오랜 시간 일에 매달리다 보면 가족과 보내는 시간이 부족해질 수 있다. 사업을 시작하기로 결심하면 재정적으로 더 큰 위험을 감수해야 할 것이고, 당신의 배우자는 집안일을 더 많이 해야 할 것이다. 부의 사다리를 어떤 방식으로 오르든 더 크고 많은 것을 추구하다 보면 그에 따른 대가가 수반되기 마련이다. 그러므로 어떠한 대가를 치르게 될지 가족들과 논의해 적절한 기대치를 설정해두라. 그렇지 않으면 가족과의 관계가 악화되어 그들을 잃을 수도 있다. 더 나은 미래를 위해 희생하는 것과 현재의 삶 사이에 올바른 균형을 찾는 것을 목표로 삼아야 한다.

이런 상황을 해결할 수 있는 완벽한 방안은 없지만, 가장 해결책에 가까운 것은 효과적인 의사소통이다. 당신의 가치관과 가족의 부를 쌓기 위한 장기적인 계획에 대해 일찍부터 자주 소통한다면 사랑하는 이들과 올바른 기대치를 설정하는 데 도움이 된다. 가장 이상적인 것은 가족 모두 지금의 상황을 이해하고 충격을 받거나 원망의 감정을 품지 않는 것이다. 당연하지만 효과적인 의사소통이란 쌍방향이어야 한다. 가족 모두의 의견에 귀를 기울여라. 의견 차이가 생기면 솔직한 대화를 나눠라. 당신은 왜 다르게 생각하는지, 어떻게 그런 결론에 이르게 되었는지 설명해라. 그런 다음 상대방의 의견을 들어라. 그들의 말에 동의하지 않을지라도 기꺼이 귀를 기울이고, 가능한 것은 타협할 수 있어야 한다.

물론 이런 대화는 쉽지 않다. 감정이 격해지거나 서로 상처를 입힐 수도 있다. 하지만 기업가이자 투자자인 알렉스 홀모지Alex Hormozi의 말처럼, "당신이 원하는 삶은 여러 번의 힘든 대화 끝에 있다."[22] 가족을 갈라놓을 수 있는 금전적 갈등을 피하고 싶다면 너무 늦기 전에 대화를 나눠라. 중재할 수 있는 시기가 한참 지난

부의 사다리에 올라타라

후 해결되지 않은 가족 갈등이 다시 불거지는 것은 바라지 않을 테니 말이다.

어떤 방식을 택하든 돈과 가족처럼 복잡한 문제를 해결하는 것은 결코 쉬운 일이 아니다.

아이들을 응석받이로 만들지 않고, 그렇다고 방치하거나 압박감을 주지 않고 키우는 것은 정말이지 어려운 과제다. 친척들에게 도움을 주면서도 의존성을 갖지 않게 하는 것도 어려운 일이다. 미래에 초점을 맞추면서도 현재를 희생하지 않으려면 매우 미묘한 균형이 필요하다. 나는 이 모든 상황에 대해 어떤 해답도 갖고 있지 않지만 한 가지만은 분명하다. 돈은 인간관계를 강화하는 데 쓰여야지, 악화시키는 데 쓰여서는 안 된다.

당신의 부를 어떻게 관리하든 그건 당신의 몫이다. 그러나 오래도록 지키고 싶다면 사랑하는 이들이 적절한 기대치를 설정하게 하고 그들의 지지와 협조를 얻어야 한다. 물론 그렇게 한다고 돈과 관련된 갈등을 100% 철저하게 예방할 수는 없다. 하지만 적어도 가족의 부를 앞으로 여러 세대 동안 오래도록 보존할 수는 있을 것이다.

결론적으로 5단계를 성공적으로 헤쳐나가려면 사업의 규모를 확장하고 궁극적으로 매각할 방법을 찾아야 한다. 하지만 동시에 그 과정에서 발생하는 많은 재정적 및 비재정적 위험을 피해야 한다. 안타깝게도 이러한 재정 및 비재정적 위험들은 부의 사다리를 높이 오를수록 점점 더 불어날 것이다. 이에 대해서는 6단계에서 더 자세히 살펴보자.

부의 사다리 5단계 [사업 확장 전략]

필요 행동: 기존의 사업체를 매각할 것인지, 새로 창업할 것인지, 아니면 부의 사다리를 그만 오를 것인지 결정한다.

활용 기회: 여러 개의 사업체를 매각하거나 현 규모를 늘린다.

위험 요소: 과도하게 집중된 사업 지분, 개인 채무의 간과, 스트레스 증가, 신뢰의 상실, 가족 역학의 변화.

기본 자세: 편집광만이 살아남는다.

부의 사다리에 올라타라

09

부의 사다리 6단계
1억 달러 이상

자산 방어 전략

유산 = 행동 × 부

1888년 한 프랑스 신문이 알프레드 노벨Alfred Nobel의 부고 기사를 실었다. "인류 역사상 가장 많은 사람을 죽일 수 있는 방법을 발명해낸 알프레드 노벨 박사가 어제 사망했다."[1] 다만 한 가지 문제가 있었다. 알프레드 노벨은 아직 살아 있었다. 실제로 사망한 사람은 그의 형 루드비히Ludvig였는데, 실수로 알프레드의 부고 기사가 실린 것이다. 이 잘못된 기사는 노벨이 자신의 삶을 되돌아보는 계기가 되었다. 수년 전, 노벨은 극도로 위험한 폭발물인 니트로글리세린보다 안정화한 다이너마이트를 발명했고, 그 덕

에 부자가 되었다. 하지만 죽음과 파괴로 이익을 얻어 부를 쌓았다는 비난이 쏟아졌다.

노벨은 자신이 미래에 기억될 방식을 바꾸기로 결심했다. 1895년 11월 27일, 그는 파리에서 마지막 유언장에 비밀리에 서명했다. 1년 뒤 그가 세상을 떠나자 사람들은 노벨의 막대한 재산이 어떻게 분배될지 가슴을 두근거리며 기다렸다. 놀랍게도 그가 가족 친지에게 남긴 것은 비교적 적은 액수에 불과했다. 노벨의 재산 중 대부분이 그의 이름을 딴 다섯 개의 상을 만드는 데 기부되었다. 노벨의 가족은 더 많은 재산을 물려받기 위해 유언장에 이의를 제기했지만 수포로 돌아갔다. 모든 문제가 해결되고 노벨의 유산이 청산된 후 3,150만 스웨덴 크로나(2024년 달러 가치로는 1억 달러 이상)의 기금이 조성되었다.[2] 노벨상은 그렇게 탄생되었다.

알프레드 노벨의 이야기는 부의 사다리의 6단계와 관련해 많은 시사점을 안겨준다. 노벨은 그가 세상에 남길 유산에 대해, 그토록 많은 부를 지닌 사람으로서 져야 할 책임과 그 부가 주변 관계에 미칠 영향에 대해서 고민했다. 6단계에 관한 논의를 시작하기에 알맞은 출발점이 아닐 수 없다. 6단계는 돈을 더 많이 벌 수 있는 방법에 대해 고민할 필요가 없는 첫 번째 부의 단계이기 때문이다.

1억 달러와 10억 달러(또는 그 이상)를 보유하는 것에는 약간의 차이가 있긴 해도 소비라는 측면에서는 크게 다를 바가 없다. 일단 억 단위가 넘어가고 나면 더욱 큰 규모의 회사를 인수하고 다른 사람의 삶에 더 큰 영향을 미칠 수 있다. 그건 의심의 여지가 없는 사실이다. 그러나 개인용 비행기와 호화로운 고급 요트, 또는 전 세계 곳곳에 여러 채의 고급 저택을 갖고 싶은 게 아니라면 10억 달러로 살 수 있는 것 중 1억 달러로도 손에 넣지 못할 것은 거의 없다. 그러므로 6단계의 주된 목표는 더 많은 부를 얻는 것이 아니라 이미 갖고 있는 것을 지키는 것이 되어야 한다.

가진 것을 지키려면 나쁜 투자와 과소비, 그리고 잘못된 의사 결정을 경계해야 한다. 내가 5단계에서 했던 말은 6단계에서도 적용된다. 금융, 세무, 부동산 전문가들로 구성된 팀을 고용하라. 이런 전문가들을 옆에 두지 않으면 그들의 조언에 들어가는 비용보다 훨씬 비싼 실수를 저지를 수 있다. 그들은 문자 그대로 6단계에서 제값을 하는 서비스를 제공해준다.

이런 서비스가 필요한 이유는 부의 사다리를 높이 오를수록 재정적 삶이 더욱 복잡해지기 때문이다. 재산이 늘고 이를 관리하기 어려워질수록 재정 전문가는 더 큰 가치를 제공해줄 수 있다. 그러한 가치는 돈과 관련해 더 나은 결정을 내리고 실수가 줄어드는 형태로 나타난다.

나쁜 투자와 잘못된 결정으로부터 부를 지키는 것은 6단계에서 가장 기본적인 요건일 뿐, 시간이 지나면서 부를 잃을 수 있는 다른 요인에 대해서도 알아둬야 할 필요가 있다. 5단계와 마찬가

　　　　　　　2 · 부의 사다리를 질주하는 6가지 전략

지로 그러한 것들이 늘 금전과 관련된 사항은 아니다. 하나씩 차례대로 살펴보자.

불운한 결혼생활, 이혼

우리가 살면서 내리는 모든 결정 중에서도 배우자의 선택은 가장 중요한 결정일 것이다. 결혼은 단순히 서로 헌신하겠다는 낭만적인 약속이 아니라 재정적인 약속이기도 하다. 어쨌든 잘못된 배우자를 선택했다가 평생 번 돈의 절반을 날릴 수도 있으니 말이다. 아무리 많은 돈을 벌어도 결국 절반만 남는다면 기분이 좋을 리가 없다. 이혼은 부의 사다리의 어떤 단계에서든 경제적인 손실을 입히지만, 그중에서도 절대적으로 가장 높은 비용을 치러야 하는 것은 6단계에 있는 이들이다.

내가 올바른 배우자를 고르는 방법을 알려줄 수는 없다. 하지만 배우자를 소홀히 하는 것은 결혼생활은 물론 당신의 부를 위험에 처하게 하는 확실한 방법이다. 경제칼럼니스트인 모건 하우절Morgan Housel은 이렇게 말했다. "세계 최고의 부자 남성 10명이 총 13번의 이혼을 했으며, 10명 중 상위 7명은 최소 한 번 이상 이혼한 경험이 있다."[3] 이혼의 원인이 뭔지는 몰라도 세계 최고의 부자가 되기 위해 일한 것이 결혼생활에 도움이 되지는 않았으리라

부의 사다리에 올라타라

확신하는 바다.

그렇다면 그런 일을 겪지 않으려면 어떻게 해야 할까? 배우자를 이해해야 한다. 그리고 그보다 더 중요한 것은 자기 자신을 이해하는 일이다. 저명한 이혼전문 변호사인 제임스 J. 섹스턴[James J. Sexton]은 그의 저서『사랑을 유지하는 법[How to Stay in Love]』에서 이렇게 말했다.

> 나는 결혼을 비롯해 다른 헌신적인 관계가 근본적으로 다음 두 가지 이유 때문에 실패한다는 사실을 몇 번이고 거듭해서 체감했다.
> 1. 자신이 무엇을 원하는지 모른다.
> 2. 자신이 원하는 것을 표현하지 못한다.[4]

불운한 결혼생활로 파경을 맞는 모습을 수천 번이 넘도록 목격한 섹스턴의 경험에서 우러나온 말이다. 당신과 당신의 배우자 모두 서로가 원하고 필요로 하는 것을 알고 이해하는 것이 가장 중요하다. 성공적이고 장기적인 관계를 원한다면 그것이 가장 기본적인 필수 조건이다.

불행히도 당신과 파트너의 원하는 바를 모두 파악하는 것은 이론상으로는 쉬울지 몰라도 현실은 다르다. 첫째, 우리 중 많은 이들이 상대방과의 관계는 차치하고 자신의 삶에서 무엇을 원하는지 잘 알지 못한다. 둘째, 설사 자신이 원하는 것을 안다고 할

2 · 부의 사다리를 질주하는 6가지 전략

지라도 그러한 메시지를 상대방에게 정확하게 소통하는 것은 그 자체로 매우 어려운 일이다.

올바른 소통을 하지 못한 대가는 어마어마하다. 단순히 금전적인 부분만을 말하는 게 아니다. 그로 인해 치러야 할 감정적인 대가를 생각해보라. 오랜 기간 동안 함께했던 사람을 떠나보내는 것은 커다란 변화다. 때로는 이러한 변화가 상황을 개선하는 데 필수적일 수도 있지만, 그럼에도 불구하고 극도로 어려운 일임은 틀림없다. 특히 자녀가 있다면 더욱 그렇다.

이 같은 결과를 피하고 싶다면 열심히 노력해야 한다. 행복한 애정 관계를 쌓는 데 지름길 같은 것은 없다. 오로지 자기 자신과 파트너를 이해하는 데 시간을 투자할 때에야 큰 결실을 얻을 수 있다. 개인적인 삶과 재정적인 삶 양쪽 모두에서 말이다.

사생활을 철저하게 보호하라

5단계에서도 언급했듯이, 부가 늘어나면 법적 소송에 자주 휘말릴 각오를 해야 한다. 어떤 이들은 당신에게 돈이 있다는 사실을 알게 되면 뭔가를 얻어내려고 열렬히 달려들 것이다. 불행히도 그렇게 되면 당신은 법정에 서게 될 확률이 크다.

소송과 관련해 두 번째로 안타까운 점은 그 비용이 절대 저렴하지 않다는 것이다. 변호사비는 비싸기로 악명높고 시간당 수백, 수천 달러까지 들어간다. 사건이 복잡할수록 당신을 변호할 '여러 명'의 변호사를 고용해야 하고, 그러다 보면 어느새 여섯자리 수에 달하는 청구서가 날아올 수도 있다.

소송에 들어가는 비용이 이처럼 높다 보니 당신은 되도록 합의를 하고 싶을 것이다. 그리고 상대방도 이 사실을 잘 알고 있다. 100만 달러의 소송 비용을 치르고 승소를 거둘 것인가, 아니면 상대방에게 10만 달러를 주고 이 시련에서 벗어날 것인가? 도덕적인 승리를 거두는 것도 중요하지만 때로는 비용을 지불하고 넘어가는 편이 더 간단하다.

최선의 방법은 이러한 상황에 처하지 않는 것이겠지만, 6단계에 이르면 이 같은 사태에 대비해야 할 필요가 있다. 신뢰할 수 있는 법률팀을 구성하고 소송에 휘말릴 위험을 최소화하라. 음주운전은 절대로 하지 말고, 항상 적절한 보험에 미리 가입해두어라. 사생활을 철저하게 보호하라. 보통의 경우라면 전혀 문제시되지 않을 일들도 큰돈이 생기고 나면 위험 요소가 된다. 그리고 불행히도 그러한 위험들이 법정에서 폭로될 수도 있다. 그런 사태가 발생하기 전에 '미리' 예방하는 것이 6단계에서 당신의 부와 정신건강을 지키는 길이다.

설령 법적 분쟁을 막을 수 있더라도 6단계에서는 당신의 변화된 동기와 인식을 방어하기가 어려울 수 있다.

2 ▪ 부의 사다리를 질주하는 6가지 전략

부자보다 더 부자인 사람이 항상 있다는 것

부자가 되는 데 따른 또 다른 단점은 굳이 필요하지 않는데도 더욱 번창해야 한다는 생각에 좌우된다는 것이다. 역사는 이러한 사례들로 수없이 채워져 있고, 그중 일부는 결국 비극적인 결말로 끝났다. 아내 게이^{Gaye}와 함께 빅토리아시크릿을 창립한 로이 레이먼드^{Roy Raymond}도 그 중 한 명이었다. 빅토리아시크릿은 매우 성공적인 회사였지만 1982년에 어려운 시기를 맞으면서, 결국 레이먼드 부부는 회사를 100만 달러에 매각해야 했다. 2024년 달러 시세로 계산하면 330만 달러에 해당하는 금액이다. 만일 그들이 당시에 10년 만기 미국 국채를 구매했다면 그 후 10년간 아무 위험도 없이 연 13% 수익을 올릴 수 있었을 것이다. 오늘날의 가치로 환산하면 세전 이자소득만 연 40만 달러 이상이다.

그들은 다시 사업에 도전하기로 결심하고 대부분의 돈을 다음 사업에 쏟아부었다. 마이 차일드 데스티니^{My Child's Destiny}라는 이름의 이 회사는 고급 아동용품을 판매했다. 하지만 안타깝게도 이 콘셉트는 성공하지 못했고, 회사는 2년도 안 돼 파산을 신청했다. 뿐만 아니라 레이먼드 부부는 회사의 법인 설립 절차를 제대로 밟지 않아 개인적으로 손실에 대한 책임까지 져야 했다. 그 결과 샌프란시스코와 레이크 타호에 있는 그들의 저택까지 다른 자산과 함께 압류되었으며, 파산으로 인한 스트레스 때문에 부부

부의 사다리에 올라타라

는 결국 이혼에 이르렀다.

이러한 실패에도 불구하고 로이 레이먼드는 포기하지 않았고, 크게 성공하고야 말겠다고 단단히 마음먹었다. 그 후로 수년 동안 그는 다양한 사업을 시도했으나 아무것도 성공하지 못했다. 연이은 사업 실패와 쌓여가는 재정적 어려움으로 로이는 우울증에 빠졌다. 1993년 국세청이 그의 소득에 압류권을 행사한 지 불과 3일 후, 로이 레이먼드는 금문교에서 몸을 던졌다.[5]

로이 레이먼드는 6단계에 도달하지 못했다. 그의 일화는 이미 충분히 부유한데도 불구하고 끝없이 더 많은 것을 추구하는 것에 대한 위험을 경고한다. 1982년 미국에는 47만 5,000명의 백만장자가 있었다.[6] 로이 레이먼드는 그 중 한 명이었다. 당시 미국 인구가 약 3,000만 명이었다는 사실을 고려하면 레이먼드는 상위 0.2퍼센트에 속하는 부자였다. 하지만 그것만으로는 그에게 충분하지 못했다. 나는 로이 레이먼드가 왜 거기서 만족하지 않고 더 많은 것을 바랐는지 알지 못한다. 그저 그가 부자가 되었다는 것에서 멈추지 못했다는 것만 알 뿐이다.

부의 사다리를 오르는 데 있어 한 가지 문제점은 높이 오르면 오를수록 더 부유한 이들을 만나게 된다는 것이다. 그중 일부는 심지어 당신보다도 더 부유하다. 당신은 그들을 친구나 당신이 속한 고급 클럽, 아니면 새로 이사 간 동네에서 만나게 될 것이다. 당신보다 부유한 이들은 어디에나 있다. 마침내 그들을 만

2 · 부의 사다리를 질주하는 6가지 전략

났을 때, 당신은 어떤 기분이 들까? 기쁠까? 글쎄, 솔직히 과연 그럴지 의심스럽다. 당신은 자신도 모르게 자신이 별로 부유하지도 않고 크게 성공한 것 같지도 않은 느낌을 받을 것이다. 사실은 전혀 그렇지 않은데도 말이다. 이를 상대적 박탈감이라고 하는데, 이미 수십 년 동안 연구된 개념이기도 하다. 작가인 미샤 솔Misha Saul은 어떻게 상대적 박탈감을 느끼게 되는지 다음과 같이 설명했다.

돈, 지성, 미모, 체스, 양궁 등 '어떤' 면에서든 평균에서 크게 벗어난 아웃라이어일수록 바로 위나 아래에 있는 이들과의 격차는 더욱 커진다. 만일 당신의 자산 수준이 중윗값이라면 의미상 그와 같은 사람이 많다는 뜻이다. 따라서 주변과의 격차도 그리 크지 않다. (68%가) 평균에서 표준편차 1 이내, 즉 종형 곡선의 중앙에 있는 높은 언덕에 존재한다. 그렇다면 이제 오른쪽으로 눈을 돌려보자. 최고 부자와 다른 부유한 이들 사이의 격차는 엄청나다.
《포브스》의 최신 명단에 따르면, 1위와 100위의 재산 격차는 약 2,000억 달러다. 반면 100위와 200위의 격차는 약 70억 달러에 그친다. 10억 달러 구간에는 말 그대로 수백 명이 있다. 평균에 가까울수록 더 많은 사람들이 몰려있다.[7]

부의 세계에서 이러한 격차는 꼭대기층에서 가장 극명해진다.

실력이든 운이든 당신보다 아주 약간 더 성공한 사람이 당신보다 훨씬 더 부유해질 수 있는 이유도 이 때문이다. 그러다 보니 당신도 따라잡아야 한다는 생각이 들 수도 있다. 부는 필요 이상으로 사람의 인식을 왜곡시킨다.

이런 상황에서 자유로울 수 있는 사람은 아무도 없다. 심지어 워런 버핏의 오랜 파트너인 고故 찰리 멍거Charliie Munger마저도 더 많은 부를 쌓지 못한 것이 후회스럽다고 말했다. 세상을 떠나기 몇 주일 전인 2023년 11월, CNBC 진행자 베키 퀵Becky Quick과의 인터뷰에서 멍거는 이렇게 말했다.

멍거: 그렇게 만족하진 않습니다. 조금만 더 똑똑했다면, 더 빨리 행동했더라면 더 잘할 수 있었을 테니까.

퀵: 무슨 말씀이세요? 당신은 인생의 모든 부분에서 성공했잖아요. 어떤 부분을 바꾸고 싶은데요?

멍거: 음, 그런 건 아닌데, 수십 억 달러가 아니라 수조 달러를 벌었을 수도 있으니까요.

퀵: 그런 생각을 자주 하시나요? 이러이러한 걸 다른 식으로 했다면 좋았을 것 같다고요?

멍거: 네, 생각합니다. 그래요, 그런 생각을 하지요. 내가 충분히 똑똑하지 못해서, 충분히 열심히 일하지 못해서 잃을 뻔했던 것에 대해서도요.[8]

멍거는 당대 최고의 지성인이자 가장 성공한 사업가로 인정받았지만 그런 그조차도 가진 것에 만족하지 못했다.

부는 흥미로운 방식으로 우리의 인식을 왜곡하고 동기를 변화시킨다. 심지어 누가 봐도 객관적으로 성공한 이들조차 자신이 성공했다 느끼지 못하게 한다. 이러한 부의 악영향에 대항하고 싶다면 자신이 누구이고, 무엇을 중요하게 여기는지를 늘 기억해야 한다. 자신과 돈을 동일시하는 것이 아니라 가진 돈을 즐길 수 있는 방법을 찾는 것이 궁극적인 목표가 되어야 한다. 그것이 바로 자기 자신으로부터 부를 지키는 길이다.

어떤 유산을 남길 것인가?

재정적, 그리고 비재정적 위험으로부터 부를 지키는 데 성공한다면, 다음 단계는 미래에 어떠한 유산을 남길지 고민하는 것이다. 결국 자신이 어떤 영향력을 발휘할 수 있을지 숙고하지 않는다면 6단계에 도달해 '영향력의 자유'를 누리는 의미가 어디 있단 말인가? 자메이카의 세계적인 레게 가수 밥 말리Bob Marley는 이런 말을 했다. "어떤 이들은 어찌나 가난한지 가진 게 돈밖에 없다." 그런 사람이 되지 마라.

대신 당신이 가진 자원을 활용해 어떤 영향력을 발휘할 수 있을지 생각해보라. 세상을 어떻게 바꾸고 싶은가? 어떤 분야에 열정을 가지고 있는가? 어떤 문제를 해결하는 것을 돕고 싶은가? 어쩌면 그런 문제를 해결하는 것이 불가능할지도 모르지만, 분명 그렇지 않다! 알프레드 노벨은 2억 달러의 재산으로 세상을 더 나은 곳으로 변화시켰다. 노벨 같은 부자는 아닐지 몰라도 당신의 부 역시 생각보다 훨씬 큰 영향력을 미칠 수 있다.

자다브 몰라이 파잉Jadav Molai Payeng의 이야기를 아는가? 파잉은 인도 동북부 출신의 환경운동가로, 후에 '몰라이 숲'이라고 알려진 곳을 홀로 복구해낸 인물이다. 그가 처음 그 일에 착수한 것은 1979년의 일이었다. 야생동물의 사체로 뒤덮인 황량한 모래톱을 발견한 그는 다시 동물들이 서식할 수 있는 곳으로 만들기 위해 손수 대나무를 심기 시작했다. 그때 파잉은 겨우 열다섯 살이었다. 그는 그 뒤로 30년 동안 계속해서 나무를 심었다. 2014년이 되자 한때 황량했던 모래톱은 1,300에이커에 달하는 울창한 숲으로 변모했다.[9] 변화를 만들겠다는 파잉의 다짐이 그 모든 것을 만들어낸 것이다.

자다브 파잉은 6단계의 부를 갖고 있지 않았다. 아니, 그 근처에도 가지 못했다. 하지만 그는 주변 세상을 바꾸고 싶다는 열망을 품었고, 그 결심을 실현하기 위해 엄청난 행동을 실행으로 옮겼다.

우리가 세상에 남기는 유산이란 결국 우리가 해낸 일이다. 돈

은 그저 그것을 증폭시킬 뿐이다. 이를 수식으로 표현하면 다음
과 같다.

유산 = 행동 × 부

당신은 후대에 어떤 유산을 남기고 싶은가? 당신의 자원을 거
기에 어떻게 기여할 것인가? 이 질문은 부의 어떤 단계에 있든
대답할 수 있지만, 부의 단계를 높이 오를수록 무거운 의미를 갖
는다.

부를 쌓는 것만큼이나 중요한 함정 피하기

부는 독립성과 기쁨, 자유를 가져다줄 수 있다. 동시에 불안과 분
열, 냉소주의의 근원이 될 수도 있다. 부의 의미는 당신이 돈을
얼마나 갖고 있는지에 따라 달라질 수 있다. 안타깝게도 가진 것
이 많다고 무조건 더 좋은 것은 아니다. 그러므로 부의 사다리를
더 높이 올라가기 전에 스스로에게 물어보라. 그럴 가치가 있나?
목적이 수단을 정당화할 수 있을까?

돈은 더 나은 삶을 위한 도구가 될 수도 있고 불행한 삶에 갇
히게 하는 감옥이 될 수도 있다. 다른 이들을 믿지 못하고 소송에
휘말릴 수도 있다. 동기가 달라지고 가족들과의 관계도 변화한

부의 사다리에 올라타라

다. 이 모든 것이 삶을 불안으로 가득 채우게 할지도 모른다. 그렇게 된다면 아무리 많은 돈을 벌어봤자 아무런 가치도 없을 것이다. 물론 그런 문제를 겪는 이들에게 회의적이고 연민을 느끼지 못하는 심정도 이해한다. 내가 지금 하는 말도 쓸데없이 왕왕거리는 소리처럼 들릴지 모른다.

하지만 이런 '배부른 문제'를 언급하는 것은 부유한 사람들을 불쌍히 여기라는 것이 아니라 그런 함정을 피할 수 있게 돕기 위해서다. 부의 사다리를 오를수록 삶이 피폐해진다면 무슨 의미가 있겠는가? 부의 부정적 측면을 피하는 것은 부를 쌓는 것만큼이나 중요하다.

부의 사다리 6단계 [자산 방어 전략]

필요 행동: 이미 가진 것을 지켜야 한다. 비금전적인 것, 즉 인간관계나 건강처럼 돈으로도 살 수 없는 것에 초점을 맞춘다.

활용 기회: 자신의 영향력과 유산에 대해 고민한다.

위험 요소: 이혼, 소송, 동기의 변화, 지나친 위험 감수.

기본 자세: 유산 = 행동 × 부

10

부의 사다리를 오르는 데
얼마나 걸릴까?

1950년 미국의 생물학자 커트 리히터Curt Richter가 수행한 실험은 희망과 기대에 관한 우리의 인식을 완전히 바꾸어 놓았다. 리히터는 작은 물탱크 안에 쥐떼를 풀어놓고 익사하기까지 얼마나 걸리는지를 기록했다. 일반적으로 쥐들은 약 15분쯤 헤엄치다가 단념했다. 하지만 리히터는 실험에 약간의 변형을 가했다. 쥐가 빠져 죽기 전에 구한 다음, 휴식을 취하게 한 후 다시 물탱크에 집어넣은 것이다. 그는 그렇게 '구해진' 쥐들이 희망을 잃고 익사하기까지 약 60시간 동안 헤엄을 치며 버틴다는 사실을 발견했다.[1]

부의 사다리에 올라타라

리히터의 실험은 기대가 우리의 행동에 얼마나 큰 영향을 주는지를 보여준다. 물에 빠진 쥐처럼, 우리는 앞에 놓인 일이 불가능하다고 생각하면 빠르게 단념한다. 하지만 앞으로 나아가는 것이 가능하다고 믿는다면 한계를 생각보다 훨씬 더 멀리 넘어설 수 있다.

부의 사다리에서도 비슷한 맥락이 적용된다. 사다리를 오르는 여정을 시작하기 '전에' 당신이 무엇을 해낼 수 있을지 미리 생각해보라. 그러한 맥락을 정해두지 않으면 너무 일찍 포기해버릴지도 모르기 때문이다. 부의 사다리를 오르는 데에는 얼마나 걸릴까? 1단계에서 2단계로 오르는 것이 2단계에서 3단계로 오르는 것보다 더 쉬울까? 수십 년 안에 몇 단계나 오를 수 있을까?

이 장에서는 그러한 질문들에 대한 답을 얻을 수 있다. 어떤 전략을 활용할지 아는 것은 전투의 절반에 불과하다. 나머지 절반은 인내심을 발휘해 결실을 맺는 데 있다. 계획을 꾸준히 이어나가지 못한다면 이 책에서 제시하는 어떤 아이디어도 효과를 발휘하지 못한다. 부의 사다리를 오르는 데 보통 얼마나 걸리는지 안다면 앞에 놓인 여정에 대해 충분한 각오를 다질 수 있을 것이다. 주류 금융 매체들은 20~30대에 부자가 되는 것이 정상이라고 당신을 세뇌하려 들지만 다행히 우리에겐 그렇지 않다는 사실을 입증할 수 있는 데이터가 있다.

부의 단계에 따른 연령 분포

먼저 부의 사다리에서 각 단계별 가구의 일반 연령을 알아보자. 2022년 소비자금융조사에서 부의 사다리의 각 단계에 따른 미국 가구의 중위 연령(50백분위수)을 살펴보면 다음과 같다.[2]

부의 단계	50백분위수 연령
1단계 (1만 달러 이하)	42세
2단계 (1만~10만 달러)	44세
3단계 (10만~100만 달러)	54세
4단계 (100만~1,000만 달러)	62세
5단계 (1,000만~1억 달러)	64세
6단계 (1억 달러 이상)	66세

이 데이터에서 가장 먼저 눈에 띄는 점은 부의 단계가 올라갈수록 중위 연령도 덩달아 상승한다는 것이다. 이는 시간이 부의 축적에 미치는 영향을 말해준다. 고연령 가구는 저연령 가구보다 저축과 투자를 할 수 있는 시간이 많았기 때문에 나이 많은 가구가 더 많은 부를 쌓았으리라는 사실을 쉽게 예측할 수 있다. 데이터에서도 볼 수 있듯이 실제로도 그렇다.

또 다른 주목할 점은 1단계의 중위 연령이 42세라는 것이다. 왜 이렇게 연령이 높은 걸까? 그 이유는 1단계가 부의 사다리의 기본, 즉 많은 이들이 재정적 삶을 시작하는 곳이기 때문이다. 안타깝게도 일부는 이곳을 벗어나지 못한다. 연령이 부의 축적과 양의 상관관계를 지니긴 해도 이건 그저 수치적 평균일 뿐이다.

이 데이터에서 또 주목할 점은 일반적으로 부유층에 대해 갖고 있는 몇 가지 신화를 깨트린다는 것이다. 금융 매체들이 즐겨 말하는 것과 달리 4단계 가구의 중위 연령은 30~40대가 아니라 62세이다. 즉 모든 백만장자의 절반은 이 나이보다 젊고 나머지 절반은 나이가 더 많다는 얘기다.

하지만 얼마나 젊은 걸까? 각 부의 단계별로 가구 연령의 다른 백분위수를 살펴보면 알 수 있다. 예를 들어 각 부의 단계에서 10백분위수의 연령을 조사하면 해당 단계에서 가장 젊은 10% 가구의 연령대를 알 수 있다. 25백분위수 연령의 경우도 같은 방법을 사용할 수 있다.

다음 페이지의 표에서 각 부의 단계별 10백분위수와 25백분위수 연령, 그리고 비교를 위한 50백분위수 연령을 확인해보자. 이 표를 살펴보면 부의 사다리를 오르는 데 시간이 얼마나 오래 걸리는지 더 잘 이해할 수 있다. 가령 4단계에 해당하는 미국 가구의 10%가 43세 이하이고, 25%는 51세 이하이다. 즉 미국의 백만장자 가구 중 50세 미만은 4가구 중 1가구도 되지 않는다는 얘기다.

4단계보다 더 많은 부를 가진 5~6단계에서는 이러한 모습이 더욱 두드러지게 나타난다. 그만한 수준의 부를 쌓는 것은 결코

2 · 부의 사다리를 질주하는 6가지 전략

부의 단계	10백분위수 연령	25백분위수 연령	50백분위수 연령
1단계 (1만 달러 이하)	23세	30세	42세
2단계 (1만~10만 달러)	26세	32세	44세
3단계 (10만~100만 달러)	32세	40세	54세
4단계 (100만~1,000만 달러)	43세	51세	62세
5단계 (1,000만~1억 달러)	46세	56세	64세
6단계 (1억 달러 이상)	50세	60세	66세

쉬운 일이 아니기 때문에 5~6단계에 도달하는 데에는 당연히 더 오랜 시간이 걸린다. 6단계에 있는 미국 가구 중에서 50세 이하가 10가구 중 1가구에 불과한 것은 바로 이런 이유 때문이다. 그렇다면 부를 쌓는 능력이 가장 탁월한 이들은 어떨까? 각 부의 단계에서 볼 수 있는 가장 젊은 연령은 몇 살일까? 이를 확인하기 위해 부의 단계에 따른 미국 가구의 1백분위수 연령을 알아보자.

다음의 수치는 각 부의 단계에서 가장 나이 어린 1% 가구의 연령을 표기한 것이다. 다시 말하지만 1단계에서 이 통계는 의미가 없다. 1단계는 모두가 시작하는 기본 단계이기 때문이다. 즉 1단계의 19세는 단순히 해당 조사에 임한 가장 젊은 가구를 나타낼 뿐이다. 2단계 역시 1단계만큼은 아니지만 마찬가지다.

그러나 각 단계의 1백분위수 연령은 부의 단계가 오를수록 중요한 의미를 갖는다. 예를 들어 4단계에서 30세 이하는 1%다. 다

부의 사다리에 올라타라

부의 단계	1백분위수 연령
1단계 (1만 달러 이하)	19세
2단계 (1만~10만 달러)	21세
3단계 (10만~100만 달러)	23세
4단계 (100만~1,000만 달러)	30세
5단계 (1,000만~1억 달러)	32세
6단계 (1억 달러 이상)	36세

시 말해 30세 이하 가구는 굉장한 아웃라이어이며, 미국에서 4단계에 도달할 수 있는 가장 어린 나이를 의미한다. 물론 서른이 되기 전에 4단계에 도달한 가구도 존재하겠지만 이들은 심지어 1%도 되지 않는다.

연령에 따른 부의 분포

이제까지 부의 단계 내에서의 연령 분포를 살펴보았다면, 이번에는 연령에 따라 부의 단계가 어떻게 분포되어 있는지 알아보자. 그렇지 않으면 서로 다른 연령대 집단의 규모의 차이만을 반영하는 셈이기 때문이다. 예를 들어 이 데이터에 30대보다 60대 가구가 더 많다면 연령이 '높게' 편향된 결과가 나타날 것이다. 이를

2 · 부의 사다리를 질주하는 6가지 전략

통제하려면 각 연령대 집단 '내에서' 부의 단계가 어떻게 나타나는지 분석해야 한다. 다음 표는 미국 가구를 대상으로 연령대별로 각각의 부의 단계가 어떻게 분포되어 있는지를 대략적으로 나타낸 것이다. 가로 행의 퍼센티지를 모두 합산하면 100이며, 이는 해당 연령대의 모든 가구가 포함되어 있음을 의미한다.

가구 연령	1단계 (1만 달러 이하)	2단계 (1만~ 10만 달러)	3단계 (10만~100만 달러)	4단계 (100~1,000만 달러)	5단계 (1,000만~ 1억 달러)
20~29세	39%	36%	24%	1%	<1%
30~39세	22%	28%	45%	5%	<1%
40~49세	17%	22%	46%	14%	1%
50~59세	15%	15%	46%	22%	2%
60~69세	13%	17%	43%	25%	2%
70세 이상	10%	15%	50%	23%	2%

위에서 보다시피 미국의 부는 대부분 3단계에 집중되어 있는 경향이 있다. 다만 그럼에도 여전히 연령대에 따라 차이가 있다. 예를 들어 미국 20대 가구의 39%가 1단계에 속해 있는 반면 70대 이상 가구 중 1단계에 있는 이들은 10%에 불과하다. 60대 가구의 경우에는 4단계에 속한 가구가 4가구 중 1가구 꼴이지만 20대 가구는 100가구 중 1가구에 그친다. 이는 연령대가 높은 가구

부의 사다리에 올라타라

가 부가 적은 경우는 드물지만 젊은 가구가 부가 많은 경우는 그보다 더욱 드물다는 사실을 암시한다. 70대가 되어야만 노동의 결실을 즐길 수 있다는 얘기가 아니다. 다만 20대에 그런 것을 기대하지는 말라는 의미다.

궁극적으로 이 데이터는 부를 쌓는 데 시간이 얼마나 중요한 요소인지를 보여준다. 재정적 삶에서 큰 변화를 일구고자 할 때는 간과하기 쉽지만 반드시 이 사실을 마음에 새겨두기 바란다. 부의 사다리에서 4단계보다 높은 곳에 있는 가구의 일반적인 연령은 60대인데, 왜 자신이 30대나 40대에 거기 도달할 수 있으리라 생각한단 말인가? 극단적인 행동을 취하지 않는 한 극단적인 결과를 기대해서는 안 된다. 그리고 젊었을 때 부의 사다리에서 높은 단계에 도달하지 못하는 것은 아무 문제가 되지 않는다.

부의 사다리의 목표는 가능한 빨리 오르거나 최종적으로 꼭대기에 도달하는 것이 아니라 거기까지 가는 여정을 즐기는 것이다.

그런데 그러한 여정은 보통 얼마나 걸릴까? 부의 사다리를 오르기 위해서는 몇 년이나 필요할까? 둘 다 좋은 질문이지만 지금껏 살펴본 데이터로는 이에 대한 답을 얻을 수가 없다. 이 책에서 내가 주로 사용한 데이터는 연방준비제도이사회의 소비자금융

조사^{SCF}이다. SCF는 3년마다 미국 가구의 재정 현황을 조사한다. 미국 가구의 부의 전체적인 변화를 살펴보는 데는 유용하지만 각 가구의 개별적인 부가 시간에 따라 어떻게 변화하는지 상세하게 파악하기는 어렵다. 문제는 SCF가 각 조사마다 서로 '다른' 가구 표본을 사용한다는 것이다.

시간의 경과에 따른 부의 축적을 올바르게 분석하려면 당연히 각 조사 때마다 '동일한 가구 표본'을 추적해야 한다. 이를 '패널 데이터'라고 하는데, 동일한 대상을 다양한 기간 동안 추적해 기록하는 데이터를 말한다. 다행히도 그러한 데이터를 수집하는 곳이 있다. 바로 소득 역동성 패널 연구^{PSID}다. PSID는 미국 가구와 가구 자산에 관해 가장 오랫동안 운영되어 온 패널 데이터 중 하나다. 해당 조사가 시작된 것은 1968년이지만, 포괄적인 자산 데이터는 1984년부터 조사되기 시작해 2021년까지 이어지고 있다 (2024년 중반 기준). 덕분에 우리는 1984년부터 2021년까지의 동일한 가구가 시간의 경과에 따라 부의 사다리를 어떻게 상승했는지에 관해 살펴볼 수 있다.[3]

10년 후 가구의 부는 어떻게 변화할까?

이를 위해 PSID 데이터에 있는 모든 가구의 부의 단계를 식별

부의 사다리에 올라타라

하고, 데이터가 존재하는 각 연도의 10년 후의 부의 단계를 다시 조사했다. 즉 1984년과 1994년 데이터를 비교하고, 그다음에는 1989년과 1999년 데이터를 비교했으며, 이러한 과정을 2011~2021년까지 계속 반복했다.

그런 다음 이러한 자료를 바탕으로 모든 10년의 기간 동안 부의 단계가 변동한 가구의 비율을 계산했다. 여기에는 10년 후에 부의 단계가 상승하거나 하락하거나, 또는 같은 부의 단계에 머무른 가구까지 전부 포함된다. 모든 분석은 인플레이션을 반영한 2021년 달러 가치로 환산되었다. 다시 말해 단순히 미국 달러의 가치 하락이 아니라 시간에 따른 구매력의 '실질적인' 변화를 반영하고 있다는 의미다. 마지막으로 PSID의 자산 데이터는 1984년~2021년의 데이터를 포함하고 있어 다양한 경제 환경에서의 부의 변화를 분석할 수 있다.

이러한 목적으로 데이터를 요약하여 다음 페이지에 있는 자산 이동성에 관한 표를 구성했다. 표에 1~5단계만 포함한 이유는 6단계 가구가 매우 드물어 PSID 데이터에 존재하지 않기 때문이다. 표를 보는 방법은 다음과 같다. 먼저 왼쪽 열에서 '시작'한 부의 단계를 선택한 다음, 위쪽 행에서 '최종' 부의 단계를 찾는다. 그런 다음 행과 열이 만나는 지점의 수치를 확인한다. '시작' 부의 단계에 있던 가구 중 10년 후 '최종' 부의 단계에 도달한 가구의 비율을 알 수 있다.

예컨대 다음 표에서 부의 사다리 1단계(1만 달러 이하)에서 10년 후 2단계(1만~10만 달러)에 도달한 가구는 약 30%다. 3단계(10만~100만 달러)에서 시작한 가구 중 10년 후에 4단계(100만~1,000만 달러)에 도달한 가구는 약 17.5%다. 이런 식으로 찾아보면 된다. 각 행의 백분율을 모두 더하면 100이며, 이는 특정한 부의 단계에서 시작하는 모든 가구를 의미한다.

		최종 부의 단계(10년 후)				
		1단계	2단계	3단계	4단계	5단계
시작 부의 단계	1단계	46%	30%	22%	2%	N/A
	2단계	17%	38%	44%	1%	N/A
	3단계	2.9%	7%	72%	18%	0.1%
	4단계	1%	1%	23%	72%	3%
	5단계	N/A	N/A	4%	41%	55%

이 데이터에서 몇 가지 눈에 띄는 점이 있다. 첫째, 대부분의 가구가 시간이 지난 후에도 '동일한' 부의 단계에 머무른다. 표를 대각선으로 보면 이 사실을 확인할 수 있다. 이를테면 1단계에서 시작한 가구 중 46%가 10년 후에도 1단계에 머물러 있고, 2단계의 가구들 역시 37.5%가 여전히 2단계에 머무른다. 대각선에 있는 숫자들은 2단계를 제외하고 모든 행에서 가장 높은 비율인데,

부의 사다리에 올라타라

2단계의 경우에는 10년 후에 같은 단계에 머무르기보다는 3단계로 이동할 가능성이 더 높다. 그 외 대부분의 사람들은 10년 후에도 처음 시작했을 때와 동일한 부의 단계에 머무를 가능성이 높다는 사실을 알 수 있다.

또 다른 눈에 띄는 점은 부의 사다리의 중간 단계보다 상위 단계와 하위 단계에서의 이동성이 더 높다는 것이다. 예를 들면 3단계의 경우에는 72.5%가 10년 뒤에도 3단계에 머무른다. 마찬가지로 4단계에서도 72%가 10년 뒤에도 같은 위치를 유지하고 있다. 이는 즉 일단 3~4단계에 도달하고 나면 여기서 벗어나기가 어렵다는 사실을 암시한다.

그러나 부의 사다리의 아래쪽, 또는 꼭대기에 가까운 곳에 있는 가구들은 다르다. 여기서는 상향이든 하향이든 다른 단계로 이동할 가능성이 더 높다.

하향 이동성 이야기가 나와서 하는 말인데, 마지막으로 주목할 점은 하향 이동할 가능성이 가장 높은 단계 또한 부의 사다리의 꼭대기 가까이에 있다는 것이다. 10년 사이에 아래 단계로 내려갈 가능성이 가장 높은 이들은 4~5단계다. 5단계의 41%가 10년 후 4단계로 하락했고, 4단계의 경우에는 23%가 3단계로 이동했다. 이번에는 2단계 또는 3단계에서 시작한 가구들을 비교해보자. 3단계 가구 중 10년 후 2단계로 이동한 비율은 7.3%에 불과하며, 2단계에서 1단계로 하락한 가구는 17.3%다.

이처럼 막대한 부를 창출하는 데 도움이 되었던 매커니즘이 그것을 파괴할 수도 있음을 수치는 가리킨다. 일리 있는 일이다. 4~5단계에서 부는 투자에 집중되어 있고, 투자는 가치의 변동이 극심한 영역이다. 그러므로 투자 자산의 가치가 급락하면 부의 단계도 하락할 수 있다.

20년 후 부의 단계는 어떻게 변화할까?

10년이라는 기간을 20년으로 늘려보면 어떨까? 부의 단계의 이동성이 더 증가할 것인가? 대답은 '그렇다'이다. 위의 표를 20년이라는 기간으로 다시 작성해보면 다음과 같다.

10년 단위로 작성한 표와 비교해볼 때, 20년 후에는 상향 이동

		최종 부의 단계(20년 후)				
		1단계	2단계	3단계	4단계	5단계
시작 부의 단계	1단계	34%	26%	37%	3%	N/A
	2단계	12%	28%	55%	5%	N/A
	3단계	3%	7%	61.8%	28%	0.2%
	4단계	1%	2%	25%	64%	8%
	5단계	N/A	N/A	10%	54%	36%

부의 사다리에 올라타라

성이 훨씬 증가했음을 알 수 있다. 즉 1단계에서 시작한 가구들은 20년 후에 3~4단계에 도달해 있을 가능성이 높고, 2단계 가구들 또한 10년 후에 비해 3~4단계에 이르렀을 확률이 더 높다.

부를 축적해 부의 사다리를 오를 시간이 10년이나 더 많이 주어졌으니 당연한 결과다. 다만 5단계는 예외다. 5단계 가구에 대한 데이터가 다소 한정되어 있긴 하지만 이들의 하향 이동성이 상대적으로 높은 것에는 타당한 이유가 있다. 앞에서도 언급했듯이 5단계 가구는 부가 개인 사업에 편중되어 있는 경향이 강하다. 그 결과 그들은 더 높은 위험을 감수해야 하고, 따라서 부의 사다리의 아래 단계에 비해 자산을 잃을 가능성이 훨씬 높다. 이러한 사실은 부의 사다리의 높은 단계에서 경험할 수 있는 몇 가지 어려움을 보여준다.

이러한 재정적 이동성에 관한 예상치는 조사 시기에 상관없이 유용하지만 확고하게 정해진 것은 아니다. 특정 부의 단계에서 발생한 일이 똑같은 방식으로 반복되리라고는 확신할 수 없다. 몇 단계에서 시작하든 이렇게 자문해보라. 나는 미래에 어떤 부의 단계에 있을까? 일정 기간이 지난 뒤에 나는 부의 사다리를 올라가 있을까, 내려가 있을까, 아니면 지금과 같은 단계에 머물러 있을까?

위의 질문에 더욱 쉽게 대답할 수 있도록 부의 단계의 이동성에 관한 데이터를 10년 및 20년 기간으로 요약 정리해보았다. 다음의

2 · 부의 사다리를 질주하는 6가지 전략

부의 단계의 변화(10년 후)	미국 가구 비율
2단계 하락	2%
1단계 하락	11%
이동 없음	63%
1단계 상승	21%
2단계 상승	3%

표는 앞에서 본 것처럼 부의 단계가 어떻게 변화했는지를 보여주지만 시작한 부의 단계는 고려하지 '않았다.' 대신 10년 또는 20년 사이에 부의 단계를 이동한 미국 가구의 비율을 표시했다.

위의 표에서 볼 수 있듯이, 10년 동안에는 기존의 단계를 유지할 가능성이 가장 높다. 전체 가구 중 63.5%가 여기에 해당한다. 다음으로 가장 높은 것은 1단계 상승으로, 약 21%의 가구가 여기에 해당한다. 1단계 하락한 가구의 비율인 11.34%의 거의 두 배에 달하는 수치다. 마지막으로 '두 단계' 상승 또는 하락한 가구는 전체의 5% 이하에 불과하다. 이 데이터는 10년 사이에 부의 사다리를 어디까지 오를 수 있을지 더욱 명확하게 이해할 수 있게 해준다.

한편 20년을 기준으로 한 데이터 결과는 다음과 같다. 앞서 언급했듯이, 상향 이동성은 20년 단위에서 더 크게 나타난다. 예를 들어 10년 사이에 부의 단계를 한 단계 상승한 가구가 전체의

부의 사다리에 올라타라

부의 단계의 변화(20년 후)	미국 가구 비율
2단계 하락	2%
1단계 하락	10%
이동 없음	51%
1단계 상승	32%
2단계 상승	5%

21%라면 20년 사이에 한 단계 상승한 가구의 비율은 32%다. 또한 20년 사이에 부의 단계를 두 계단 상승한 가구의 비율은 전체의 5%인데, 이는 10년 사이에 두 계단 상승한 가구 비율의 약 두 배에 달한다.

다들 이렇게 부의 단계를 올라섰다니 정말 멋지다. 하지만 부의 단계가 변화했을 때 실제로 그들이 가진 부는 얼마나 늘어났을까? 그것은 어느 단계에서 시작했느냐에 따라 다르다. 예를 들어 20년 사이에 1단계에서 2단계로 이동한 가구의 평균 부 증가액은 5만 2,352달러였다. 2단계에서 3단계로 상승한 가구의 경우에는 27만 3,341달러였다. 그리고 3단계에서 4단계로 이동한 가구의 평균 부 증가액은 167만 달러다. 이는 부의 사다리를 한 계단 오르는 것이 시작 위치에 따라 매우 다른 의미를 지닐 수 있음을 보여준다. 참고로 이 수치들은 인플레이션을 반영한 결과다. 2001년과 2021년의 부를 단순 비교한 것이 아니라 2001년의 부를 인플레이션에 따라 실질 가치로 조정했고, 이를 바탕으로 앞에서 언급한 부의 총 증가액을 도출했다.

더욱 중요한 것은 부의 사다리에서 한 단계 더 높이 오르지 않았더라도 부를 축적했을 가능성이 높다는 것이다. 이를테면 2단계에서 시작해 20년 후에도 같은 단계에 머무르고 있는 가구는 자산이 평균 7,960달러 증가했다. 3단계에서 시작해 머무른 가구의 부도 평균 15만 4,771달러 증가했다. 그리고 4단계에 머무른 가구의 평균 부 증가액은 거의 110만 달러에 이른다. 이는 많은 가구들이 부의 사다리를 오르지 않았더라도 실질적으로는 부를 계속 축적했음을 보여준다.

전반적으로 볼 때, SCF와 PSID 데이터는 미국의 부의 이동성에 대해 어느 정도 긍정적인 그림을 보여준다. 조금이나마 부가 상승하는 경향(하락하는 것이 아니라)이 존재한다는 것은 대부분의 가구들이 시간이 지남에 따라 부를 쌓을 수 있다는 의미다. 비록 세계에서 가장 부유한 국가의 전성기를 다룬 데이터이긴 하지만, 이러한 증가 추세는 전 세계적으로도 유사하게 나타나고 있다.

예를 들어 세계은행에 따르면, 하루 1.90달러 미만으로 생활하는 극심한 빈곤에 처한 세계 인구 비율은 1990년에 36%에서 2015년에는 10%로 감소했다. 이는 해당 기간 동안 전 세계 인구가 20억 명 이상 증가했음에도 그러한 삶을 영위하는 인구가 10억 명 이상 감소했다는 의미다.[4] 글로벌 부의 이동성에 대한 상세한 데이터는 없으나 전 세계 빈곤이 크게 감소했다는 사실은 그 어느 때보다도 많은 이들이 더 많은 부를 창출하고 있음을 시사한다.

Summary

- 다른 이들이 어떻게 부를 축적했는지 이해하면 부를 축적하는 자신의 여정에 현실적인 기대치를 설정하는 데 큰 도움이 된다.
- 고연령 가구는 저축과 투자를 할 시간이 더 많기 때문에 연령대가 낮은 가구보다 더 부유한 경향이 있다.
- 백만장자는 보통 30~40대가 아니라 60대이다. 4단계(100만~1,000만 달러)에 속하는 이들의 중위 연령은 62세이다.
- 부의 상향 이동성은 10년보다 20년 기간에서 더 높게 나타난다. 이는 부의 축적에 있어 시간이 얼마나 중요한지를 재차 확인해준다.
- 부의 사다리의 중간 단계보다 상부 계층과 하부 계층에서의 이동성이 더 높다.
- 미국을 비롯해 전 세계적으로 시간이 지남에 따라 부의 사다리를 상향 이동하는 경향이 다소 나타난다.

PART

3

부자가 되는 나만의 목표 찾기

지금까지 부의 사다리의 각 단계와 사다리를 오르는 데 시간이 얼마나 걸리는지 살펴봤다. 이제 우리는 우리 앞에 무엇이 놓여 있는지 더욱 잘 이해할 수 있게 되었다.

부의 사다리를 오르는 길목에 놓인 많은 문제들은 특정 단계에서만 국한된 게 아니다. 이혼은 1단계에서나 6단계에서나 똑같이 재정적 삶에 손해를 입힐 수 있다. 소송은 어떤 단계에서든 스트레스를 준다. 돈의 액수와는 상관없이 금전적 갈등이 생기면 가족이 분열될 수 있다.

반면 삶의 일부 영역들은 우리가 가진 부에 따라 그 특징이 더욱 증폭되기도 한다. 1단계에서는 가진 돈이 없는 탓에 사소한 불행한 사건이 더욱 크고 심각해질 수 있다. 2단계에서는 어떠한 경력을 선택하느냐에 따라 삶이 크게 바뀔 수 있다. 3~4단계에서는 투자 결정이 결과에 큰 영향을 미치고, 5~6단계에서는 개인적인 인간관계가 증폭된다.

부의 어떤 단계에 있든 이 모든 것들을 유념하라. 이것들은 전부 행복한 삶을 사는 데 중요한 요소다. 다만 부의 사다리를 오를수록 '상대적' 중요성이 달라질 뿐이다. 이유는 간단하다. 많은 부를 쌓을수록 돈으로 해결할 수 있는 문제가 줄기 때문이다. 1단계에서 직면한 많은 문제들은 돈으로 해결할 수 있지만 6단계에서 직면하는 상당수의 문제는 그렇지 않다.

부의 사다리를 오르고자 하는 이들에게 이러한 깨달음은 매우 깊은 함의를 지닌다. 결국 당신이 부를 쌓는 목적은 무엇인가? 돈이 더 많아지면 더 행복해질까? 당신은 대체 무엇을 위해 부의 사다리를 오르는가? 이 책의 마지막 섹션인 3부에서는 바로 이 질문에 대답하고자 한다.

지금까지 우리는 부의 사다리의 '재정적' 측면을 이해하는 데 시간을 보냈다. 어떤 위험 요소가 있는지 살펴보고, 기회를 검토했으며, 심지어 사람들이 부의 사다리를 얼마나 자주 오르내리는지 데이터를 통해 분석했다. 그 모두가 단 하나의 목적, 즉 부의 사다리를 오르기 위해서였다.

이제는 보다 넓은 관점에서 더 중요한 질문을 던져야 할 때다. 부의 사다리를 이용해서 더 풍족한 삶을 살 수 있다면, 더 나은 삶을 영위하기 위해 부의 사다리를 이용할 수도 있을까?

이제 이 책의 마지막 단계에서는 "정말로 돈으로 행복을 살 수 있는가?"라는 오랫동안 이어져온 질문을 탐구해보자.

11

돈으로
행복을 살 수 있을까?

돈으로 행복을 살 수 있을까? 이는 인류 역사상 가장 오래되고 가장 자주 제기되는 질문 중 하나다. 그러나 그 근거에 대해서는 엇갈린다. 혹시 돈으로 행복을 살 수 없다고 믿는다면 그 주장을 처음으로 널리 알린 연구에 대해서도 들어봤을지 모르겠다.

2010년 노벨경제학상 수상자인 대니얼 카너먼Daniel Kahneman과 앵거스 디턴Angus Deaton이 "높은 소득은 삶에 대한 평가를 높이지만 정서적 행복을 향상하지는 못한다"라는 논문을 발표했다. 해당 논문에 따르면, 소득이 증가하면 자신의 삶에 대한 평가가 향

부의 사다리에 올라타라

상되지만 일정 수준을 넘어서면 정서적 행복에는 유의미한 영향을 끼치지 않는다. 다시 말해, 사람들은 돈을 많이 벌수록 자신의 삶에 전반적으로 만족하나 일단 연 소득이 7만 5,000달러를 초과하고 나면 일상적인 행복감은 더 이상 증가하지 않았다.[1] 이러한 주장은 그 뒤로 10년 동안 일반적인 통념이 되었다. 돈으로 행복을 살 수는 있지만, 결국에는 효과가 사라진다.

그러다 2021년 펜실베이니아대학의 매튜 킬링스워스Matthew Killingsworth 교수가 "경험적 행복은 연 소득 7만 5,000달러 이상에서도 소득과 함께 증가한다"라는 논문을 발표해 돈과 행복에 관한 학계의 연구를 뒤집어놓았다. 그의 논문에 따르면, 삶에 대한 만족도'와' 정서적 행복은 모두 소득이 7만 5,000달러를 넘어선 후에도 계속해서 증가하는 것으로 나타났다.[2] 이는 카너먼과 디턴의 연구 결과와 정면으로 충돌했고, 행복 연구 분야에 난제를 안겨주었다.

킬링스워스의 논문이 두 노벨경제학상 수상자의 연구와 모순된다면 대체 누가 옳은 것일까? 카너먼과 킬링스워스는 이 문제를 해결하기 위해 함께 팀을 이뤄 각각의 데이터를 면밀히 분석하기로 했다. 이를 통해 도출된 결과가 바로 2023년에 발표된 「소득과 정서적 행복: 갈등의 해법Income and Emotional Well-Being: A Conflict Resolved」이라는 논문이다.[3] 이 공동 논문은 카너먼과 킬링스워스의 연구 사이에 존재하는 주요한 차이점 두 가지를 밝혀냈다.

첫째, 카너먼과 디턴이 기존의 논문에서 제시한 정서적 행복에 관한 척도는 엄밀히 말해 행복이 아니라 행복감의 결여를 측정하고 있었다. 즉 그들의 연구는 높은 수준의 행복을 구분할 수 없었다. 예를 들어, 어떤 집단에게 얼마나 행복한지 1부터 10까지의 척도로 대답할 것을 요청했다고 하자. 그런 다음 해당 데이터에서 7 이상의 모든 값을 전부 7로 통일한다. 10도 7이고, 9도 7이 된다. 7과 8도 마찬가지다. 이렇게 되면 매우 행복한 사람(10점)과 대체로 행복한 사람(7점)을 구분할 길이 없다. 그런데 이것이 바로 카너먼과 디턴이 연구한 방식이었다. 결과적으로 그들은 소득이 증가함에 따라 행복도 증가하는지가 아니라 소득이 증가함에 따라 행복감의 결여가 감소하는지를 측정한 셈이다.

이 둘이 같은 것으로 보일지도 모르지만 엄연히 다르다. 하나는 돈이 많으면 행복이 증가하는가를 가리키고, 다른 하나는 돈이 많으면 행복감의 결여를 방지할 수 있는가를 의미한다. 카너먼과 디턴이 2010년 논문에서 밝혔듯이, 돈으로는 행복감의 결여를 막을 수가 없다. 아무리 돈이 많아도 사람이 그런 것을 느끼지 않을 수는 없다. 따라서 카너먼과 디턴의 원래 논문은 "소득이 증가함에 따라 행복감의 결여가 감소하지만 연 소득이 7만 5,000달러를 넘어서면 더 이상 감소하지 않는다"라는 제목이 더 적절할 것이다.[4]

카너먼과 킬링스워스가 밝혀낸 두 번째 사실은 킬링스워스의

부의 사다리에 올라타라

데이터가 소득이 7만 5,000달러를 넘어서면 행복감이 더 이상 증가하지 않는다는 사실을 보여준다는 것이다. 그러나 이는 오직 행복하지 않은 이들에게만 해당되었다. 킬링스워스의 연구에서 전반적인 행복도 기준으로 하위 15%의 사람들을 살펴보면, 소득이 7만 5,000달러 이상이라도 소득이 약 7만 5,000달러인 이들보다 특별히 더 행복하지는 않았다. 따라서 이번에도 돈이 있다고 해서 행복감의 결여를 피해갈 수는 없었다.

이를 종합해보면 궁극적으로 킬링스워스의 연구가 승리한 듯 보인다. 돈은 행복을 살 수 있다. 다만 모든 상황에서 반드시 그런 것은 아니다. 킬링스워스의 연구 결과를 정리하면, 가난한 사람은 돈이 많을수록 행복하다. 행복한 사람도 돈이 많을수록 행복하다. 하지만 가난하지도 않고 행복하지도 않다면 돈을 아무리 더 많이 벌어봤자 아무 소용도 없다.

해당 연구에서는 "돈이 많다"가 부가 아닌 소득을 의미하지만, 우리는 소득과 부가 서로 상관관계에 있음을 이미 알고 있다(2장 참조). 그러므로 돈과 행복에 관해 논할 때는 이 둘이 서로 호환 가능하다고 가정해도 될 것이다. 킬링스워스의 최근 연구도 이러한 사실을 시사하는 듯 보인다. 그의 최근 연구에 따르면, 300만~800만 달러의 순자산을 가진 소득 집단은(즉 부의 사다리 4단계) 그가 연구한 이들 중 가장 행복한 집단이다.[5] 즉 부유한 이들은 우리가 처음 생각했던 것보다도 더 행복한 경향이 있다.

3 • 부자가 되는 나만의 목표 찾기

부가 더 큰 행복으로 이어지는 이유

고소득층의 행복감에 관한 연구는 그리 많지 않지만, 나는 부가 왜 더 큰 행복으로 이어지는지 이해할 수 있다. 돈 자체가 사람들을 행복하게 만들어주는 것이 아니다. 우리는 돈으로 할 수 있는 일들 때문에 행복을 느끼는 것이다. 예컨대 나는 청소하는 것을 싫어한다. 깔끔한 편이긴 하지만 수시 때때로 먼지를 털고 바닥을 진공청소기로 미는 등의 일이 너무 귀찮다. 그래서 청소 서비스를 이용할 수 있을 만큼 돈을 벌게 되자 기쁘게 서비스를 활용했다. 그리고 이거 아는가? 나는 청소 서비스를 부르는 데 쓴 돈이 한 푼도 아깝지 않았다. 오히려 그 덕에 더 행복해졌다.

돈이 많으면 자신한테 쓸 수 있는 돈만 늘어나는 게 아니라 다른 사람에게도 더 많은 돈을 쓸 수 있게 된다. 연구진은 자기 돈을 다른 사람을 위해 더 많이 사용하는 사람이 더 큰 행복을 느낀다는 사실을 발견했다.[6] 그리 놀랍지 않은 결과다. 물론 자유로이 쓸 수 있는 돈이 늘면 다른 사람을 위해 돈을 쓰기가 훨씬 쉬워지는 것도 사실이다. 돈이란 비행기 안에 비치된 산소마스크와 같다. 일단 내 마스크부터 확보한 다음에 다른 사람을 도와줘야 한다.

돈과 행복은 밀접한 상관관계를 갖지만, 나는 그게 직접적인 인과관계라고는 생각하지 않는다. 은행 잔고에 0이 하나 더 생긴다고 해서 매일 행복에 겨워 폴짝폴짝 뛰어다니지는 않을 것이다. 하지만 부가 많아지면 생활방식을 바꾸고 다른 이들에게 영향력을 미칠 수 있다. 더 큰 행복감은 바로 여기서 비롯된다.

부의 사다리라는 맥락에서 말하자면, 부의 어느 단계에 있느냐에 따라 돈이 늘어났을 때 행복에 미치는 영향력도 달라진다. 예를 들어 당신이 1, 2단계에 있다면, 소득이든 부든 돈이 더 많아지면 더 행복해질 가능성이 크다. 그러나 3단계 이상이라면, '이미' 행복한 경우에만 더욱 행복해질 수 있다. 3~5단계에 있어도 지금의 삶이 비참하다면 돈으로는 문제가 해결되지 않는다.

그럼에도 돈과 행복은 선형적 관계가 아니라 로그함수적 관계다. 말하자면 부가 증가함에 따라 행복도 함께 증가하지만 증가율은 점점 감소한다는 뜻이다. 다음 차트는 부에 따라 행복이 어떻게 변화하는지를 보여준다.

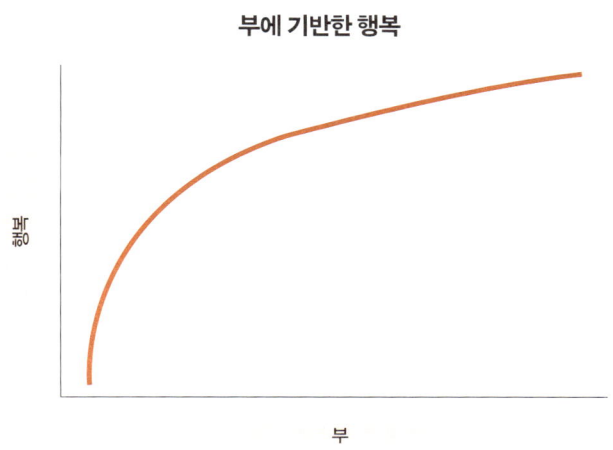

부에 기반한 행복

　　　　　　　　　　　　　3 · 부자가 되는 나만의 목표 찾기

처음에는 부가 조금만 증가해도 행복감이 크게 증가한다. 하지만 부가 늘어날수록 예전만큼 큰 행복을 느끼려면 전보다 더 많은 부가 필요하다. 이것이 바로 6단계에 있는 사람이 1만 달러를 받았을 때보다 1단계에 있는 사람이 1만 달러를 받았을 때 훨씬 더 큰 영향을 받게 되는 이유다. 안타깝지만 돈이 많아질수록 행복을 증진하려면 더욱 많은 돈이 필요하다.

만족이 없는 "영원한 그때"

이것이 바로 부의 사다리의 핵심적인 통찰이다. 이미 수십 년의 연구 조사가 이를 뒷받침하고 있다. 인터넷 미디어 매체 악시오스Axios는 임파워Empower 사의 재정 행복도 조사 데이터를 분석한 결과, 소득이 높을수록 전보다 더 큰 행복감을 경험하려면 더 많은 돈을 벌어야 한다는 사실을 발견했다. 악시오스에 따르면, "연 소득 20만 달러 이상의 사람들은 연 35만 달러가 필요한 반면, 소득 수준이 최하위인 이들은 연봉 3만 3,250달러면 충분하다고 말했다."[7]

이는 그다지 새로운 사실도 아니다. 1987년 《시카고 트리뷴》이 실시한 여론 조사에 따르면, 연 소득 3만 달러 이하인 사람들은 5만 달러만 있으면 자신의 꿈을 실현할 수 있다고 응답한 반

부의 사다리에 올라타라

면 연 소득 10만 달러 이상인 이들은 25만 달러는 있어야 만족할 수 있다고 대답했다.[8] 이걸 보니 한 기자가 당시 세계 최고의 부자였던 존 D. 록펠러 John D. Rockefeller에게 한 질문이 생각난다. "돈이 얼마나 있어야 충분합니까?" 록펠러는 이렇게 대답했다. "조금만 더요."[9]

유감스럽게도, 우리가 삶을 판단하는 척도는 이미 거둔 성공과 함께 늘어난다. 그것은 움직이는 타깃이고, 우리는 결코 그것을 따라잡을 수 없다. 예전에 나는 그것을 "영원한 그때"라고 불렀다.[10] 돈을 이 정도 벌고 나면 '그때'는 만족할 거야. 부의 사다리에서 이 단계에 도달하고 나면 '그때'는 행복해질 거야. 안타깝게도 그런 생각은 환상에 불과하다. 새로운 이정표에 도달하고 나면 금세 거기 익숙해지기 때문이다. 이를 '습관화'라고 하는데, 물질적 보상이 주는 행복이 덧없는 이유도 여기에 있다.

많은 사람들이 이 문제를 해결하기 위해 계속해서 많은 것을 추구한다. 하지만 한없이 미래만 좇다 보면 미래는 결코 다가오지 않는다. 드디어 잡았다 싶으면 더 멀리 달아나 버린다. 알다시피 부의 사다리에서도 다음 단계로 올라서는 것은 가면 갈수록 점점 더 어려워진다. 그렇게 당신은 끊임없이 오르기만 할 뿐 절대로 만족하지 못할 것이다.

내가 아는 한 이 굴레에서 벗어나는 유일한 길은 삶의 비금전적인 부분에 초점을 맞추는 것이다. 연구에 따르면, 실제로 당신을 더 큰 행복으로 이끄는 것은 돈이 아닌 바로 그런 것들이다. 예컨대 행복도를 높이는 요소 중 하나는 풍부한 여가시간이다. 연구진은 79개 국가의 데이터를 분석한 결과, "일보다 여가를 더욱 중요시하는 국가의 시민들이 국가 및 개인적인 차원에서 더 높은 행복감을 보고했다"는 사실을 밝혀냈다. 이는 부유한 국가와 가난한 국가 모두에게서 발견되는 현상이다.[11] 하지만 현실적으로 생계를 위해 쉼 없이 일해야 하는 이들은 여가를 즐길 틈이 없다.

그러므로 행복을 극대화하는 가장 이상적인 전략은 어려움과 걱정을 덜어줄 충분한 돈을 보유하되 돈이 아닌 '다른 것'에 초점을 맞추는 것이다. "돈으로 행복을 살 수는 없을지 몰라도 가난으로는 아무것도 사지 못한다"는 말처럼 말이다. 만일 당신이 1단계의 가난에서 벗어난다면 분명 전보다 더 행복해질 것이다. 하지만 다음 단계부터는? 솔직히 잘 모르겠다. 그렇다고 내 말만 믿지는 마라. 영국 최고 잡지 재벌로 성장한 펠릭스 데니스가 『빈손으로 시작해도 돈이 따라올 거야』에서 한 말을 떠올려보라.

그럼에도 다시 한 번 말한다. 부자가 된다고 행복이 보장되는 것은 아니다. 사실 오히려 그 반대가 될 가능성이 더 크다. 재산을 지키고 유지하는 데서 오는 스트레스와 긴장감 때문이 아니더라도 부를 쌓는 데서 오는 불가피한 죄책감 때문이다.[12]

부의 사다리에 올라타라

당시 데니스의 순자산은 약 7억 5,000만 달러로 추산되었다. 그러니 충분히 6단계라 칭할 수 있을 것이다.[13] 그는 돈이 많다는 게 어떤 건지, 그에 따른 삶이 어떤 건지 아주 잘 알고 있었다. 하지만 그런 그조차도 부의 한계를 인식하고 있었다. 그는 만약 과거로 돌아간다면 어떻게 다르게 행동할지에 대해서 이렇게 말했다.

지금 아는 지식을 간직한 채로 과거로 돌아간다면, 최대한 빨리, 되도록이면 35세가 되기 전에 여생을 편안하게 살 수 있는 돈을 버는 데 매진할 것이다. 한 6,000만에서 8,000만 달러 정도. 그런 다음 바로 모든 걸 현금화하고 은퇴한 다음 시를 쓰고 나무나 심으면서 살 것이다.[14]

2024년의 달러를 기준으로 하면 데니스가 생각하는 이상적인 부는 6단계 초반 정도다. 시를 쓰고 나무를 심는 삶을 즐기는 데 과연 6,000만에서 8,000만 달러나 필요할지는 의심스럽지만 그건 '어디서' 시를 쓰고 나무를 심느냐에 따라 다를 테니 넘어가도록 하자. 어쨌든 데니스는 어느 시점이 지나면 돈의 유용성에도 한계가 있음을 인정하고 있었다. 물론 그 시점은 사람마다 다르지만 적어도 당신이 생각하는 것보다는 적을 것이다. 안타깝게도 이를 입증할 데이터는 없다. 하지만 좋은 예가 될 이야기를 들려줄 수는 있다.

3 · 부자가 되는 나만의 목표 찾기

지금껏 내가 아는 사람 중에서 가장 행복한 사람은 버드(실명은 아니다)라는 시설 관리자다. 그는 내가 일하던 컨설팅 회사의 사무실을 유지 보수하는 직원이었다. 버드는 매일같이 마주치는 모든 사람에게 미소와 친절한 태도로 인사를 건넸다. 간단한 우스갯소리를 던지면서 항상 분위기를 밝고 가볍게 만들려고 했다. "좋은 하루되세요!"가 그의 트레이드 인사말이었다. 사무실에서 누군가와 신나게 대화를 나누고 나면 그는 항상 이 말로 대화를 마무리 짓곤 했다.

나는 버드의 급여가 얼마나 되는지 모르고 관심도 없다. 하지만 최소한 그 회사의 임원들이 받는 여섯자리, 일곱자리의 액수가 아니라는 것만은 안다. 그리고 내 전 회사 동료들이 얼마나 행복했는지에 대해 함부로 추측하고 싶진 않지만 버드만큼 쾌활하지 않았다는 데는 본인들도 동의할 것이라고 믿는다. 그들은 버드보다 몇 배나 많은 연봉을 받으면서도 버드의 반의반도 행복해하지 않았다.

나는 아직도 가끔 버드를 떠올린다. 그는 직함이나 지위, 또는 그런 성공을 의미하는 것들을 하나도 갖고 있지 않았다. 하지만 그는 어딜 가든 기쁨과 즐거움을 내뿜고 다녔다. 모두의 얼굴에 미소를 가져다주었다. 그리고 그가 그렇게 하는 데에는 한 푼도

부의 사다리에 올라타라

들지 않았다.

물론 버드가 정말로 행복했는지 아니면 그런 척을 한 것에 불과했는지는 알 길이 없다. 사람이 속으로 무슨 생각을 하고 느끼는지는 알 수 없는 노릇이니까. 하지만 그게 가짜로 꾸며낸 모습이라면, 그는 내가 그 회사에 다닌 몇 년 동안 하루도 빠짐없이 가짜 모습을 보여줬다는 얘기가 된다. 비가 오든 눈이 오든 그는 늘 우리에게 좋은 하루가 되라고 빌어주었으니 말이다.

버드의 이야기가 모든 사례에서 대표성을 지니는 데이터와 동격이 아니라는 건 나도 잘 안다. 무작위 대조 실험이나 최적회귀선 같은 것과도 거리가 멀다. 통계적으로 유의미하지도 않다. 하지만 거기에는 뭔가가 있다. 내가 직접 봤다. 직접 느꼈다.

돈으로 행복을 살 수 없다고 생각한다면 당신은 틀렸다. 수많은 데이터가 그렇지 않다는 것을 보여준다. 하지만 돈이 많으면 항상 더 행복해질 수 있다고 믿는다면, 그 또한 틀렸다. 돈이 당신의 정서적 행복과 정신건강을 위해 해줄 수 있는, 또는 할 수 없는 것에는 한계가 있다. 하지만 다행히도 행복은 당신이 생각하는 것보다 더 통제가능한 영역이다. 버드는 내게 행복이 은행 계좌보다 마음가짐에 의해 더 좌우된다는 사실을 가르쳐주었다. 그의 일화에서 무엇을 배울지는 결국 당신에게 달려있다.

부가 행복에 어떤 영향을 미치는지 이해했다면, 이번에는 부가 삶의 질을 어떻게 향상시킬 수 있는지 살펴보자.

12

인생을 바꾸는
4가지 부

처음 요리를 배울 때, 나는 소금이 양념 선반에 놓여 있는 다른 수많은 조미료와 똑같다고 생각했다. 음식에 소금을 뿌리면 맛과 풍미가 더해진다. 후추나 고춧가루처럼 말이다. 나는 나중에야 그 생각이 틀렸음을 알게 되었다. 소금은 후추나 고춧가루 같은 양념이 아니다. 소금은 미네랄, 즉 무기물이다. 그래서 소금은 음식에 다른 양념과는 다른 영향을 미친다. 양념이 음식에 새로운 맛과 풍미를 더해준다면, 소금은 이미 존재하는 풍미를 한 차원 더 끌어올리는 재료다. 요리사 사민 노스랏Samin Nosrat이 『소금

부의 사다리에 올라타라

지방 산 열*Salt, Fat, Acid, Heat*』에서 말한 것처럼 "소금은 어떤 재료보다도 음식의 풍미에 영향을 주고… '다른' 재료의 풍미를 끌어올린다."[1] 소금은 음식의 맛을 더 강하게 만든다. 소금을 치지 않으면 음식의 맛은 밋밋해지는 반면, 소금을 뿌리면 음식의 풍미가 살아난다. 소금은 음식의 맛을 좌우하는 가장 중요한 요소다.

돈도 우리의 삶에 소금과 같은 영향을 미친다. 돈이 없다면 삶은 밋밋하고 한정될 것이다. 하지만 아주 약간의 돈을 더하면 훨씬 즐거운 삶을 즐길 수 있다. 예를 들어, 친구들과 음악을 듣는 것을 좋아한다면 콘서트에 같이 가는 게 더 재밌지 않을까? 텔레비전으로 테니스 경기를 보는 걸 좋아한다면 시합을 직접 보러 가면 더 좋지 않을까? 여행을 좋아할 경우, 해외여행을 간다면 더 신나지 않을까?

설령 돈이 모든 경험을 향상시키지는 못하더라도 그중 많은 것을 한 단계 높이 끌어올릴 수 있다. 다만 소금처럼 여기에도 한계가 있다. 돈에 너무 초점을 맞추다 보면 삶의 다른 부분이 망가질 수 있다. 마치 소금을 너무 많이 치면 완벽하게 맛있는 음식도 엉망이 되는 것처럼 말이다. 무엇보다 돈이나 소금은 그 자체를 즐기는 것이 아니다. 돈이 아무리 많아도 친구와 가족, 연인, 건강, 또는 삶의 목적이 없다면 대체 무슨 소용이란 말인가? 소금이 한 통 가득 있더라도 그것을 뿌려 먹을 음식이 없다면 어떻겠는가?

여기서 중요한 점은 돈과 소금이 주변 세상과 연결되어 있을 때에만 소중하다는 것이다. 즉 세상에 존재하는 '다른' 종류의 부를 함께 쌓지 않으면 부의 사다리를 높이 올라 가봤자 아무 의미도 없다.

지금껏 우리는 '어떻게 해야 더 많은 소금을 얻을 수 있을까?'라는 질문에 대답했다. 이제는 보다 크고 중요한 질문으로 옮겨가야 한다. 어떤 음식에 소금을 칠 것인가?

그 질문에 대답하려면 돈 이외에 다른 종류의 부에 대해 생각해봐야 한다. 그러한 부에는 어떤 것들이 있을까? 작가이자 기업가인 사힐 블룸Sahil Bloom은 다음과 같은 다섯 가지 종류의 부를 제시했다.[2]

- 금전적 부
- 사회적 부
- 정신적 부
- 신체적 부
- 시간적 부

금전적 부에 대해서는 앞에서 다뤘으니 나머지 네 가지 부에 대해서 살펴보자. 부의 사다리를 올라감에 따라서 이를 어떻게 대해야 할지 알아보자.

부의 사다리에 올라타라

사회적 부

세상에서 손에 넣을 수 있는 다양한 형태의 재산 가운데, 사회적 부는 가장 중요한 것 중 하나다. 사회적 부는 당신이 맺고 있는 인간관계의 질에 달려있다. 파트너와 가족, 친구, 직장 동료, 당신이 속한 공동체 등 주변 사람들과의 관계가 깊고 돈독할수록 당신은 사회적 부를 더 많이 갖고 있다고 할 수 있다.

더욱 중요한 것은 사회적 부가 삶에 존재하는 다른 종류의 부까지도 높여준다는 점이다. 예를 들어, 주변 사람들과 밀접한 관계를 유지하는 이들은 더 행복하고 신체적으로도 더 건강하다. 옥스퍼드대학교 트레시 카밀레리Tracey Camilleri 교수가 공동 집필한 『사회적 뇌The Social Brain』에는 이렇게 쓰여있다.

지난 10년 사이 의학적 측면에서 가장 놀라운 발견은 건강과 행복을 예측하는 가장 좋은 지표가 가까운 친구의 수와 질이라는 사실을 보여주는 수많은 연구 결과다. 그에 반해 의사들이 일반적으로 우려하는 전통적 요인들은 그리 큰 영향을 미치지 않는다.

31만 명을 대상으로 한 148건의 연구 결과, 심장마비 후 1년 이상 생존률을 예측하는 데 가장 효과적인 요인은 비만도나 운동 빈도가 아니라 바로 친구들과의 우정이었다. 실제로 1년 생존률

3 • 부자가 되는 나만의 목표 찾기

에 있어 우정과 맞먹는 수준의 영향을 미치는 유일한 요인은 금연이었다.[3]

우정의 경우, 친구가 많다고 항상 더 좋은 것은 아니다. 우정의 양보다는 질이 더 중요해 보인다. 2024년《고령화와 사회*Aging and Society*》저널에 발표된 연구에 따르면, 가까운 친구가 네 명만 있으면 거기서 친구의 수가 더 늘어난다고 해도 외로움과 우울, 스트레스와 불안에는 "실질적으로 긍정적인 영향"을 주지 못했다.[4] 비록 주로 고령층을 대상으로 한 연구 결과이기는 하지만 이는 소수의 가까운 친구가 많은 수의 지인보다 낫다는 사실을 보여준다. 친구가 너무 많으면 사회적 주의력이 분산되어 애초에 깊은 우정을 쌓기가 어렵다. 궁극적으로 중요한 것은 그러한 깊은 우정인데도 말이다.

사회적 부는 굉장히 중요하기 때문에 그 자리를 메우려면 다른 종류의 부가 훨씬 더 많이 필요하다. 신경과학자 매튜 리버먼 Matthew Lieberman은 다양한 사회적 활동에서 얻는 행복감과 동등한 수준의 행복을 경험하려면 얼마나 많은 추가 소득이 필요한지 알려주는 연구 결과를 제시했다. 그는 다음과 같은 사실을 발견했다.[5]

- 친구들과의 잦은 만남은 매년 추가로 10만 달러를 더 버는 것과 같은 효과를 가진다.
- 결혼은 10만 달러의 추가 가치를 지닌다.

부의 사다리에 올라타라

- 이웃과의 정기적인 만남은 6만 달러의 추가 가치를 지닌다.

물론 사회적 부와 금전적 부가 직접적으로 호환 가능한 것은 아니지만, 리버먼의 연구는 사회적 연결이 얼마나 중요한지를 보여준다.

인간관계가 삶에서 가장 큰 즐거움 중 하나라는 사실을 보여주는 일화들은 수없이 많다. 이를테면 앞에서도 언급한 알프레드 노벨은 형수에게 이런 편지를 보냈다.

우리는 참으로 다릅니다! 당신은 당신이 소중히 여기고 당신을 소중히 여기는 이들에게 둘러싸여 사랑받는 따뜻하고 빛나는 삶을 살고 있지요. 굳건한 만족감 속에서요. 저는 삶이라는 바다 위의 난파선처럼 방향타도 나침반도 없이 떠돌고 있습니다. 즐거운 추억도 없고, 위안이 될 만한 미래에 관한, 또는 나 자신의 허영심을 채워줄 행복한 환상도 없습니다. 우리에게 중요한 유일한 생존 형태를 제공해줄 가족도 없고, 온전한 애정을 바칠 만한 친구도, 내 악의를 발산할 적도 없습니다.[6]

보다시피 세상에서 가장 부유한 사람 중 한 명이었던 노벨조차 본인이 그토록 중요하게 여기는 사랑과 인간관계를 돈으로 살수가 없었다. 한 분야에서 막대한 성공을 거둔 이들이 다른 분야에서는 완전히 실패하는 것을 보면 참으로 안타깝다. 어쨌든 함께 돈을 쓸 사람이 없다면 돈이 아무리 많아봤자 무슨 소용일까?

삶에서 인간관계의 중요성을 보여주는 방대한 연구 결과에도 불구하고 아직도 많은 이들이 그러한 관계를 유지하는 것을 어려워한다. 예를 들어, 사회심리학 교수인 라라 B. 애크닌^{Lara B. Ackin}과 질리언 M. 샌드스트롬^{Gillian M. Sandstrom}의 연구는 사람들이 오랜 친구에게 연락하는 것을 신기해할 정도로 주저한다는 사실을 밝혀냈다. 심지어 "연락하길 원하고, 연락하면 친구가 고마워할 것이라 생각하고, 친구의 연락처를 알고 있고, 메시지를 작성하고 보낼 시간이 주어졌을 때"조차도 말이다. 이들은 사람들이 이렇게 망설이는 이유가 오랜 친구가 낯설게 느껴질까 봐 두렵기 때문이라는 이론을 세웠다. 그리고 이 가설을 시험하기 위해 참가자들에게 낯선 이와 대화할 때 불안감을 완화할 수 있는 여러 방법을 가르쳤다. 이러한 개입을 시도한 결과, 오랜 친구에게 연락한 실험 참가자의 수가 3분의 2 증가했다.[7] 오랫동안 연락이 없던 친구가 낯선 이처럼 느껴지더라도 단 하나의 메시지만으로도 심정에 변화를 줄 수 있다는 것을 보여준다.

물론 사회적 부는 단순히 누구와 교류하느냐가 아니라 누구와 교류하지 않는가도 중요하다. 부정적 영향을 끼치는 사람을 멀리하는 능력은 긍정적 영향을 주는 사람을 늘리는 것만큼이나 강력한 효과를 발휘할 수 있다. 미국의 영화감독 존 워터스^{John Waters}

부의 사다리에 올라타라

는 이렇게 말했다. "난 부자예요! 돈 얘기가 아닙니다. 개인적으로나 직업적으로나 어느 때든 멍청이들을 가까이하지 않을 방법을 찾아냈거든요. 그게 진짜 부자죠." 다시 말해, 이런 멍청이들과는 함께 시간을 보내지 않는 것이 곧 진정한 부다.[8]

유해한 관계를 거부하거나 나쁜 상사 때문에 직장을 바꾼 경우, 처음 상상했던 것보다 훨씬 더 삶을 향상시킬 수 있다. 부정적 관계는 독감과 비슷하다. 영향을 받지 않을 때는 존재하는 것도 잊고 살지만 일단 걸리고 나면 몸도 마음도 갉아먹는다. 그런 관계에서 벗어날 수 있는 방법을 찾으면 놀랍도록 큰 행복감을 느낄 수 있다.

또한 사회적 부와 금전적 부가 만나는 교차점에서는 더 많은 금전적 부를 가진 이들이 인간관계에 있어서도 부를 더 수월하게 쌓는 경향이 있다. 돈은 스트레스와 갈등을 줄여줌으로써 삶의 다른 문제에 집중할 수 있게 해준다. 특히 로맨틱한 관계에 있어서는 더욱 그렇다. 물론 금전적으로 부유하다고 연애에 성공할 수 있는 건 아니지만 금전적으로 안정적이면 확실히 도움이 된다는 것은 부인할 수 없는 사실이다. 2024년 포브스 어드바이저 Forbes Advisor의 설문 결과가 이를 입증한다. 재정적 안정이 행복과 성공적인 관계에 필수적이냐는 질문에 응답자의 89퍼센트가 그렇다고 대답했다.[9]

경험적 증거도 이와 일치한다. 부유한 부부는 그렇지 않은 부

　　　　　　　　　　　3 • 부자가 되는 나만의 목표 찾기

부보다 이혼할 확률이 낮다. 2023년 《인구학*Demography*》 저널에 게재된 연구에 따르면, "재산이 0달러일 때보다 4만 달러일 때 평균 이혼 위험률은 크게 감소하며, 그 감소 폭은 재산이 4만 달러일 때보다 40만 달러일 때의 감소 폭에 더 가깝다."[10] 다시 말해 1단계에서 2단계로 이동하면 2단계에서 3단계로 상승했을 때와 동등한 수준으로 이혼 위험률이 감소한다는 얘기다. 부의 사다리 전반에 걸쳐 이러한 패턴이 나타나지는 않겠지만, 이는 금전적 부가 사회적 부를 어느 정도 증가시킨다는 점을 보여준다. 물론 거기에도 한계는 있다. 5~6단계에서 언급했듯이 지나치게 많은 금전적 부는 오히려 사회적 부에 부정적 영향을 미칠 수 있다. 당신이 그런 경험을 하지 않기만을 바랄 뿐이다.

다른 사람과의 관계는 행복에 큰 영향을 미친다. 그러나 자기 자신과의 관계 또한 무시할 수 없다. 다음은 정신적 부에 관한 이야기다.

정신적 부

정신적 부는 당신이 갖추고 있는 심리적 및 정서적 역량을 말한다. 정신 '건강'보다 조금 더 확장된 의미로 이해하면 된다. 스트레스를 자주 받는가? 스스로 자존감이 얼마나 높다고 생각하는

가? 지금 하고 있는 일을 좋아하는가? 이 모든 것들이 당신의 정신적 부와 세상에 대한 일상적 경험과 연관되어 있다. 정신적 부는 다양한 요소로 구성되어 있지만, 여기서는 일과 스트레스, 그리고 자존감에 초점을 맞추도록 하자. 이 세 분야를 개선할 수 있다면 정신적 부는 놀랍도록 증가할 것이다.

"좋아하는 일을 하면 평생 일을 할 필요가 없다"는 말이 있다.

일은 인간의 실존이라는 측면에 있어 가장 보람 있고 중요한 요소 중 하나다. 일은 스스로를 부양하는 방법이며, 사랑하는 이들을 돌보는 수단이다. 그리고 많은 이들에게 일은 정체성을 구성하는 중요한 일부다. 일은 우리가 세상과 관계를 맺고 사회와 어우러지는 방법이다. 또한 성취감과 목적의식, 그리고 공동체의식을 부여한다. 2021년 퓨 리서치 센터Pew Research Center의 보고서에 따르면, 일은 17개 선진국 시민들에게 가장 큰 의미를 제공하는 요인 중 하나다.[11]

지금 하는 일에서 그런 감정을 느끼지 못한다고 해도 괜찮다. 다만 궁극적으로 거기에 도달하는 것이 목표가 되어야 한다. 일은 그저 생존을 위해 필요한 것으로 인식되기 쉽지만 실은 그 이상으로 훨씬 더 의미 있는 것이 될 수 있다. 추리소설 작가이자 시인인 도로시 세이어스Dorothy Sayers는 자신의 유명한 에세이 「왜 일하는가Why Work?」에서 이렇게 말했다.

나는 일을 돈을 벌기 위해 견뎌야 할 고되고 필수적인 노동이 아니라 인간의 본성이 온당한 활동과 즐거움을 찾아 성취감을 느끼는 삶의 방식으로 여기길 바란다.[12]

일은 이렇게 정신적인 부를 증진할 수 있다. 요즘에는 조기 은퇴나 직무 비몰입(예컨대 조용한 사직)이 유행하는 것 같은데, 솔직히 그 개념에 대해 재고할 것을 권하는 바다. 일의 목표가 "적게 일하고 많이 받는다"나 "일하지 않고 많이 받는다"가 되어서는 안 된다. 그보다는 자신이 하는 일에서 의미를 찾는 것이 목표가 되어야 한다. 적게 기여하고도 돈을 받는다면, 결국 당신은 삶에서 가장 중요한 것 중 하나를 포기하는 셈이다. 바로 목적의식 말이다. 이에 대해서는 1977년에 미국의 전직 대통령 리처드 닉슨 Richard Nixon이 한 인터뷰에서 멋지게 표현한 적이 있다.

세상에서 가장 불행한 이들은 유명한 해안가 휴양지에 사는 이들이지요. 프랑스 남부 해안이나 뉴포트, 팜 스프링스나 팜 비치 같은 곳에 사는 사람들. 매일 밤 파티를 하고 오후에는 골프를 치고, 브리지 게임을 하고, 술은 너무 많이 마시고, 말도 너무 많고. 하지만 생각은 너무 적게 하지요. 퇴직자들, 아무 목적도 없는 사람. 많은 이들이 내 말에 동의하지 않고 이렇게 말할 겁니다. "맙소사, 만약에 내가 백만장자가 된다면 그보다 더 좋을 수가 없겠네. 날마다 일할 필요가 없으면 얼마나 좋을까. 매일 같이 낚시나 사냥을 즐기고 골프를 치고 여행을 다닐 수 있다면, 그거야말로 세상에서 제일 행복한 삶일 텐데." 그 사람들은 삶이란 게 어떤 건지 모릅니다. 인생을 의미 있게 만드는 건 바로 목적이에요. 목표, 전투, 투쟁. 비록 거기서 이기지는 못하더라도 말입니다.[13]

닉슨은 일의 중요성과 그것이 삶에 미치는 긍정적인 영향을 이해하고 있었다. 물론 절대로 은퇴하지 말라는 이야기가 아니다. 할 일이 있다는 것의 이점을 간과하지 말라는 얘기다. 경력 관리 전문가이자 베스트셀러 작가인 어니 젤린스키Ernie Zelinski가 『은퇴생활백서How To Retire Happy, Wild and Free』에서 말했듯이, "하던 일에서 은퇴한 후에 곧 다른 일거리를 찾은 이들이야말로 가장 행복하고 우울감이 적다."[14] 그러므로 삶의 전반에 걸쳐 높은 정신적 부를 누리고 싶다면 일을 피하지 말고 포용하라.

직업적 소명은 삶에 즐거움을 가져다주지만, 동시에 스트레스의 원인이 될 수도 있다. 스트레스는 어렵고 힘겨운 상황에서 발생하는 생리적 반응이다. 순전히 자연스러운 것이니 두려워하거나 피할 필요가 없다. 그러나 스트레스 반응이 너무 자주 발생한다면 문제가 될 수 있다. 세계 최고의 신경과학자로 평가받는 로버트 새폴스키Robert Sapolsky는 그의 저서 『스트레스: 당신을 병들게 하는 스트레스의 모든 것Why Zebras Don't Get Ulcers』에서 이렇게 썼다.

가만히 앉아 스트레스 주는 일에 대해 생각할 때도 같은 생리적 반응이 활성화된다. 하지만 이러한 반응이 만성화되면 재앙이 될 수도 있다. 많은 증거가 보여주듯이, 스트레스 관련 질병은 우리가 급성 신체적 응급상황에 대응하도록 진화한 생리 시스템을 너무 자주 활성화하는 것에서 발생한다. 하지만 우리는 주택담보대출과 인간관계, 승진에 대한 걱정으로 수개월 동안 이 시스템을 켜놓는다.[15]

만성적인 우려와 걱정에 빠져 있다면, 스트레스를 누그러뜨릴 방법을 찾는 것은 정신적 부를 지키는 데 있어 매우 중요한 대책이 될 것이다. 여러 연구 결과에 따르면, 운동과 충분한 수면, 요가와 다양한 마음챙김 요법 등이 스트레스를 줄이는 데 도움이 된다.[16] 뭐든 좋으니 자신에게 잘 맞는 것을 선택하라.

마지막으로, 정신적 부를 챙기는 데 있어 또 다른 핵심 요소는 자기 자신과 자존감에 초점을 맞추는 것이다. 많은 이들에게 자존감은 자신이 인식하는 사회적 지위를 바탕으로 형성된다. 살아오면서 사회적으로 어떤 성취도 이루지 못했다고 믿는다면 아마도 자신의 지위를 낮게 인식할 것이다. 하지만 자신이 하는 일이 의미 있고 목적이 있다고 느끼면 스스로를 더 가치 있고 사회적으로 높은 지위에 있다고 인식하게 된다.

그보다 더 중요한 것은 그러한 인식이 반드시 돈이나 직업적 성취에 기반을 두지는 않는다는 것이다. 우리는 삶의 아주 다양한 영역에서 사회적 지위와 자존감을 찾을 수 있다. 이번에도 로버트 새폴스키의 말을 참고해보자.

> 대기업 우편실의 말단 직원도 퇴근 후에는 교회 집사라는 점에서, 주말 소프트 팀 주장이라는 점에서, 혹은 평생교육원에서 1등이라는 점에서 엄청난 위신과 자존감을 느끼고 있을지 모른다. 누군가에게는 강력한 힘을 부여하는 지배적 위계질서가 사무실 옆자리 사람에게는 그저 평범하고 무의미한 직장 일에 불과할 수도 있다.[17]

지위란 평가되는 맥락에 따라 '상대적'이다. 예를 들어 파워리프팅 선수는 얼마나 많은 중량을 들 수 있는지(근력), 얼마나 많은 대회에서 우승했는지(경쟁력)에 의해 지위가 결정된다. 벤처투자자는 어떤 회사에 투자했고(네트워크), 투자한 회사의 실적이 어떠했는지(금전)에 따라 결정된다. 즉 벤처투자자는 당신이 얼마나 힘이 세든 관심이 없고, 파워리프팅 선수는 당신의 수익률에 관심을 두지 않는다. 두 집단 모두 공동체 안의 일원을 판단하는 데 있어 그들만의 기준을 갖고 있으며 다른 것에 대해서는 크게 상관하지 않는다.

다행인 것은 당신이 참여하는 게임과 평가 방식을 원하는 대로 선택할 수 있다는 것이다. 이는 축복인 동시에 저주다. 객관적으로 뛰어나면서도 실패자처럼 느낄 수 있고, 평범한 수준인데도 엄청나게 성공했다고 느낄 수 있기 때문이다. 모든 것은 본인의 인식에 달려있다. 자기 자신에 대해 스스로에게 어떤 이야기를 들려주는가에 달려있다.

정신적 부와 부의 사다리가 만나는 것도 바로 이 지점이다. 앞서 언급했듯이 1단계에서 벗어나면 정신적 부가 크게 상승할 수 있다. 스트레스가 감소할 뿐만 아니라 더 나은 일을 찾고 자기 자신에 대해서도 더 큰 만족감을 느낄 수 있다. 하지만 1단계보다 더 높이 올라가면 거기서부터는 장담할 수 없다.

돈으로는 의미나 자존감을 사지 못한다. 우울증을 앓는 많은 부유한 이들이 이 사실을 입증한다. 돈과 관련된 무언가를 성취하면 정신적 부가 증진될 수 있지만, 여기서 중요한 것은 돈 그 자체가 아니라 무언가를 성취했다는 데 있다. 복권에 당첨된 사람이나 큰 유산을 물려받은 이들에게 얼마나 "성공했다"고 느끼는지 묻는다면 이게 무슨 뜻인지 이해할 수 있을 것이다. 정신적 부는 은행 계좌에 있지 않다.

정신적 안정이 행복한 삶을 영위하는 데 있어 대단히 중요하다면, 건강한 몸은 그보다도 더욱 중요할 것이다. 다음 섹션에서 이에 대해 알아보자.

신체적 부

로마의 시인 베르길리우스는 "가장 큰 부는 건강이다"라고 말했다. 그로부터 2000년 후에 래퍼 푸샤 티^{Pusha T}는 말했다. "스티브 잡스에게 물어봐, 돈으로도 건강은 못 사지." 시대를 초월한 이 충고는 우리 삶에서 신체적 부가 다른 종류의 부보다 훨씬 우위를 차지하고 있음을 보여준다. 신체적 부가 없다면 다른 부는 궁극적으로 아무 쓸모도 없다. 심지어 이건 내 주관적인 의견이 아니다. 데이터가 이를 뒷받침한다.

앞서 사회적 부에서 행복감과 관련해 친구나 이웃을 정기적으로 만나는 것과 동일한 영향을 미치는 추가 소득에 관한 연구를 언급한 바 있다. 해당 연구에 따르면, 건강한 신체를 유지하는 것은 연 40만 달러를 추가로 버는 것과 같은 가치를 지닌다. 분석 대상이었던 다른 지표들의 네 배에 달하는 수치다. 해당 연구는 건강이 "연구진이 조사한 자산 중 단연코 가장 가치 있는 비금전적 자산"이라고 결론지었다.[18] 병에 걸리거나 다쳐본 적이 있다면 건강하지 않다는 느낌이 얼마나 심신을 약하게 만드는지 알 것이다. 방금 전까지 삶을 즐기고 있었는데 지금은 그 무엇 하나도 제대로 즐길 수가 없다. 나는 그럴 때마다 몸이 다시 건강해지려면 뭘 포기해야 할지 집착하게 된다. 그렇기에 신체적 부는 다른 어떤 종류의 부보다도 소중하다.

신체적 부를 증진하려면 어떻게 해야 할까? 연구 결과에 따르면, 신체적 부를 구성하는 네 가지 핵심 기둥을 강화해야 한다. 수면, 영양, 근력, 그리고 심폐 기능이다. 수면시간을 늘리라거나 몸에 좋은 식습관을 기르라는 얘기는 언급할 필요도 없다. 다들 한 번쯤은 들어봤을 테니까. 하지만 당신이 모를 수도 있는 것은 신체적 부에 있어 근력과 스태미나stamina가 상상 이상으로 중요하다는 점이다. 예를 들어, 현직 남성 소방관을 대상으로 한 연구에서 팔 굽혀 펴기를 40회 이상 할 수 있는 이들은 10회 이하에 그치는 이들에 비해 심혈관질환 발생률이 96%나 낮았다.[19] 다시 말해 체력이 강한 소방관은 심장마비를 겪을 확률이 낮다.

이러한 사실이 남성에게만 해당하는 것도 아니다. 여성은 근력 운동을 통해 남성보다 '더 큰 혜택'을 얻을 수 있다. 2024년 《미국 심장학회 저널》에 게재된 연구 논문은 "동일한 수준의 여가시간으로 신체 활동을 했을 때, 여성은 남성에 비해 전체 사망률 및 심혈관질환 사망 위험률 감소 효과가 더 크게 나타났다"라고 결론지었다. 논문의 결론은 신체 활동 전반에 대한 것이었지만, 여성의 사망 위험률을 가장 크게 감소시킨 활동은 주당 2~3회의 근력 강화 운동이었다. 이는 부분적으로 근력 운동을 하는 여성이 적다는 데 원인이 있다. 연구에 참가한 약 22만 5,000명의 여성 가운데 오직 20%의 참가자만이 매주 근력 운동을 하고 있었다.[20] 이러한 사실은 여성들이 운동 프로그램에 근력 운동을 포함시켜야 한다는 주장을 더욱 강하게 뒷받침한다.

근력 운동의 효과도 이처럼 확실한데, 심폐 기능에 관한 데이터는 그보다도 더욱 강력하다. 심폐 능력을 평가하는 가장 일반적인 방식은 최대 산소 섭취량^{VO2max}, 즉 신체 활동 중 섭취하는 산소의 최대량을 측정하는 것이다. 스탠퍼드 의과대학 피터 아티아^{Peter Attia} 의사는 최대 산소 섭취량의 중요성에 대해 2002년 8월 〈후버만 랩^{Huberman Lab}〉 팟캐스트에서 이렇게 설명한 바 있다.

> 하위 25%와 최상위 2.5%를 비교하면… 최하 25%를 그 연령대에서 최고로 뛰어난 이들과 비교하면… 전체 사망률에서 400%나 차이가 납니다.

다시 말해 나이대와 성별이 동일한 집단에서 최대 산소 섭취량이 최상위 2.5%에 속한다면 사망 위험률이 80%나 줄어든다는 얘기다. 아티아는 계속해서 이렇게 말한다. "수정이 가능한 행동 중에서 제가 아는 한 가장 연관성 높은 단일 요인일 겁니다."[21] 물론 건강상 유의미한 이득을 얻기 위해서 반드시 최대 산소 섭취량이 최상위 2.5%에 해당될 필요는 없다. 하위 25%에서 벗어나 50~75% 안에만 들어도(즉 평균보다 약간 위) 사망 위험률을 50%나 줄일 수 있기 때문이다. 참고로 비흡연자의 사망 위험률도 흡연자에 비해 고작 29% 낮을 뿐이다. 이렇게 설명해도 가끔 유산소 운동으로 심장 박동을 높여주는 게 얼마나 중요한지 모르겠다면 도대체 어떻게 달리 설득해야 할지 모르겠다.

신체적 부와 부의 사다리라는 맥락을 살펴보면, 돈 많은 사람들이 더 건강하다는 증거가 있다. 예를 들어 그 유명한 화이트홀 Whitehall(1960년대 영국에서 공무원을 대상으로 실시한 건강·스트레스에 대한 연구 – 옮긴이) 연구에 따르면, 흡연 유무와 운동 강도, 그리고 다른 요인들을 통제하더라도 낮은 사회 경제적 지위가 높은 심혈관질환 사망률과 상관관계가 있음을 알 수 있다.[22] 그러나 보다 최근의 연구는 이러한 결과가 금전적 격차보다 사회적 계급에 원인이 있음을 시사한다. 사회적 계급은 소득 및 부와 높은 상관관계를 지닌다. 건강에 영향을 미치는 것은 돈이 아니라 바로 이런 사회적 지위다. 연구 결과 "돈을 얼마나 많이 가지고 있는지(절대적 소득/자산)보다 다른 사람들과 비교했을 때 어느 정도 위치에 있는지(상대적 순위)가 건강에 더 영향을 주는 것으로 나타났다."[23] 이는 사회적 계급이 낮고 소득이 높을 때보다 사회적 계급이 높고 소득이 낮을 때 신체적으로 더 건강했다는 의미다. 가장 먼저 머릿속에 떠오르는 사례는 투자은행의 애널리스트다. 이 직업은 연봉은 높지만 스트레스가 엄청나기로 유명하다. 왜냐하면 애널리스트는 투자은행이라는 조직에서 최하위에 있기 때문이다. 해당 연구는 적은 돈을 벌더라도 사회적으로 높은 위치에 있다면 그 반대의 경우보다 더 행복할 거라고 암시한다.

정리하자면 돈이 당신의 신체적 부에 영향을 미치는 것은 사실이지만 그보다 더 강력한 영향을 미치는 것은 다른 요인들이다. 그리고 그 중 하나가 바로 우리가 천금을 주고도 살 수 없는 자원, 바로 시간이다.

시간적 부

시간적 부는 시간을 원하는 대로 쓸 수 있는 능력이다. 안타깝게도 대부분의 사람들은 시간적 부가 한정되어 있다. 일단 먹고 살려면 일을 해야 하기 때문이다. 우리는 하고 싶은 일을 원할 때 할 수 없다. 그랬다간 생계를 유지할 수 없기 때문이다. 이는 시대를 막론하고 대부분의 사람들이 살아가는 기본적인 방식이다. 역사적으로 우리는 그저 존재하는 데만도 시간이 필요했다.

그러다 지난 세기를 거치면서 인류에게 여가라는 개념이 도래했다. 《정치경제학 저널: 거시경제학》에 발표된 연구에 따르면, "오늘날 미국 노동자들의 노동시간은 연 평균 2,000시간인 반면, 1900년대 노동자의 노동시간은 그보다 50% 더 많았다." 이는 미국에만 국한되는 사실도 아니다. OECD 국가 42개국을 분석한 결과, 1인당 노동시간은 기본적으로 모든 국가에서 하락했다. 연구진은 이러한 변화가 임금 상승과 1900년 이후 여가용 재화 및 서비스의 실질 가격이 50% 하락한 데 원인이 있다고 본다.[24] 다시 말해, 더 많은 돈을 벌고 오락을 즐길 수 있는 가격이 저렴해지면서 더 적게 일하게 된 것이다. 일을 적게 하게 되자 시간적 부도 증가했다.

그러나 시간적 부가 늘었다고 항상 더 좋은 것은 아니다. 언제나 원하는 것을 할 수 있다는 것은 표면적으로는 좋아 보여도 주어진 시간에 무엇을 하고 싶은지 모른다면 실존적 위기로 이어질 수 있다. 행복하게 은퇴하는 법에 대해 가르치는 전직 교육심리학 교수 존 오스본John Osborne은 어니 젤린스키의 『은퇴생활백서』에서 이렇게 토로한 바 있다.

일을 중심으로 돌아가는 삶을 살고 있을수록 은퇴의 충격은 더 크게 다가올 것이다. 그것은 투자 포트폴리오를 다각화하지 않은 것과도 같다. 그러고 나서 직업이 사라진 후에야 현실을 맞이하게 되는 것이다. 마치 방대한 우주 공간에 내던져진 것처럼.[25]

별안간 시간적 부가 늘었지만 그 시간을 어떻게 써야 할지 모를 때, 우리는 '방대한 우주 공간에 내던져진' 느낌을 받게 된다.

자유로운 여가시간은 찬양의 대상이 되기 쉽지만 그보다 훨씬 더 중요한 것은 뚜렷한 목적을 갖고 시간을 보내는 것이다. 나라면 하루에 10시간씩 하는 일 없이 빈둥거리느니 차라리 하루에 1시

부의 사다리에 올라타라

간이라도 내게 중요한 일을 하는 데 쓰겠다. 시간이 많았으면 좋겠다고 갈망하기에 앞서 이미 갖고 있는 시간을 올바르게 쓰기 위해 노력하라. 세네카^{Seneca}의 「인생의 짧음에 관하여^{De Brevitate Vitae}」에 이런 구절이 있다.

살아갈 시간이 짧은 것이 아니라 우리가 많은 시간을 낭비하고 있는 것이다. 인생은 충분히 길며, 잘만 이용한다면 놀라운 업적을 이루기에 충분할 만큼 넉넉하다.[26]

물론 시간을 목적 있게 보내는 능력은 어느 정도의 금전적 부를 필요로 하는 사치이다. 이를 위해서 부의 사다리를 아주 높이 올라갈 필요는 없지만 최소한 1단계에서는 반드시 탈출해야 한다. 일단 1단계에서 벗어나면 보다 의미 있는 일과 여가 활동에 집중할 수 있다.

시간적 부의 진정한 기준은 얼마나 많은 자유 시간을 갖고 있느냐가 아니라 당신이 중요하게 생각하는 활동에 얼마나 많은 시간을 쓸 수 있느냐에 달려있다. 그 시간을 친구나 가족과 보낼 수도 있고, 정신건강이나 신체적 건강, 또는 경력을 개발하는 데 사용할 수도 있다. 어떤 결정을 하든 시간을 의도적으로 사용하라. 왜냐하면 시간은 뭘 어떻게 해도 정해진 이상으로는 얻을 수 없는 유일한 부이기 때문이다.

세상에는 수많은 종류의 부가 존재한다. 충만한 삶을 살기 위해서는 이들 사이의 적절한 균형을 찾는 것이 필수적이다. 하지만 안타깝게도, 이 모든 종류의 부를 동시에 극대화하는 것은 불가능하다. 한 가지를 추구하다 보면 다른 부에 사용될 자원까지 빼내 써야 하기 때문이다. 대학 생활에 관한 이런 농담을 아는가? "좋은 성적을 낼 수도 있고, 활발한 친목 활동을 즐길 수도 있고, 잠도 푹 잘 수 있지. 하지만 동시에 두 가지만 가능해."

실제로 한 가지 형태의 부를 다른 것에 앞서 선택해야 하는 것은 아니지만, 이미 가진 부에 대해서 어떻게 느끼느냐는 스스로가 결정해야 한다. '부유한 것'과 '부유하다고 느끼는 것' 사이에는 큰 차이가 있기 때문이다. 서류상으로 아무리 부유해도 스스로 그렇게 생각하지 않는다면 숫자는 아무런 의미가 없다. 1,000만 달러를 갖고 있어도 2,000만 달러가 필요하다고 느낀다면 당신은 5만 달러만 더 있으면 좋겠다고 생각하는 10만 달러를 가진 사람보다 항상 더 가난하다고 느낄 것이다. 부유하고 풍족한 삶을 결정하는 것은 숫자가 아니라 '감정'이다. 그리고 그 감정을 어디서 얻는지는 당신에게 달려있다.

결론적으로, 금전적 부는 당신이 가진 다른 형태의 부를 증폭시켜주는 역할을 한다. 그러므로 다른 형태의 부가 없다면 아무

부의 사다리에 올라타라

리 돈이 많아도 차이를 만들어내지 못할 것이다. 0을 아무리 많이 곱하더라도 결과는 여전히 0일 테니까. 그러니 늘 다른 종류의 부를 중요하게 여기며 세상을 살아가기 바란다. 그래야 부의 사다리를 오르는 여정이 가치를 발휘하게 될 것이다.

13

나는 어떻게
부의 사다리를 올랐는가?

우리 부모님은 1980년대 후반 맥도널드에서 일하다가 만나셨다. 어머니는 드라이브스루^{drive-thru} 창구에서 일했고, 아버지는 주방에서 일했다. 두 분 다 노동계급 출신의 서민층이었다. 할머니는 두 분 모두 전업주부였고, 할아버지 두 분도 육체노동자였다. 한 분은 시멘트공이고, 다른 한 분은 식료품점에서 일했다. 네 분 모두 대학 교육을 받지 않았다. 우리 부모님은 두 분 다 전문대에 다녔지만, 결국 자퇴했다. 두 분은 결혼을 하고, 나와 내 여동생을 낳고, 노동계급이 주로 거주하는 교외 주택가에 아파트를 샀다.

하지만 오래가지는 못했다.

내가 여섯 살 때 두 분은 파산 신청을 하고 이혼하셨다. 아버지는 집을 나가 삼촌과 같이 살기 시작했고, 그 후로 12년 동안 나는 격주로 주말마다 아버지를 만났다. 아버지와 어머니 모두 각자 따로 재혼했고, 여동생과 나는 의붓 가족과 함께 지내는 법을 터득했다.

나이가 들면서 점점 더 가난해지긴 했지만, 어렸을 때 배를 곯은 적은 없다. 내가 먹은 대부분의 음식은 집에서 조리한 것이거나 패스트푸드점에서 제일 저렴한 단품 메뉴였다(1달러 메뉴). 외식을 할 수 있는 건 특별한 날이거나 조부모님이 돈을 내줄 때뿐이었다.

돈과 관련해 어릴 적 내게 큰 영향을 준 기억은 별로 많지 않다. 그중 하나는 아주 어릴 적 어머니가 돈을 아끼려고 식료품점에서 저가 브랜드 상품을 샀던 일이다. 어머니는 가짜 오레오를 사거나 지프^{Jif} 땅콩버터가 아닌 다른 것을 사곤 하셨다. 내가 맛의 차이를 못 느낄 거라고 생각했던 걸까. 하지만 나는 항상 알았다. 또 다른 기억은 인터넷 요금을 내지 못했던 일이다. 중학교 시절 한두 번 있었던 일인데, 인터넷 없이 사는 몇 주일은 정말 고역이었다. 다른 친구들은 전부 AOL 메신저^{AIM}로 채팅을 하는데 나 혼자 끼지 못했다. 휴대전화나 문자 메시지가 흔해지기 전의 일이다. 그래서 인터넷을 사용할 수 없다는 건 사회생활에 문제가 생긴다는 뜻이었다. 마지막으로 나는 고등학교 때 차를 가져본 적이 없다. 항상 친구들에게 태워달라고 부탁하거나 아주 드물게 부모님이 차를 사용하지 않을 때나 빌려서 몰 수 있었다. 전반적으로 보면 사실 정말로 심각한 문제들은 아니었다. 하지만 어쨌든 아직도 기억이 난다.

내가 돈을 보다 깊이 이해하기 시작한 것은 대학에 들어가면서 였다. 나는 정말 운 좋게 바로 스탠퍼드대학교에 입학할 수 있었다. 아주 관대한 재정지원 정책 덕분이었다. 부모의 소득이 10만 달러 이하일 때는 등록금을 낼 필요가 없고, 6만 달러 이하면 기숙사비와 식비가 면제됐다. 나는 4년간 등록금을 내지 않았고, 4년 중 3년은 기숙사비와 식비도 낼 필요가 없었다. 정말 운 좋게 딱 맞는 시간에 딱 맞는 곳에 있었다.

나는 스탠퍼드대학교에서 지금까지와는 전혀 다른 생활방식과 교육방식을 접했다. 그중 많은 것이 돈과 연관되어있었다. 어떤 건 그리 중요하지 않았다. 이를테면 동급생 중 상당수가 유럽에 다녀온 적이 있었지만 나는 그런 경험이 없었다. 룸메이트들이 자기 SAT 과외 선생이 얼마나 이상했는지 수다를 떨 때도 나는 대화에 끼어들 수가 없었다. 한 번도 과외를 받아본 적이 없었기 때문이다.

계급과 에티켓과 관련된 일도 있었다. 나는 같은 기숙사 신입생들과 함께 처음 레스토랑에 갔던 일을 잊을 수가 없다. 애피타

부의 사다리에 올라타라

이저가 나왔는데, 아무도 음식에 손을 대지 않았다. 우리 집에서는 음식이 나오면 항상 식기 전에 바로 먹었는데. 하지만 그날 저녁에 나는 같은 테이블에 앉은 모든 사람의 음식이 도착할 때까지 기다렸다가 동시에 식사를 시작해야 한다는 사실을 처음 알았다. 혼자 음식을 먹는 것은 무례한 행동이었다. 그래서 내 음식이 나왔을 때 나는 움직이지 않았다. 그러더니 마지막 접시가 테이블에 도착하자마자 마치 '땅' 하고 출발 신호라도 울린 것처럼 모두가 식사를 시작했다.

그보다 더 중요한 차이점이 몇 가지 더 있었다. 예를 들면 인턴십에 지원할 때나 구직 활동을 시작할 때, 무엇을 어떻게 해야 하는지 아는 것 같은 것들이었다. 어느 날 친구 마이클이 던진 질문은 내 인생을 완전히 바꾸어 놓았다. "이번 여름 인턴십 어디에 넣을 거야?" 2학년이 된 지 얼마 안 된 겨울이었는데, 벌써 여름 인턴십 모집이 시작된 모양이었다(미국의 학기는 가을에 시작된다. ─옮긴이). 마이클은 내게 2학년 인턴십이 아주 중요하다고 설명해주었다. 2학년 때 인턴으로 일하면 다음 해인 3학년 때 인턴십 자리를 얻기가 더 용이했다. 그리고 3학년 때 인턴으로 일하고 완전히 망치지만 않는다면 졸업 후 취직자리는 이미 확정된 거나 마찬가지였다. 2학년 겨울에 어떤 결정을 하느냐에 따라 평생이 결정되는 것이다.

다만 한 가지 문제가 있었다. 마이클이 말해주기 전까지 나는

3 · 부자가 되는 나만의 목표 찾기

이 모든 사실에 대해 전혀 모르고 있었다. 그때까지 인턴십 지원서를 써본 적도 없었는데 벌써 많은 곳이 이미 마감돼 있었다. 얼마 안 되는 경험을 바탕으로 어떻게든 하룻밤 만에 지원서를 써냈지만 별 소용이 없었다. 나는 지원한 모든 곳에서 거절당했다.

당시에는 실패했다고 생각했지만, 나는 마이클과의 짧은 대화를 통해 이력서 만들기 모드에 돌입했다. 그 후로 1년 반 동안 경력을 쌓는 데 매달렸다. 연구 조교로 몇 가지 일을 했고, 덕분에 3학년 여름에 좋은 인턴십 자리를 얻을 수 있었다. 그리고 이 인턴십 덕분에 정규직 제안을 받았으며, 결국 그 일이 내 직업 경력의 시작점이 되었다.

대학을 졸업할 때까지 내 인생을 되돌아보면, 내가 어떤 시점에 어떤 부의 단계에 있었는지 딱 잘라 말하기는 어렵다. 내가 여섯 살 때 부모님이 파산했다는 건, 즉 내가 1단계(1만 달러 이하)였다는 의미다. 하지만 우리 부모님한테는 돈이 필요할 때 믿고 의지할 수 있는 가족이 있었고, 두 분 모두 각자 다른 시점에 부동산을 보유하고 있었다. 그러니 나는 사실 대부분의 어린 시절 동안 2단계였을지도 모른다.

그후 대학을 막 졸업했을 당시에는 아마도 2단계에 있었던 것 같다. 2012년 대학을 졸업했을 때, 내 이름으로 된 재산은 1,000달러가 전부였지만 사실 나는 1단계의 삶을 경험해본 적이 없다. 백만달러 컴백을 실험한 마이크 블랙처럼 나는 은행 계좌에는

부의 사다리에 올라타라

없는 많은 자산을 가지고 있었고, 그중 하나는 명문 사립대학에서 받은 교육이었다. 그러한 교육을 받은 덕분에 나는 대학을 졸업하자마자 괜찮은 소득을 올리고 돈도 저축할 수 있었다. 1년도 되지 않아 내 순자산은 1만 달러를 넘어섰다. 2단계가 뭔지도 알기 전에 공식적으로 2단계가 된 것이다.

하지만 나는 일찍 시작하는 게 얼마나 중요한지 알았기 때문에 계속해서 노력을 게을리하지 않았다. 당시에 내 목표는 10만 달러를 모으는 것이었다. 찰리 멍거가 먼저 10만 달러를 모으는 게 가장 중요하다고 강조했기 때문이다. 그는 이렇게 말했다. "무슨 수를 쓰든 상관없다. 어딜 가든 걸어 다니고 쿠폰으로 산 음식만 먹어도 좋으니 어떻게 해서든 10만 달러를 모아라."[1]

쿠폰으로 식료품을 사거나 차도 타지 않고 늘 걸어 다니지는 않았지만, 나는 10만 달러를 모으기 위해 최선을 다했다. 그 당시 나는 소송 컨설팅 회사에서 일했는데, 소송 건을 맡으면 각각의 소송에 대해 몇 시간을 일했는지 기록해야 했다. 또 보너스도 부분적으로 근무 시간에 따라 결정되었다. 그래서 더 많은 시간을 일하기 시작했다. 내가 맡은 모든 사건을 처리하고 여유가 되면 다른 팀 일까지 도왔다. 그러다 보니 어느새 업무량이 최대에 이르러 주기적으로 주당 50~60시간을 일하고 있었다. 쉬운 일은 아니었지만 그때 나는 20대 초반이었고, 내가 그럴 체력이 된다는 것도 알았다. 그보다 더 중요한 건 그 과정에서 귀중한 기술과

3 · 부자가 되는 나만의 목표 찾기

능력을 갖추게 되었다는 것이다. 나는 데이터 분석과 다양한 프로그램 언어의 코딩법을 배웠다. 팀원들과 협력하고 사람들을 관리하는 경험을 쌓았다. 또 커뮤니케이션 기술을 다듬고 글솜씨를 길렀다.

이 모든 노력에 대한 보상도 얻었다. 보너스 덕분에 소득이 늘기 시작했다. 나는 추가로 얻은 소득을 인덱스펀드와 ETF에 투자했다. 그때는 거의 글로벌 주식과 미국 채권에 투자했는데, 나중에 다른 수익 창출 자산으로 확대했다. 돈이 돈을 벌어오기 시작하자 정말 뿌듯한 기분이 들었다.

내가 사용한 전략은 효과가 있었다. 적어도 한동안은 말이다. 처음에는 보너스가 늘었지만 얼마 안 가 한계에 부딪혔다. 어느새 나는 MBA나 박사처럼 더 높은 학위가 없다면 더 많이 벌 수 없는 지점에 이르러 있었다. 원래라면 별로 개의치 않았겠지만, 문제는 내가 그 일을 별로 좋아하지 않았다는 것이다. 데이터를 다루는 것은 재미있었지만 소송 컨설팅에는 열정을 느낄 수가 없었다.

변화를 일궈야 할 때였다. 그래서 2017년, 나는 진정으로 좋아하는 것에 대해 글을 쓰기로 결심했다. 바로 개인 재무관리와 투자였다. 나는 오브달러스앤데이터닷컴 사이트를 만들어 일주일에 한 편씩 글을 올리기 시작했다. 첫해에는 힘들었다. 가슴 아픈 이별을 겪었고, 더는 소송 컨설팅 일도 즐겁지 않았다. 내 블로그

부의 사다리에 올라타라

가 성공할 수 있을지도 알 수 없었다.

나는 매주 10시간씩 투자해 블로그 글을 작성했다. 그러면서도 막막한 기분이 들었다. 실패할지도 모른다는 두려움에 사로잡혔다. 어찌나 암담했는지 처음에는 실패할까 봐 블로그를 익명으로 시작했을 정도였다. 그냥 포기할까 생각한 적도 부지기수였다.

인터넷 블로거에 대해 사람들이 말해주지 않는 사실이 하나 있다. 사람들은 당신의 글이 마음에 들지 않더라도 그게 형편없다고 말해주지 않을 것이다. 아니지, 대부분은 당신의 글이 마음에 안 들면 아예 아무 말도 하지 않는다. 정말로 무서운 건 악플이 아니라 무플이다. 차갑고, 단호하고, 무심한 침묵과 무반응 말이다. 그리고 그런 침묵은 귀청이 터질 만큼 시끄럽다. 홀로코스트 생존자이자 작가인 엘리 비젤^{Elie Wiesel}은 "사랑의 반대말은 미움이 아니라 무관심이다"라고 말했다. 콘텐츠를 만들어본 사람이라면 이게 무슨 의미인지 알 거다. 그들은 얼마나 처절하게 거절당할 수 있는지를 안다.

사람들이 말하는 거절은 거의 대부분 연애나 데이트 신청과 관련이 있지만, 온 세상이 볼 수 있는 공개적인 콘텐츠를 생산했을 때 받는 거절에 비하면 그런 건 아무것도 아니다.

잠재적인 파트너에게 거절당했을 때는 무수한 이유가 있을 수 있다. 당신의 외모가 매력적이지 못하다든지, 이미 연인이 있다든지, 아니면 그저 지금은 연애를 할 심정이 아니라든지, 뭐든 가능하다. 그런 건 당신이 어떻게 할 수 있는 부분이 아니다. 하지만 콘텐츠를 만들었는데 처참히 실패한다면? 그건 100% 온전히 당신 본인의 잘못이다.

10시간 동안 끙끙대며 블로그에 글을 올렸는데 결과가 그렇다고 생각해보라. 10시간이나 투자했는데 아무도 신경조차 쓰지 않는다. 그것도 5년간 사귀던 사람이 당신이 하는 일을 지지해주지 않아 헤어지기로 결심한 직후에 말이다. 어쩌면 그가 옳았는지도 모른다. 애초에 당신은 블로그를 시작할 만한 능력이 없었는지도 모른다. 그런 거부와 거절이 쌓이고 쌓여서 일주일이 지나고 또 일주일이 지나도 여전히 돌아오는 건 침묵뿐이라면? 그렇게 나는 거절 전문가, 무응답의 마스터가 되었다. 그때가 내가 정신적으로 가장 힘들었던 때였다.

그러다 2017년 말부터 뭔가 바뀌기 시작했다. 투자 컨퍼런스에서 확고한 명성을 가진 금융 전문 작가들을 만났는데, 그들은 나에게 계속 블로그에 글을 써보라고 자신감을 심어주었다. 그로부터 몇 달 뒤, 나는 그중 뉴욕에 자산관리사를 창립한 몇몇 이들에게 나 자신을 홍보했다. 나는 내가 좋아하고 관심 있는 일을 직업으로 삼고 싶었다. 다행히 내 노력은 효과를 거뒀다.

2018년 초반, 나는 첫 직장을 떠나 데이터 과학자로서 금융 서비스 업계에 첫발을 내디뎠다. 그리곤 6년간 일하며 부의 사다리 3단계에 확실하게 안착했다. 제일 좋았던 점은 내가 좋아하는 분야에 종사하고 있고, 계속해서 글을 써보라는 활발한 격려를 받고 있다는 것이었다. 정말이지 윈윈이 아닐 수 없었다.

그런데 뉴욕으로 이사를 하니 재정적으로 약간의 부담이 생겼다. 블로그 독자층이 조금씩 늘고 있었지만 내 부의 성장은 정체되어있었다. 뉴욕의 높은 생활비 때문에 돈을 저축하기도 힘들었다. 그런데 2020년에 모든 것이 바뀌었다.

코로나19가 세상을 강타하면서 주식시장이 곤두박질쳤다. 사람들은 집안에 갇혔고 인터넷을 돌아다니는 것 말고는 할 일이 없었다. 그 결과 내 블로그 방문율이 하늘을 찌를 듯 치솟았다. "VIX가 높을수록 클릭 수도 높아진다"라는 말이 있다. VIX는 시장 변동성을 나타내는 대표적인 지수인데, 2020년 3월 최고치인 85를 기록했다. 그러자 예상했던 대로 클릭 수가 폭발했다. 한 달도 안 돼 내 글의 페이지뷰가 세 배로 늘었다.

때마침 몇 달 전에 약간의 추가 수익을 위해 블로그에 광고 배너를 달기로 결심한 후에 일어난 일이었다. 그즈음까지 나는 블로그 글을 쓰는 데만 1,500시간을 투자했고 156개의 글을 포스팅했다. 3년 동안 매주 금요일마다 글을 쓰고 토요일이 되면 무료로 공개했다. 3년간 축적된 페이지뷰는 160만이었다. 이쯤 되니 블로그로 수익을 올릴 수 있겠다는 생각이 들었다. 하지만 유료 구독자를 받아 내 콘텐츠를 유료 장벽 뒤에 가둬두고 싶지는 않았다. 다른 사람의 재정관리에 진정 도움이 될 거라고 생각하

3 • 부자가 되는 나만의 목표 찾기

는 정보에 대해 접근을 제한하는 것은 옳지 않아 보였다. 나는 모두가 내 글을 읽고 거기서 배울 수 있길 바랐다. 그러니 웹 광고가 최선의 해결책 같았다. 어느새 나는 예전에 공짜로 나눠준 것을 통해 진짜 돈을 벌고 있었다. 정말로 제대로 된 온라인 사업을 하고 있었다.

그때부터 나는 4단계를 향해 부의 사다리를 조금씩 올라가기 시작했다. 몇 년이 지나자 독자가 늘었고, 새로운 광고 제안을 받고 파트너십도 체결했다. 첫 책도 출간했는데 놀랍게도 베스트셀러가 되었다. 그러는 동시에 사업으로 발생한 수익을 수익 창출 자산에 다시 투자했다. 다행히 시장은 내 편이었다. 2021년에는 사회생활을 시작하고 첫 3년 동안 직장에서 일하며 저축한 것보다도 더 많은 돈을 투자로 벌었다. 투자금의 규모가 어느 정도 커지고 나면 부가 얼마나 빨리 불어날 수 있는지 체감하는 것은 정말 놀라운 일이었다. 물론 2022년에 자산이 그때와 거의 비슷한 폭으로 줄어드는 것을 지켜보는 것은 참으로 고통스러웠지만, 다행히 시장은 결국 회복했다.

주말에는 내가 운영하는 사업을 확장하면서 평일에는 여전히 직장에 다녔다. 직장이나 사업, 둘 중 하나만으로는 부를 빠르게 쌓을 수 없었겠지만 양쪽을 동시에 굴리니 놀라운 결과가 나타났다. 나는 4단계 전략이 뭔지도 모르면서 이미 4단계 전략을 활용하고 있었던 것이다. 특히 콘텐츠라는 레버리지를 활용해 소득과

부의 사다리에 올라타라

시간을 분리하고 있었다. 아침에 블로그 글을 올리면 그날 하루 종일, 심지어 내가 잠든 사이에도 수입이 들어왔다. 레버리지가 나 대신 모든 것을 해주었다. 이러한 전략을 5년 남짓 유지했다.

이 방법은 효과가 있었다. 12년 동안 전업을 유지하면서 4년 동안 부업을 병행한 결과, 나는 나이 서른셋에 4단계에 도달할 수 있었다. 큰 재산을 상속받지도 않았다. 회사를 창업해 상장하지도 않았다. 투자를 해서 10배의 수익을 올린 것도 아니다. 그저 한 10년 정도 열심히 일하고, 높은 소득을 올리고, 주식시장에서 약간의 수익을 얻은 것뿐이다.

지금 와서 돌이켜보면 부의 사다리를 오르는 내 여정은 몇 개의 변곡점으로 정의할 수 있다. 나를 부의 사다리의 다음 단계로 올라갈 수 있게 해준 몇 차례의 순간들이 있다. 첫 번째는 대학교 2학년 때 이력서 만들기 모드에 들어갔을 때다. 그 덕분에 나는 졸업 후 좋은 직장을 얻어 2단계에 진입할 수 있었다. 그다음은 20대 초반 데이터/프로그래밍 능력을 쌓고 소득을 향상시킨 일이다. 그렇게 나는 3단계에 들어설 수 있었다. 그리고 마지막은 소송 컨설팅 회사에서의 첫 직업이 벽에 부딪혔다는 사실을 깨닫고 블로그를 시작한 것이다. 이는 내 경력을 변화시키고 4단계로 빠르게 상승할 수 있는 부업을 제공해주었다. 그렇지 않았다면 나는 4단계에 오르지 못했을 것이다.

돈으로 살 수 없는 것들

부의 사다리를 오르면서 거쳐온 이러한 변곡점들을 생각해보면, 당시에는 전혀 특별하지 않았다. 스티브 잡스는 2005년에 스탠퍼드대학교 졸업식에서 이런 연설을 했다. "앞을 내다보며 점을 이을 수는 없습니다. 오로지 되돌아볼 때나 가능하지요. 그러니 그러한 점들이 미래에 언젠가는 서로 연결될 것이라 믿어야 합니다."[2] 정말 운이 좋게도 내 점들은 서로 연결되었다. 하지만 당시 나는 중요한 결정을 내릴 때 길잡이가 될 수 있는 부의 사다리와 같은 개념을 알지 못했다. 부를 축적해감에 따라 어떻게 다른 전략을 사용해야 하는지도 알지 못했다. 난 그저 운 좋게 적절한 시간에 적절한 결정을 내리는 데 성공한 것뿐이다.

친구 마이클이 2학년 때 인턴십에 대해 묻지 않았더라면, 내가 어떻게 되었을지 상상하기는 어렵지 않다. 아마도 나는 뛰어난 이력서를 적을 만한 경험을 쌓지 못했을 것이다. 그래서 첫 인턴십을 따내지 못했을 테고, 그 결과 첫 직장에도 들어가지 못했을 것이다. 지금 당신이 읽고 있는 이 책도 출간되지 못했을 수 있다. 그 모든 일이 일어나지 않았을 테니까.

마이클이 내게 인턴십 게임에 대해 가르쳐준 지 1년 후, 나는 4학년으로 올라가기 전 여름 인턴십 자리를 얻기 위해 고전분투하고 있었다. 여러 곳에 응시했지만 이번에도 이력서 단계에서 통과하지 못했다. 지난 여름에 연구 조교로 일하긴 했지만 그것만으로는 면접 기회를 얻기에 충분하지 못했다. 경쟁이 너무 심했다. 어떤 회사도 내게 답해주지 않았다.

한편 그 일과는 상관없이, 어느 날 나는 보건경제학 교수인 제이 바타차리아^{Jay Bhattacharya} 박사님을 찾아갔다. 수업 과제로 쓰고 있던 소논문에 대해 상담하기 위해서였다. 오후 2시 약속이었는데 교수실에 도착하니 교수님이 안 계셨다. 나는 시곗바늘이 움직이는 모습을 멍하니 바라보며 앉아있었다. 5분이 지났다. 10분이 지났는데도 아직 교수님의 모습은 보이지 않았다. 그때쯤 그만 자리를 뜰까 생각하다가 몇 분만 더 기다려보기로 했다. 다행히 교수님은 2시 13분에 들어오셨다.

우리는 내 소논문에 대해 이야기를 나눴다. 대화가 끝나갈 무렵 교수님이 물었다. "이번 여름에는 뭘 할 계획이지?" 나는 올해 인턴십을 구하지 못해 이모가 일하는 창고에서 상자 옮기는 일을 할 거라고 대답했다. 그러자 바로 교수님이 말했다. "아니, 그러면 안 되지. 이력서를 보내주게." 그리곤 내게 스탠퍼드대학교의 다른 교수님이 운영하는 의료 컨설팅 회사에 대해 설명해주며 그곳에서 인턴으로 일하면 기술 능력을 키우는 데 도움이 될 거라고 하셨다. 나는 집에 돌아와 교수님께 이력서를 전송했고, 교수님은 그것을 다시 회사로 보냈다. 회사는 나를 면접에 불렀고, 나는 인턴십을 얻었다. 그 인턴십 덕분에 나는 첫 직장에 취직했으며,

그 결과 지금 이 자리에 올 수 있었다.

이 모든 게 어느 정도는 우연이 만들어낸 결과다. 내가 그날 교수님을 3분만 더 기다리지 않았더라면, 지금 내가 어디서 무엇을 하고 있을지 알 수 없다. 물론 운이란 우리 삶의 여러 부분에 영향을 미치곤 한다. 하지만 정말로 중요한 것은 그 행운이 찾아왔을 때 어떻게 하느냐다. 그렇다. 나는 대학 때 많은 거절을 겪었지만 그럼에도 주어진 모든 기회를 최대한 활용하려고 노력했다. 서민층 노동계급이라는 2단계 출신으로서 나는, 지금 이 위치까지 올 수 있으리라고 전혀 상상도 하지 못했다. 하지만 나처럼 이곳에 도달하는 것은 절대 버거운 일이 아니다. 30대 중반에는 힘들지 몰라도 여전히 많은 이들이 할 수 있다. 유명한 스포츠 전문 방송인인 스티븐 A. 스미스Stephen A. Smith가 2014년 5월 ESPN의 〈퍼스트 테이크First Take〉에서 이런 말을 했다.

모든 사람이 제이지가 될 수는 없습니다. 그런 사람은 10억 명 중에 한 명뿐이죠. 모든 사람이 샤킬 오닐이나 코비가 될 수도 없습니다. 그것도 10억 명 중 한 명이나 가능할 겁니다. 하지만 스티븐 A. 스미스가 될 수는 있습니다.[3]

아니면 닉 매기울리도 될 수 있다. 나와 정확히 똑같은 과정을 거치진 않더라도 비슷한 여정을 걸을 수는 있다. 나처럼 20대 초

부의 사다리에 올라타라

반이 아니라 30대 후반에 시작할 수도 있다. 부업을 하지 않고 사업에 사활을 걸 수도 있고, 힘들고 고된 일을 하거나 투자를 다른 방식으로 할 수도 있다. 뭐가 어찌 됐든 길은 있다. 당신은 그저 그 길을 찾기만 하면 된다.

최고 단계에 도달하는 것은 결코 쉬운 일이 아니다. 그곳에 이르는 이들은 기술적으로 대단히 숙련되고 특출난 배경을 지니고 있으며 운도 상당히 좋을 것이다. 마크 주커버그와 제프 베조스가 바로 그런 이들이다. 하지만 3단계나 4단계에 도달하는 것은 불가능한 일이 아니다. 열심히 일하고, 커리어를 계획하고, 훌륭하게 투자한다면 많은 이들이 그곳에 도달할 수 있다. 내가 그랬고 당신도 할 수 있다.

지금까지 무엇을 했는지는 중요하지 않다. 지난 세월 동안 인생을 낭비했다는 생각이 들더라도 어느 순간 모든 걸 뒤집을 수 있다면, 당신의 이야기를 완전히 새로 쓰고 관점을 바꿀 수 있다. 즉 완전히 새로운 시각으로 자신을 바라볼 수 있다. 과거란 궁극적으로 현재에 의해 정의되는 것이다. 과거는 고정된 것이 아니며 불변의 것도 아니다. 그저 당신의 머릿속 기억일 뿐이다. 그러니 현재를 바꿀 수 있다면 과거에 대한 해석도 바꿀 수 있다.

대학 때 인턴십을 신청하는 족족 떨어졌을 때, 나는 제대로 된 인맥도 없고 적절한 경험도 없고 친구들만큼 똑똑하지도 않다는 사실을 받아들일 수도 있었다. 하지만 나는 그러지 않았다. 나는 포기하지 않고 계속해서 지원했다. 나 자신을 증명하기 위해 열심히 노력했다. 내 결점에 대한 그런 믿음이 '당시'에는 사실이었을지 몰라도 지금은 그렇지 않다. 과거의 실패는 이제 더 이상 중요하지 않다. 왜냐하면 나는 나만의 성공 공식을 찾아냈기 때문이다. 당신도 할 수 있다. 적절한 전략을 찾아 활용하면 3단계나 4단계를 달성할 수 있다.

또한 어린 시절에 3, 4단계에서 성장하지 않았더라도 그곳에 도달하면 삶이 근본적으로 변할 수 있다. 부의 사다리를 오르고 나자 돈에 대한 내 관점도 완전히 바뀌었다. 나는 아직도 2012년 뮤직 페스티벌에 갔을 때 미니어처 술병을 몰래 챙겨간 것을 기억한다. 맥주 한 잔에 9달러씩이나 쓰고 싶지 않았기 때문이다. 하지만 이제는 여동생이 자동차가 고장 났는데 수리할 돈이 없다고 하면 동생이 원하는 만큼 돈을 보내줄 수 있다.

나와 돈의 관계는 지난 10년 사이 엄청나게 변했다. 예전의 나에게 돈이란 아끼고 모아야 하는 희귀한 자원이었다면, 지금은 나와 주변 사람들의 삶을 개선할 수 있는 도구다. 나는 가족이 어려울 때 그들을 도울 수 있게 되었다는 데 날마다 감사하다. 그것은 진정한 특권이다. 2단계에 머물렀을 때는 결코 쉽지 않았던 일이다.

동시에 부를 축적하게 되면서 나는 돈이 왜 상대적인 개념인지 더욱 잘 이해할 수 있게 되었다. 그것은 부의 사다리의 숨은 교훈이다. 내가 이를 '숨은' 교훈이라고 말하는 이유는 직접 경험하기 전까지는 온전히 이해하기가 어렵기 때문이다.

예를 들어, 나는 어렸을 때 사람들이 큰 상금을 타기 위해서라면 황당한 일도 마다하지 않는 리얼리티쇼를 보곤 했다. 그때는 공개적으로 망신을 당하더라도 2만 5,000달러를 탈 수만 있다면 그럴 수도 있다고 생각했다. 하지만 어느 정도 부를 쌓고 나니 그 모든 게 무척 우스꽝스럽다는 생각이 들었다. 도대체 왜 세금을 내고 나면 호화로운 휴가 몇 번으로 날아갈 돈을 벌기 위해 수백만 명의 사람들에게 사생활을 노출한담? 도무지 이해가 되지 않았다. 마찬가지로 전에는 부유한 사람이 어떻게든 세금을 덜 내려고 안간힘을 쓰는 이유도 절대 이해하지 못했다. 하지만 내가 낼 세율이 인상되니 그 심정이 이해가 가기 시작했다. 원래 뭐든 겪어봐야 아는 법이다.

그렇기에 돈은 상대적인 개념이다. 돈을 벌면 벌수록 돈에 대한 사고방식이 바뀌기 때문이다. 이 말이 얼마나 고깝게 들릴지는 나도 안다. 하지만 직접 경험하고 나면 관점이 변하기 마련이다.

마지막으로, 내가 부의 사다리로부터 배운 가장 중요한 교훈은 일단 돈을 충분히 갖게 되면 돈이 삶에 미치는 영향은 미미해진다는 것이다. 돈이란 나한테 없을 때 중요한 것이다. 작가 로렌스 여Laurence Yeo가 「돈의 무의미함The Nothingness of Money」이라는 글을 쓴 적이 있다. 이 글에서 그는 우리가 죽음을 마주할 때 돈이 실제로 얼마나 중요하지 않은지 깨닫게 된다고 말한다. "돈은 삶을 추구할 때는 필요하지만 죽음 앞에서는 무의미해진다."[4]

로렌스는 보다 넓은 맥락에서 말하는 것이지만, 이는 부의 사다리를 올라갈 때에도 적용된다. 앞에서도 언급했지만 부를 쌓게 되면 삶의 비금전적인 측면이 더욱 증폭된다. 돈으로 모든 것을 살 수 있는 것은 아니기 때문이다. 하지만 불행히도 우리는 이 사실을 돈을 갖기 '전'이 아니라 '후'에야 깨닫는 경향이 있다.

부를 쌓는 데 따른 가장 큰 아이러니는 살면서 느낄 수 있는 가장 큰 즐거움 중 많은 것이 공짜라는 것이다. 친구들과 어울리기, 가족들과 시간 보내기, 훌륭한 건강 상태 유지하기, 그리고 나 자신에 대해 만족하기 등등. 이 중에 돈만으로 해결할 수 있는 것은 없다. 작가이자 AI 연구자인 닉 카마라타Nick Cammarata 역시 부유한 친구들의 경험에 대해 이야기하며 비슷한 결론을 내렸다. 그의 친구들이 애초에 돈을 벌고 싶었던 이유는 주로 금전적으로 가질 능력이 안 되는 것들에 초점을 맞췄기 때문이다. 하지만 막상 부유해진 후 자신이 진정 원하는 것이 무엇인지 곰곰이 생각해보자, 그들은 그것들이 사실은 상대적으로 그리 비싸지 않다는 사실을 깨달았다. 그래서 그들은 돈이 덜 들어가는 일을 하게 되었고, 결과적으로 애초에 갈망하던 돈은 별로 필요하지 않게 되었다.[5]

많은 이들이 부를 좇느라 그토록 많은 시간을 허비한 '뒤에야'

　　　　　　　　　　　부의 사다리에 올라타라

이 교훈을 배운다는 사실은 참으로 잔인한 아이러니다. 하지만 또 달리 생각해보면, 부를 향한 여정 초반에 이런 깨달음을 얻는 것은 아주 어려운 일이다. 직접 경험하지 않으면 새로운 관점을 갖기가 어려우니까. 발달심리학자인 대니얼 레빈슨^{Daniel Levinson}은 『남자가 겪는 인생의 사계절<i>The Seasons of Man's Life</i>』에서 이렇게 말했다.

> 인간의 발달 과정에서 가장 큰 패러독스 중 하나는 우리가 현명한 판단에 필요한 지식과 판단력, 자기 이해력을 키우기 전에 매우 중요한 선택을 해야 한다는 것이다. 하지만 진정으로 준비되었다고 느낄 때까지 이러한 선택을 미룬다면 또 다른 커다란 대가를 치러야 한다.[6]

나는 이게 어떤 기분인지 안다. 나 역시 잘 모르는 상태로 돈을 추구하는 실수를 저질렀으니까. 그리고 왜 다른 사람들이 이런 실수를 저지르는지도 안다. 왜냐하면 돈은 숫자로 측정하기가 쉽기 때문이다. 반면 삶에서 진정 원하는 것을 아는 것은 다르다. 인간관계나 건강은 은행 계좌에 적힌 숫자와는 달리 정확히 파악하기가 어렵다. 그래서 우리는 가장 쉽게 수치화할 수 있는 것, 즉 부의 의미를 극대화하게 되는 것이다. 아이러니한 일이지만, 나는 경력 초기에 부를 쌓는 데 너무 집중한 나머지 삶에서 비금전적인 것들의 중요성을 오히려 일찍 깨달을 수 있었다.

친구들이 뉴욕을 방문할 때마다 나는 일부러 시간을 내어 친구를 만난다. 매년 어머니의 날이면 여동생과 함께 어머니를 모시고 여행을 간다. 아내가 저녁에 영화를 보자고 하면 절대로 일이 있다는 핑계로 거절하지 않는다. 무슨 일이 있어도 매일 운동을 하려고 노력한다. 나는 돈으로 '살 수 없는' 것들에 우선적으로 집중하기로 결심했다. 삶에서 장기적으로 중요한 것은 바로 그것들이기 때문이다. 하지만 내 말을 무조건적으로 믿을 필요는 없다. 부의 사다리를 오르면 직접 체감하게 될 테니까.

부의 사다리에 올라타라

복잡함 속에 존재하는 단순함

질문 하나, 원의 면적을 구하는 법을 아는가? 나와 비슷하다면 오래전 수학 시간에 배운 공식을 본능처럼 기억하고 있을 것이다. 혹시 공식이 기억나지 않더라도 인터넷을 검색하면 쉽게 찾을 수 있다. 어쨌든 원의 면적 공식은 이렇다.

$$\text{원의 면적} = \pi \times \text{반지름}^2$$

이 공식이 원의 면적을 구하는 쉬운 방법이다. 이게 다 고대 그리스인들이 π(약 3.14)를 발견한 덕분이다. 하지만 π가 없을 때는 어떻게 했을까? 이 공식이 없었다면? 그때는 원의 면적을 어떻게 알아냈을까?

똑똑한 고대 그리스인들은 π와 원의 면적 공식이 없었을 때도 이 문제를 해결하는 아주 영리한 방법을 알고 있었다. 그들은 근삿값을 이용했다.

먼저 곡선이 없는 도형, 즉 정사각형이나 육각형을 원에 꽉 차게 집어넣는다. 기하학에서는 이를 '내접'이라고 하는데, 가령 원 안에 사각형을 내접하면 다음과 같은 모양이 된다.

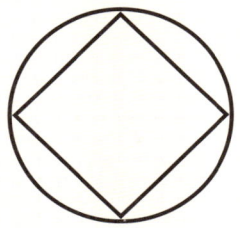

그런 다음 원 안에 내접한 정사각형의 면적을 구한다(한 변의 길이를 제곱).

다음에 할 일은 다른 정사각형을 원 바깥쪽에 닿도록 두르는 것이다. 이것을 '외접'이라고 한다.

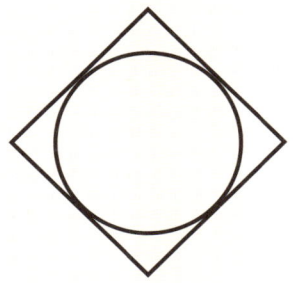

부의 사다리에 올라타라

이제 바깥쪽 정사각형의 면적을 구한다.

이렇게 원 바깥쪽에 있는 정사각형과 원 안쪽에 있는 정사각형의 면적을 각각 구하고 나면 대략적인 원의 면적을 알 수 있다. 어떻게 그게 가능하냐고? 일단 두 정사각형의 면적을 알고 나면 원의 면적이 큰 정사각형과 작은 정사각형의 '사잇값'임은 알 수 있다. 어쨌든 이 원은 안쪽 사각형보다는 크고 바깥쪽 사각형보다는 작으니까 말이다. 따라서 원의 면적은 내접한 정사각형보다는 크고 외접한 정사각형보다는 작을 것이다.

세 개의 도형을 한꺼번에 그려보면 이해하기가 쉽다.

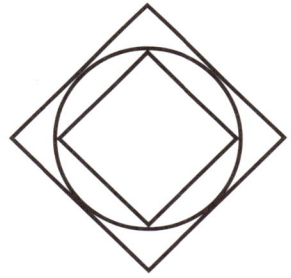

이것이 고대 그리스인이 π나 원의 면적에 관한 공식이 생기기 전에 원의 면적을 대략적으로 구한 방식이다.

하지만 정사각형을 사용하는 것보다 더 좋은 방법이 있을까? 물론이다. 원 안쪽에 정육각형을 내접하고 바깥쪽에도 육각형을 외접하는 것이다. 그러면 이렇게 보인다.

에필로그

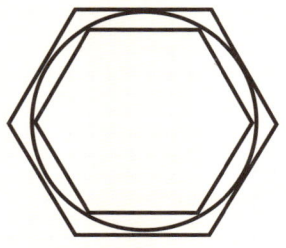

내접한 육각형은 내접한 정사각형보다 더 많은 면적을 차지하고, 외접한 육각형은 외접한 정사각형보다 원 바깥쪽에 남는 면적이 더 작다. 즉 내접한 육각형의 면적은 내접한 사각형보다 원의 면적에 더 가깝고 외접한 육각형의 넓이 또한 외접한 사각형보다 더 원의 면적에 가깝다는 얘기다. 변이 4개인 도형에서 6개인 도형으로 바꾸자 근삿값의 추정치가 구하고자 하는 값에 더 가까워졌다.

이제 외접 및 내접하는 도형의 변을 점점 늘려가며 이 과정을 반복한다고 생각해보자. 내접한 육각형과 외접한 육각형의 면적을 구한 후에는 팔각형으로 같은 과정을 반복할 수 있다. 팔각형의 면적을 구한 후에는 십각형을 이용한다. 이런 식으로 계속하다 보면 내접한 도형과 외접한 도형의 면적은 점점 더 원의 면적에 가까워진다. 그리고 변의 수가 무한한 도형을 원에 내접 및 외접한다면 그 도형은 실질적으로 원과 동일한 면적을 가질 것이다. 이러한 방식을 소진법이라 하는데, 이는 고대 그리스인들이

부의 사다리에 올라타라

복잡한 문제를 어떻게 훨씬 단순한 방식을 사용해 해결했는지 보여준다.

고대 그리스 시대 이후로 세상은 훨씬 더 복잡해졌다. 인터넷이 탄생하면서 이제 정보는 인류 역사상 그 어느 때보다도 빠른 속도로 퍼져나간다. 인스타그램에는 매일 6,700만 개의 새로운 포스팅이 올라오고 엑스(X · 엣 트위터)는 하루에 약 5억 개의 트윗을 생산하며, 구글에서는 매일 35억 건의 검색이 이뤄진다. 유튜브에는 날마다 72만 시간의 새로운 영상이 추가된다.[1] 매일같이 인간의 한평생과 맞먹는 시간(82년)이 업로드되는 셈이다.

이처럼 넘쳐나는 정보의 물결 속에서 새로운 문제가 발생했다. 수세기 전 우리가 필요한 정보를 찾는 데 어려움을 겪었다면 오늘날에는 정보를 가려내기 어렵다는 문제가 생겼다. 미국의 역사학자 엘리자베스 아이젠슈타인Elizabeth Eisenstein은 "'인류의 기억의 손실'에 대해서는 걱정하지 않아도 될 것 같다. 그보다는 기억 회로의 과부하에 대해 걱정해야 할 것이다"[2]라고 말했다. 21세기의 어려움은 정보를 얻는 것이 아니라 올바른 정보를 얻는 데 있다. 소음 속에서 신호를 가려내야 하는 것이다.

다행스럽게도, 때때로 그런 신호를 찾을 수 있는 방법은 우리가 생각하는 것보다 더 단순하다. 역사상 기술적으로 가장 뛰어난 헤지펀드 중 하나인 르네상스 테크놀로지Renaissance Technologies는 상대적으로 단순한 방법론을 사용해 시장을 능가하는 수익률을 자

랑해왔다. 계산생물학자computational biologist(컴퓨터 과학, 데이터 분석
및 컴퓨터 시뮬레이션 방식을 사용하여 생물학적 시스템과의 관계를 이해
하는 것을 의미 – 옮긴이)인 닉 패터슨Nick Patterson 박사는 그곳에서
일했던 경험에 대해 이렇게 말했다.

재미있는 점은 데이터 분석을 할 때 가장 중요한 것이 간단한 일을
제대로 하는 것이다. 사실 우리가 르네상스에서 뭘 했는지 말해주자
면, 그건 별로 비밀도 아니다. 내 생각에 우리의 가장 중요한 통계 도
구는 종속변수 하나, 독립변수도 하나인 아주 간단한 회귀분석이었
다. 아마 당신이 상상할 수 있는 가장 간단한 통계 모델일 거다. 조금
똑똑한 고등학생도 할 수 있을 만큼 간단했는데, 우리 헤지펀드에는
세상에서 가장 똑똑한 사람들이 일하고 있었다. 하버드 출신의 초끈
이론학자string theorist가 그런 단순한 회귀분석을 하고 있었으니 그
만큼 멍청하고 의미 없는 일이 또 있을까? 이런 일에는 좀 덜 똑똑
한 사람들을 고용해서 돈을 아끼는 게 낫지 않을까?
대답은 '아니오'다. 그 이유는 아무도 당신에게 어떤 변수를 회귀분
석해야 하는지 알려주지 않기 때문이다. 종속변수는 뭐지? 회귀분
석을 하기 전에 비선형 변환을 해야 할까? 데이터 출처는 어디야?
데이터를 정제해야 할까? 말도 안 되는 결과가 나왔을 때 그 사실
을 알아차릴 수 있을까? 등등. 게다가 똑똑할수록 어리석은 실수를
할 가능성이 적다. 내 생각에는 그게 바로 기술적으로 아주 쉬워 보

부의 사다리에 올라타라

이지만 실제로는 그렇지 않은 일에 똑똑한 사람이 필요한 이유다.[3]

르네상스 테크놀로지는 복잡함 속에 숨은 단순함을 발견해 세계 최고의 수익률을 자랑하는 헤지펀드 중 하나가 되었다. 하지만 불행히도 이 세상의 대부분은 르네상스의 모델을 따르지 않는다. 모든 것은 단순해지기는커녕 점점 더 복잡해지고 있다.

이 책은 우리의 재정적 삶에 나타나는 이러한 흐름을 되돌리려는 시도이다. 부의 사다리의 목표는 부의 복잡한 세계를 이해하고 이를 꿰뚫어 볼 단순명료한 기본 틀을 제공하는 것이다. 그것은 우리 삶에서 가장 복잡한 문제 중 하나, 즉 돈에 대한 단순한 솔루션이다.

부의 단계마다 성장을 위해 집중해야 할 하나의 핵심 전략이 존재하는 이유도 바로 여기에 있다. 1단계에서는 안정성, 2단계에서는 교육이다. 그리고 3단계에서는 투자에 집중해야 한다. 4단계에서는 사업을 시작하고, 5단계에서는 규모를 확장해야 한다. 6단계에 도달하면 부를 지키는 데 초점을 맞춰야 한다. 하지만 이는 부의 사다리의 금전적 측면에 불과하다. 3부에서 논했듯이, 부는 단순히 당신이 축적한 돈만을 의미하는 게 아니라 돈과 더불어 지금까지 구축한 삶의 모든 측면을 가리킨다.

매일같이 엄청난 양의 정보가 쏟아지는 오늘날의 세상에서 우리는 무엇이 중요하고 그렇지 않은지 어떻게 판단할 수 있을까?

내가 모든 답을 아는 것은 아니다. 하지만 부를 쌓는 데 있어서 내 역할을 다하기 위해 노력했다.

여기까지 읽어준 독자 여러분께 감사한다.

부의 사다리에 올라타라

감사의 말

초안에 피드백을 제공해준 칼 조지프-블랙Carl Joseph-Black, 케이티 개티 타신Katie Gatti Tassin, 프레이저 라이스Prazer Rice와 냇 엘리아슨Nat Eliason에게 감사한다. 이 책의 훌륭한 부분은 전부 그들 덕분이며, 실수는 전부 내 탓이다. '부의 사다리'라는 개념을 처음 구상했을 때부터 인내심을 가지고 이끌어준 내 에이전트 데이비드 퍼게이트David Fugate에게도 감사한다. 그는 이 책에 없어서는 안 될 존재다.

환상적으로 훌륭한 내 편집자 노아 슈워츠버그Noa Schwartzberg에게도 각별한 감사의 인사를 전하고 싶다. 그가 없었다면 이 책은 존재하지 못했을 것이다. 노아, 내가 아직 준비되지 않았다고 생각할 때부터 오랫동안 이 책을 써야 한다고 격려해주어 감사합

감사의 말

니다. 당신 제안을 받아들여서 정말 다행이에요.

사랑하는 아내 피욜라Fjolla에게도 감사한다. 이 책을 집필하는 내내 아내는 변함없는 격려와 지지를 보내주었다. 내 꿈을 좇을 수 있게 시간과 공간, 영감을 줘서 고마워. 당신 덕분에 훨씬 행복한 삶을 살 수 있게 되었어. 사랑해.

처음부터 나를 믿어준 할아버지, 할머니, 어머니, 아버지, 그리고 여동생에게도 고맙다고 말하고 싶다. 여러분은 항상 내 편이 되어주었고, 오늘의 내가 있게 해준 최고의 가족이에요.

마지막으로 이 모든 것을 가능하게 해준 독자 여러분께 감사한다. 2017년에 처음 블로그에 글쓰기를 시작했을 때만 해도 아무도 내게 관심조차 두지 않을 거라고 생각했다. 하지만 다행히 몇 분이 나를 알아봐 주었다. 참으로 영광스럽고 과분한 일이었다. 다시 한 번 감사드린다.

부의 사다리에 올라타라

주석

<u>프롤로그</u>

1. Jeremy Goldman, "13 Insightful Quotes from Intel Visionary Andy Grove," Inc., March 22, 2016, https:// www.inc.com/ jeremy- goldman/ 13_ insightful- quotes- from- intel- visionary- andy- grove.html.

2. UBS, "Global Wealth Report 2024," UBS Global Wealth Manage\-ment, July 2024, https:// www.ubs.com/ us/ en/ wealth- management/ insights/ global- wealth- report.html; Henley & Partners, Centi- Millionaire Report 2024, June 2024, https:// www.henleyglobal.com/ publications/ centi- millionaire- report- 2024.

3. Board of Governors of the Federal Reserve System, "Survey of Consumer Finances)" 2023년 최종 수정, https://www.federalreserve.gov/econres/ scfindex.htm, Henley & Partners, Centi-Millionaire Report 2024, June 2024, https://www.henleyglobal.com/publications/centi-millionaire-report-2024. 2022년 소비자금융조사의 전체 인터뷰 중 25%가 2023년 1~4월에 실시되었다 (참조: https://www.federalreserve.gov/publications/files/scf23.pdf). 따라서 2024 UBS 글로벌 자산 보고서의 2023년 세계 데이터와의 일관성 및 단순성을 위해 2023년을 기준으로 참고하였다.

1장 부의 사다리를 오르는 0.01%의 지출

1. Pliny the Elder, The Natural History, Book IX, The Natural History of Fishes, Chapter 58, "Instances of the Use of Pearls," ed. John Bostock and H. T. Riley, http://data.perseus.org/citations/urn:cts:latinLit:phi0978.phi001.perseus-eng1:9.58.

2. Fatih Guvenen, Fatih Karahan, Serdar Ozkan, and Jae Song, "What Do Data on Millions of U.S. Workers Reveal About Life- Cycle Earnings Risk?," Working Paper 20913, National Bureau of Economic Research, January 2015, http:// www.nber.org/ papers/ w20913.

3. Karen Dynan, Douglas Elmendorf, and Daniel Sichel, "The Evolution of Household Income Volatility," B.E. Journal of Economic Analysis & Policy 12, no. 2 (2012), https:// doi.org/ 10.1515/ 1935- 1682.3347.

4. Christina Gough, "Average Sports Salaries by League," Statista, June 1, 2023, https:// www.statista.com/ statistics/ 675120/ average- sports-salaries_by_league/.

2장 부의 사다리를 오르는 소득의 법칙

1. Panasonic Group, "Corporate History," https:// holdings.panasonic/ global/ corporate/ about/ history/ chronicle.html; "From Birth to the Founding of the Company," https:// holdings.panasonic/ global/ corporate/ about/ history/ chronicle/ 1894.html; "Panasonic Launched," https:// holdings.panasonic/ global/ corporate/ about/ history/ chronicle/ 1918.html.

2. "The 'God of Management' Explained How to Practice the Spirit of Capitalism," The Liberty Web, February 3, 2015, https:// eng.the- liberty.com/ 2015/ 5649/; Karl Schoenberger, "Konosuke Matsushita; Japan Industrialist, Billionaire," Los Angeles Times, April 28, 1989, https:// www.latimes.com/ archives/ la_xpm- 1989_04_28_mn_1905- story.

html.

3. Eric Jorgenson, "How to Manage Opportunity Cost: Attention Thresholds in Personal Wealth Building," December 23, 2021, https:// www. ejorgenson.com/ blog/ opportunity- cost- attention- thresholds.

4. Eric Jorgenson, "How to Manage Opportunity Cost,"

5. Board of Governors of the Federal Reserve System, "Survey of Consumer Finances," last modified 2023, https:// www.federalreserve.gov/ econres/ scfindex.htm.

6. Bureau of Labor Statistics, "Table 7. Survival of Private Sector Establishments by Opening Year," last modified April 2024, https:// www. bls.gov/ bdm/ us_ age_ naics_ 00_ table7.txt.

7. Naval Ravikant, "Product and Media Are New Leverage," YouTube video, 5:18, April 17, 2019, https:// youtube.com/ watch? v= GtyWqj2ESiQ& list= UUh_ dVD10YuSghle8g6yjePg.

8. Fred Schwed Jr., Where Are the Customers' Yachts?: Or a Good Hard Look at Wall Street (Hoboken, NJ: Wiley, 2006).

9. Jack Butcher, X (formerly Twitter) post, February 4, 2021, 8:40 p.m., https:// x.com/ jackbutcher/ status/ 1357549632361017346? s= 20.

3장 부의 사다리를 오르는 투자 방식

1. Board of Governors of the Federal Reserve System, "Survey of Consumer Finances," last modified 2023, https:// www.federalreserve.gov/ econres/ scfindex.htm.

2. Nick Maggiulli, Just Keep Buying: Proven Ways to Save Money and Build Your Wealth (Petersfield, NH: Harriman House, 2022).

1. Mike Black, Million Dollar Comeback, YouTube video series, 2020–2021, https:// www.youtube.com/ playlist? list= PLsHj7wHXk_30MNctxxcB7oO68PCcw2WGQ.

2. William T. Vollmann, Poor People (New York: Ecco Press, 2008).

3. Kartik Athreya, José Mustre- del- Río, and Juan M. Sánchez, "The Persistence of Financial Distress," Review of Financial Studies 32, no. 10 (2019): 3851– 83, https://doi.org/10.1093/rfs/hhz009.

4. David U. Himmelstein et al., "Medical Bankruptcy: Still Com\-mon Despite the Affordable Care Act," American Journal of Public Health 109, no. 3 (March 2019): 431– 33, https:// doi.org/ 10.2105/ AJPH.2018.304901.

5. Warren Buffett, "Warren Buffett, Lecture, Nebraska Educational Forum, 1999," YouTube video, 59:39, Investor Archive, October 11, 1999, https:// www.youtube.com/ watch? v= HM9h9t1vpIE.

6. Board of Governors of the Federal Reserve System, "Survey of Consumer Finances," last modified 2023, https:// www.federalreserve.gov/ econres/ scfindex.htm.

7. U.S. Bureau of Labor Statistics, "Consumer Expenditure Survey, 2022," U.S. Department of Labor, 2023, https:// download.bls.gov/ pub/ time. series/ cx/.

8. Jackson Gruver, "Biggest College Regrets," PayScale, June 25, 2019, https:// www.payscale.com/ research- and- insights/ biggest- college-regrets/.

9. Ruby K. Payne, A Framework for Understanding Poverty (High\-lands, TX: aha! Process, Inc., 2018), 49.

10. Daryl Collins et al., Portfolios of the Poor: How the World's Poor Live on $2 a Day (Princeton, NJ: Princeton University Press, 2010).

11. Chris Arnade, Dignity: Seeking Respect in Back Row America (New

York: Sentinel, 2019).

5장 부의 사다리 2단계[1만~10만 달러] – 교육&스킬 전략

1. "Trained to Be a Genius, Girl, 16, Wallops Chess Champ Spassky for $110,000," Chicago Tribune, February 18, 1993, https:// www. chicagotribune.com/ 1993/ 02/ 18/ trained_to_be_a_genius- girl_16_ wallops- chess- champ- spassky- for- 110000/.
2. "Best Paying Jobs," U.S. News & World Report, https:// money.usnews. com/ careers/ best- jobs/ rankings/ best- paying- jobs.
3. Board of Governors of the Federal Reserve System, "Survey of Consumer Finances," last modified 2023, https:// www.federalreserve.gov/ econres/ scfindex.htm.
4. Adam Looney and Constantine Yannelis, "A Crisis in Student Loans?: How Changes in the Characteristics of Borrowers and in the Institutions They Attended Contributed to Rising Loan Defaults," Brookings Papers on Economic Activity 2015, no. 2 (2015): 1– 89.
5. Food and Agriculture Organization of the United Nations (FAO), World Food and Agriculture— Statistical Yearbook 2023 (Rome: FAO, 2023), https:// doi.org/ 10.4060/ cc8166en.
6. Paul Graham, "How to Do Great Work," Paul Graham (blog), July 2023, https:// paulgraham.com/ greatwork.html.
7. James Donaldson, interviewed by Joe Rogan, "Mr.Beast," The Joe Rogan Experience (podcast), March 7, 2022, https://open.spotify.com/ episode/5lokpznqvSrJO3gButgQvs.
8. Nicolas Vega, "MrBeast Brings in $700 Million a Year but Says He's Not Rich: 'I've Reinvested Everything to the Point of Stupidity,' " CNBC, February 15, 2024, https:// www.cnbc.com/ 2024/ 02/ 15/ mrbeast- brings_in_700- million_a_yearheres- why_he_says- hes- not- rich.

html.

9. Scott Galloway, The Algebra of Wealth (New York: Portfolio/ Penguin, 2024), 60.

10. Board of Governors of the Federal Reserve System, "Survey of Consumer Finances," last modified 2023, https:// www.federalreserve. gov/ econres/ scfindex.htm.

11. "Sam Altman: How to Build the Future," Y Combinator (podcast), YouTube video, September 27, 2016, https:// www.youtube.com/ watch? v= sYMqVwsewSg.

6장 부의 사다리 3단계[10만~100만 달러] – 투자 전략

1. Gary Flandro, "Fast Reconnaissance Missions to the Outer Solar System Utilizing Energy Derived from the Gravitational Field of Jupiter" (PDF), Astronautica Acta, 12, no. 4 (1966): 329–37, http:// www.gravityassist. com/ IAF3_2/ Ref.% 203- 143.pdf.

2. Nick Maggiulli, "Go Big, Then Stop," Of Dollars And Data (blog), July 27, 2021, https:// ofdollarsanddata.com/ go_big- then- stop/.

3. "William Preston Lane Jr. Memorial (Bay) Bridge (US 50/ 301)," Maryland Transportation Authority, https:// mdta.maryland.gov/ Toll_ Facilities/ WPL.html.

4. Trip Gabriel, "Quelling Anxiety Across the Chesapeake," New York Times, May 26, 2013, https:// www.nytimes.com/ 2013/ 05/ 27/ us/ service- aids- fearful- drivers- across- the- chesapeake.html.

5. "Meet Twiggy, the Globe- Trotting Squirrel," Twiggy's Inc., https:// twiggysinc.com/ #about/.

6. 소득 역동성 패널 연구, 공개 데이터세트, 미시간대학교 사회조사연구소(Institute for Social Research) 조사연구센터(Survey Research Center) 제작 및 배포, 앤 아버, 미시간, 2024.

7. 소득 역동성 패널 연구, 공개 데이터세트
8. 소득 역동성 패널 연구, 공개 데이터세트

7장 부의 사다리 4단계[100만~1,000만 달러] – 창업 전략

1. Robert Trumbull, "World's Richest Little Isle," New York Times, March 7, 1982, https:// www.nytimes.com/ 1982/ 03/ 07/ magazine/ world_s_ richest- little- isle.html.

2. Asian Development Outlook 2005 (Hong Kong: Asian Development Bank, 2005), 204–6, available at https://www.adb.org/sites/default/files/ publication/27713/ado2005.pdf.

3. Peter Dauvergne, "A Dark History of the World's Smallest Island Nation," MIT Press Reader, July 22, 2019, https:// thereader.mitpress.mit.edu/ dark- history- nauru/.

4. Noah Kagan, X (formerly Twitter) post, December 18, 2023, 4:19 p.m., https:// x.com/ noahkagan/ status/ 1736858651351032311? s= 20.

5. Amy C. Arnott, "15 Funds That Have Destroyed the Most Wealth over the Past Decade," Morningstar, February 2, 2024, https:// www.morningstar. com/ funds/ 15_funds- that- have- destroyed- most- wealth- over- past- decade.

6. Succession, season 2, episode 9, "DC," October 6, 2019, HBO.

7. Marshall Goldsmith, What Got You Here Won't Get You There: How Successful People Become Even More Successful (New York: Hyperion, 2007).

8. Felix Dennis, How to Get Rich (New York: Portfolio/ Penguin, 2008), 170.

9. Board of Governors of the Federal Reserve System, "Survey of Consumer Finances," last modified 2023, https:// www.federalreserve.gov/ econres/ scfindex.htm.

10. Jim Taylor, Doug Harrison, and Stephen Kraus, The New Elite: Inside the Minds of the Truly Wealthy (New York: AMACOM, 2009), 42.

11. Alfred North Whitehead, An Introduction to Mathematics (1911; Project Gutenberg, 2012), 46, https:// www.gutenberg.org/ files/ 41568/ 41568-pdf.pdf.

12. "Elon Musk, 'Starting a Company Is Like EATING GLASS…,'" YouTube video, July 31, 2023, https:// www.youtube.com/ watch? v= 5r4JXqovL54.

13. "NVIDIA CEO Jensen Huang," Acquired (podcast), YouTube video, October 15, 2023, https:// www.youtube.com/ watch? v= y6NfxiemvHg.

14. Benjamin F. Jones and Daniel Kim, "Most Successful Entrepreneurs Are Older Than You Think," Clifford- Lewis Private Wealth, February 11, 2023, https:// www.clifford- lewis.com/ blog/ most- successful-entrepreneurs- are- older- than- you- think.

15. Jones and Kim, "Most Successful Entrepreneurs Are Older Than You Think."

16. "창업가는 특별한 이들이 아니다. 대부분은 그저 돈 많은 집 애들일 뿐이다 (Entrepreneurs Aren't a Special Breed – They're Mostly Rich Kids)"라는 글에 달린 댓글. Hacker News, November 9, 2017, https://news.ycombinator.com/ item?id=15659076.

17. Zev Stub, "Parents' Income, Not Smarts, Key to Entrepreneurship—Study," Jerusalem Post, January 28, 2021, https:// www.jpost.com/ israel-news/ parents- income- not- smarts- key_to_entrepreneurship-study-657058.

18. Gene Marks, "Entrepreneurs Are Great, but It's Mom and Dad Who Gave Them Their Start," The Guardian, January 31, 2021, https:// www.theguardian.com/ business/ 2021/ jan/ 31/ small-business-entrepreneurs-success- parents.

19. Michael E. Gerber, The E_Myth Revisited: Why Most Small Businesses Don't Work and What to Do About It (New York: HarperCollins, 1995), chapter 3.

1. Jordan O'Connor, X (formerly Twitter) post, December 13, 2023, 8:53 a.m., https:// x.com/ jdnoc/ status/ 1734934564928196841.

2. Jon Swartz, "Losing's Not an Option for Cuban," USA Today, April 25, 2004, https:// usatoday30.usatoday.com/ money/ 2004_04_25_cuban_ x.htm; Jeremy Salvucci, "Mark Cuban's Net Worth: 'Shark Tank' Departure," TheStreet, January 23, 2024, https:// www.thestreet.com/ investing/ mark- cuban- net- worth- career- investments.

3. Daniel Rugunya, "Zip2— Elon Musk's First Successful Startup," TechieGamers, January 12, 2024, https:// techiegamers.com/ zip2- elon- musk/.

4. Michelle Conlin, "Netflix: Flex to the Max," BusinessWeek, September 23, 2007, https:// web.archive.org/ web/ 20120809073023/ http:// www.businessweek.com/ stories/ 2007_09_23/ netflix- flex_to_the- max.

5. Charles E. Eesley and Edward B. Roberts, "Cutting Your Teeth: The Beginning of the Learning Curve," 2009년 포틀랜드 엔진 관리 국제 컨퍼런스(Portland International Conference on Management of Engine)에서 발표된 논문, Portland, Oregon, August 2-6. 2009.

6. Aileen Lee, "Welcome to the Unicorn Club: Learning from Billion- Dollar Startups," TechCrunch, November 2, 2013, https:// techcrunch.com/ 2013/ 11/ 02/ welcome_to_the- unicorn- club/.

7. Shannon P. Pratt, The Market Approach to Valuing Businesses (New York: Wiley, 2000), 252.

8. Lee, "Welcome To The Unicorn Club: Learning From Billion- Dollar Startups."

9. Erin McDowell, "These 10 Billionaires Have All Gone Broke or Declared Bankruptcy— Read the Wild Stories of How They Lost Their Fortunes," Business Insider, March 26, 2020, https:// www.businessinsider.com/ rich- billionaires- who- declared- bankruptcy- 2019_7.

10. Frazer Rice, Wealth, Actually: Intelligent Decision- Making for the 1% (Austin, TX: Lioncrest Publishing, 2018), 243.

11. Andrew S. Grove, Only the Paranoid Survive: How to Exploit the Crisis Points That Challenge Every Company (New York: Crown Business, 1999).

12. Bill Dedman, "At 104, the Mysterious Heiress Huguette Clark Is Alone Now," NBC News, August 19, 2010, https:// via.hypothes.is/ https:// www. nbcnews.com/ id/ wbna38719231; Adam Martin, "Inside Huguette Clark's Massive Homes," The Atlantic, June 1, 2011, https:// www.theatlantic. com/ national/ archive/ 2011/ 06/ inside- houses- huguette- clark/ 351324/; Bill Dedman, "Huguette Clark's $300 Million Copper Fortune Is Divided Up: Here's the Deal," NBC News, September 24, 2013, https:// www. nbcnews.com/ news/ world/ huguette- clarks- 300- million- copper- fortune- divided- heres- deal- flna4b11244681; Bill Dedman, "Family Excluded from Huguette Clark Burial," NBC News, May 26, 2011, https:// www.nbcnews.com/ id/ wbna43166747.

13. Clay Cockrell, "I'm a Therapist to the Super- Rich: They Are as Miserable as Succession Makes Out," The Guardian, November 22, 2021, https:// www.theguardian.com/ commentisfree/ 2021/ nov/ 22/ therapist- super- rich- succession- billionaires.

14. Lee Ying Shan, " 'Wealth Can Be Pretty Isolating': Problems That Rich People Face, According to Therapists," CNBC, May 13, 2024, https:// www.cnbc.com/ 2024/ 05/ 14/ problems- that- rich- people- face- according_to_therapists-.html.

15. Thomas C. Corley, "I Studied 177 Self- Made Millionaires for 5 Years, and Learned That Rich People Deliberately Surround Themselves with Rich Friends. Here Are the Traits to Look For to Do the Same," Business Insider, February 21, 2020, https:// www.businessinsider.com/ rich- people- choose- friends- differently- 2018_1.

16. Rui Zhang et al., "Household Wealth and Individuals' Mental Health:

부의 사다리에 올라타라

Evidence from the 2012– 2018 China Family Panel Survey," International Journal of Environmental Research and Public Health 19, no. 18 (September 14, 2022): 11569, https:// doi.org/ 10.3390/ ijerph191811569.

17. Arthur T. Vanderbilt II, Fortune's Children: The Fall of the House of Vanderbilt (New York: William Morrow, 2013), 111– 12.

18. Suniya S. Luthar and Karen D'Avanzo, "Contextual Factors in Substance Use: A Study of Suburban and Inner- City Adolescents," Development and Psychopathology 11, no. 4 (Fall 1999): 845– 67, https:// doi. org/ 10.1017/ s0954579499002357; Suniya S. Luthar, "The Culture of Affluence: Psychological Costs of Material Wealth," Child Development 74, no. 6 (November 2003): 1581– 93, https://doi.org/10.1046/j.1467-8624.2003.00625.x.

19. Suniya S. Luthar and Bronwyn E. Becker, "Privileged but Pressured? A Study of Affluent Youth," Child Development 73, no. 5 (September– October 2002): 1593– 1610, https:// doi.org/ 10.1111/ 1467- 8624.00492.

20. Christopher P. Salas- Wright et al., "Substance Use Disorders Among First-and Second- Generation Immigrant Adults in the United States: Evidence of an Immigrant Paradox?," Journal of Studies on Alcohol and Drugs 75, no. 6 (2014): 958– 67, https:// doi.org/ 10.15288/ jsad.2014.75.958.

21. Business Wire, "Comments by Warren E. Buffett in Conjunction with His Annual Contribution of Berkshire Hathaway Shares to Five Foundations," June 23, 2021, https:// www.businesswire.com/ news/ home/ 20210623005262/ en/.

22. Alex Hormozi, LinkedIn post, https:// www.linkedin.com/ posts/ alexhormozi_ the- life- you- want_is_on_the- other- side_of_activity-7105928499927891968- Pyry/.

307   주석

1. Hourly History, Alfred Nobel: A Life from Beginning to End, independently published, 2020, ebook.

2. "Alfred Nobel's Will," NobelPrize.org, Nobel Prize Outreach AB, https:// www.nobelprize.org/ alfred- nobel/ alfred- nobels- will/; "Alfred Nobel's Fortune," Norwegian Nobel Institute, https:// www.nobelpeaceprize. org/ nobel- peace- prize/ history/ alfred- nobel_s_fortune; Nathan Reiff, "Where Does the Nobel Prize Money Come From?," Investopedia, April 19, 2024, https:// www.investopedia.com/ news/ where- does- nobel- prize- money- come/.

3. Morgan Housel, "A Few Laws of Getting Rich," Collaborative Fund (blog), October 15, 2023, https:// collabfund.com/ blog/ a_few- laws_of_ getting- rich/.

4. James J. Sexton, How to Stay in Love: Practical Wisdom from an Unexpected Source (New York: Henry Holt and Co., 2018), 21.

5. Michelle Quinn, "Success, Bankruptcy ⋯ Suicide," New York Times, September 26, 1993, https:// www.nytimes.com/ 1993/ 09/ 26/ business/ success- bankruptcy- suicide.html; Associated Press, "Roy Raymond, 47; Began Victoria's Secret," New York Times, September 2, 1993, https:// www.nytimes.com/ 1993/ 09/ 02/ obituaries/ roy- raymond_47_began- victoria_s_secret.html.

6. Marvin Schwartz, "Estimates of Personal Wealth, 1982: A Second Look," Internal Revenue Service, ttps:// www.irs.gov/ pub/ irs- soi/ 82pwesl.pdf.

7. Misha Saul, "We Are Made to Live Like Firemen," Kvetch, November 13, 2022, https:// www.kvetch.au/ p/ we_are- made_to_ live- like- firemen.

8. "Full Transcript from CNBC's 'Charlie Munger: A Life of Wit and Wisdom,' " CNBC, November 30, 2023, https:// www.cnbc.com/ amp/ 2023/ 11/ 30/ full- transcript- from- cnbcs- charlie- munger_a_life_of_ wit- and- wisdom-.html.

9. "30_Year Journey from Tribal Boy to Forest Man," Times of India, August 3, 2014, https:// timesofindia.indiatimes.com/ home/ environment/ developmental- issues/ 30_year- journey- from- tribal- boy_to_Forest- Man/ articleshow/ 39510215.cms.

10장 부의 사다리를 오르는 데 얼마나 걸릴까?

1. Casey Wolfington, "Wolfington: The Power of Hope," Vail Health Behavioral Health, March 20, 2020, https:// www.vailhealthbh.org/ about/ news/ wolfington- the- power_of_hope.
2. Board of Governors of the Federal Reserve System, "Survey of Consumer Finances," last modified 2023, https:// www.federalreserve.gov/ econres/ scfindex.htm.
3. 소득 역동성 패널 연구, 공개 데이터세트, 미시간대학교 사회조사연구소(Institute for Social Research) 조사연구센터(Survey Research Center) 제작 및 배포, 앤 아버, 미시간, 2024.
4. World Bank, "Ending Extreme Poverty: Progress, but Uneven and Slowing," in Poverty and Shared Prosperity 2018: Piecing Together the Poverty Puzzle (Washington, DC: World Bank, 2018), 19– 46, https:// openknowledge.worldbank.org/ server/ api/ core/ bitstreams/ 77abe096- 59b7- 5688- 92cf- 21584314b380/ content.

11장 돈으로 행복을 살 수 있을까?

1. Daniel Kahneman and Angus Deaton, "High Income Improves Evaluation of Life but Not Emotional Well- Being," Proceedings of the National Academy of Sciences 107, no. 38 (September 7, 2010): 16489– 93, https://doi.org/10.1073/pnas.1011492107.

2. Matthew A. Killingsworth, "Experienced Well- Being Rises with Income, Even Above $75,000 per Year," Proceedings of the National Academy of Sciences 118, no. 4 (January 18, 2021): e2016976118, https:// doi.org/ 10.1073/ pnas.2016976118.

3. Matthew A. Killingsworth, Daniel Kahneman, and Barbara Mellers, "Income and Emotional Well- Being: A Conflict Resolved," Proceedings of the National Academy of Sciences 120, no. 10 (March 7, 2023): e2208661120, https:// doi.org/ 10.1073/ pnas.2208661120.

4. Killingsworth, Kahneman, and Mellers, "Income and Emotional Well- Being: A Conflict Resolved."

5. Matthew A. Killingsworth, "Money and Happiness: Extended Evidence Against Satiation," Happiness Science, July 17, 2024, https:// happiness- science.org/ money- happiness- satiation.

6. Elizabeth W. Dunn, Lara B. Aknin, and Michael I. Norton, "Spending Money on Others Promotes Happiness," Science 319, no. 5870 (March 21, 2008): 1687– 88.

7. Emily Peck, "The Richer You Are, the More Money You Need to Be Happy," Axios, December 1, 2023, https://www.axios.com/ 2023/ 12/ 01/ money- needed_to_be_happy- wealth.

8. Mihaly Csikszentmihalyi, "If We Are So Rich, Why Aren't We Happy?," American Psychologist 54, no. 10 (October 1999): 821– 27.

9. Anne Lamott, "Let Us Commence," Salon, June 6, 2003, https:// www. salon.com/ 2003/ 06/ 06/ commencement/.

10. Nick Maggiulli, "The Never- Ending Then," Of Dollars And Data (blog), September 12, 2023, https://ofdollarsanddata.com/ the- never- ending- then/.

11. Lucía Macchia and Ashley V. Whillans, "Leisure Beliefs and the Subjective Well- Being of Nations," Journal of Positive Psychology 16, no. 2 (2021): 198– 206.

12. Felix Dennis, How to Get Rich (New York: Portfolio/ Penguin, 2008), 6.

13. Robert Frank, "How to be 'Comfortably Poor' on $3 Million," Wall Street Journal, March 17, 2010, https:// www.wsj.com/ articles/ BL_ WHB- 2831.

14. Dennis, How to Get Rich, 23.

12장 인생을 바꾸는 4가지 부

1. Samin Nosrat, Salt, Fat, Acid, Heat: Mastering the Elements of Good Cooking (New York: Simon and Schuster, 2017), 46.

2. Sahil Bloom, X (formerly Twitter) post, June 26, 2022, 9:48 a.m., https:// x.com/ SahilBloom/ status/ 1541055681356234752.

3. Tracey Camilleri, Samantha Rockey, and Robin Dunbar, The Social Brain: The Psychology of Successful Groups (London: Penguin Books, 2023), 67.

4. Alexandra Thompson, Michael A. Smith, Andrew McNeill, and Thomas V. Pollet, "Friendships, Loneliness and Psychological Wellbeing in Older Adults: A Limit to the Benefit of the Number of Friends," Ageing & Society 44, no. 5 (2024): 1090–115, https://doi.org/10.1017/ S0144686X22000666.

5. Matthew D. Lieberman, Social: Why Our Brains Are Wired to Connect (New York: Crown, 2013), 247.

6. Irwin Abrams, The Nobel Peace Prize and the Laureates (Nantucket Island, MA: Watson Publishing International, 2001).

7. Lara B. Aknin and Gillian M. Sandstrom, "People Are Surprisingly Hesitant to Reach Out to Old Friends," Communications Psychology 2, no. 1 (2024): 34, https:// doi.org/ 10.1038/ s44271- 024- 00075-8.

8. John Waters, "John Waters Commencement Address— RISD 2015," Vimeo video, 12:20, May 30, 2015, https:// vimeo.com/ 129312307.

9. Emily Batdorf, "Survey: What Role Does Money Play in Roman\-tic

Relationships?," Forbes Advisor, January 26, 2024, https://download.bls.gov/pub/time.series/cx/.

10. Alexandra Killewald, Angela Lee, and Paula England, "Wealth and Divorce," Demography 60, no. 1 (January 2023): 147– 71, https:// doi.org/ 10.1215/ 00703370-10413021.

11. "What Makes Life Meaningful? Views from 17 Advanced Economies," Pew Research Center, November 18, 2021, https:// www.pewresearch.org/ global/ 2021/ 11/ 18/ finding- meaning_in_what-one-does/.

12. Dorothy Sayers, "Why Work?," in Letters to a Diminished Church (1942; Nashville, TN: Thomas Nelson, 2004), https:// www1.villanova.edu/ dam/ villanova/ mission/ faith/ Why% 20Work% 20by% 20Dorothy% 20Sayers.pdf.

13. Jørn Winther, Frost/ Nixon: The Complete Interviews (Los Angeles: Syndicast Services, May 4– September 10, 1977), television broadcast.

14. Ernie J. Zelinski, How to Retire Happy, Wild, and Free (Edmonton, AB: Visions International Publishing, 2013), 24.

15. Robert M. Sapolsky, Why Zebras Don't Get Ulcers (New York: Holt Paperbacks, 2004), 5– 6.

16. Mary Worthen and Elizabeth Cash, Stress Management (Treasure Island, FL: StatPearls Publishing, 2023), http:// www.ncbi.nlm.nih.gov/ books/ NBK513300/.

17. Sapolsky, Why Zebras Don't Get Ulcers, 363.

18. Lieberman, Social: Why Our Brains Are Wired to Connect, 247.

19. Justin Yang et al., "Association Between Push_up Exercise Capacity and Future Cardiovascular Events Among Active Adult Men," JAMA Network Open 2, no. 2 (2019): e188341, https:// doi.org/ 10.1001/ jamanet workopen.2018.8341.

20. Hongwei Ji et al., "Sex Differences in Association of Physical Activity with All- Cause and Cardiovascular Mortality," Journal of the American College of Cardiology 83, no. 8 (2024): 783 93, https://doi.org/10.1016/

부의 사다리에 올라타라

j.jacc.2023.12.019.

21. Andrew Huberman, "Dr. Peter Attia: Exercise, Nutrition, Hormones for Vitality & Longevity," Huberman Lab (podcast), YouTube video, 2:50:02, August 15, 2022, https:// www.youtube.com/ watch? v= DTCmprPCDqc.

22. Michael G. Marmot, Geoffrey Rose, Martin Shipley, and P. J. S. Hamilton, "Employment Grade and Coronary Heart Disease in British Civil Servants," Journal of Epidemiology and Community Health 32, no. 4 (1978): 244– 49, https:// doi.org/ 10.1136/ jech.32.4.244.

23. Michael Daly, Christopher Boyce, and Alex Wood, "A Social Rank Explanation of How Money Influences Health," Health Psychology 34, no. 3 (2015): 222, https://doi.org/10.1037/hea0000098.

24. Alexandr Kopytov, Nikolai Roussanov, and Mathieu Taschereau-Dumouchel, "Cheap Thrills: The Price of Leisure and the Global Decline in Work Hours," Journal of Political Economy Macroeco\-nomics 1, no. 1 (2023): 80– 118, https://doi.org/10.1086/723717.

25. Zelinski, How to Retire Happy, Wild, and Free, 16.

26. Lucius Annaeus Seneca, "On the Shortness of Life," in Dialogues and Letters, trans. C. D. N. Costa (London: Penguin Books, 2005), 1.

13장 나는 어떻게 부의 사다리를 올랐는가?

1. Chris Clark, "'You Gotta Do It': The Late Charlie Munger Once Said Your First $100K Is the Toughest to Earn," Yahoo Finance, November 29, 2023, https:// finance.yahoo.com/ news/ b_gotta- charlie- munger- says- 140000516.html.

2. Steve Jobs, "Steve Jobs' 2005 Stanford Commencement Address," June 12, 2005, YouTube video, 15:04, March 7, 2008, https:// www.youtube. com/ watch? v= UF8uR6Z6KLc.

3. Stephen A. Smith, "Stephen A. Smith Going Off on ESPN About the

American Dream," YouTube video, excerpt from First Take, ESPN, May 23, 2014, https:// www.youtube.com/ watch? v= n_ mdB07gtfU.

4. Lawrence Yeo, "The Nothingness of Money," More To That (blog), 2021, https:// moretothat.com/ the- nothingness_of_money/.

5. Nick Cammarata, X (formerly Twitter) post, January 19, 2024, 5:17 p.m., https:// x.com/ nickcammarata/ status/ 1748469771463794976.

6. Daniel J. Levinson, The Seasons of a Man's Life (New York: Ballantine Books, 1986), 102.

에필로그

1. "Breaking Down the Numbers: How Much Data Does the World Create Daily in 2024?," Edge Delta (blog), March 11, 2024, https:// edgedelta. com/ company/ blog/ how- much- data_is_created- per- day.

2. James Gleick, The Information: A History, a Theory, a Flood (New York: Pantheon, 2011), 401.

3. "AI Safety and the Legacy of Bletchley Park," Talking Machines, February 25, 2016, https:// www.thetalkingmachines.com/ episodes/ ai_safety- and- legacy- bletchley- park.

박슬라 옮김

연세대학교에서 영문학과 심리학을 전공했으며, 현재 전문 번역가로 활동 중이다. 옮긴 책으로는 『스틱!』(공역), 『순간의 힘』, 『넘버스 스틱!』, 『부자 아빠의 투자 가이드』, 『초거대 위협』, 『돈의 본능』, 『내러티브 경제학』, 『사라진 내일』, 『샤르부크 부인의 초상』, 『한니발 라이징』, 『아머』, 「몬스트러몰로지스트」 시리즈, 「부서진 대지」 3부작, 「유산 시리즈」 3부작 등이 있다.

부의 사다리에 올라타라

1판 1쇄 발행 2026년 4월 10일
1판 4쇄 발행 2026년 5월 30일

지은이 닉 매기울리
옮긴이 박슬라

발행인 양원석 **편집장** 최두은
디자인 조윤주 **영업마케팅** 윤송, 김지현, 최현윤, 유민경, 김수윤
해외저작권 임이안, 안효주

펴낸 곳 ㈜알에이치코리아
주소 서울시 금천구 가산디지털2로 53, 20층 (가산동, 한라시그마밸리)
편집문의 02-6443-8844 **도서문의** 02-6443-8800
홈페이지 http://rhk.co.kr
등록 2004년 1월 15일 제2-3726호

ISBN 978-89-255-6957-4 03320

▲

The Wealth Ladder